中國學術思想 研究輯刊

二五編

林慶彰 主編

第18冊

國學史研究（上）

謝桃坊 著

花木蘭文化出版社

國家圖書館出版品預行編目資料

國學史研究（上）／謝桃坊 著 — 初版 — 新北市：花木蘭
文化出版社，2017〔民106〕
序2+ 目2+176 面：19×26 公分
（中國學術思想研究輯刊 二五編；第18冊）
ISBN 978-986-404-929-5（精裝）
1. 漢學史 2. 漢學研究
030.8   106001003

ISBN-978-986-404-929-5

9 789864 049295

中國學術思想研究輯刊
二五編　第十八冊   ISBN：978-986-404-929-5

國學史研究（上）

作　　者　謝桃坊
主　　編　林慶彰
總 編 輯　杜潔祥
副總編輯　楊嘉樂
編　　輯　許郁翎、王筑　美術編輯　陳逸婷
出　　版　花木蘭文化出版社
社　　長　高小娟
聯絡地址　235 新北市中和區中安街七二號十三樓
　　　　　電話：02-2923-1455／傳眞：02-2923-1452
網　　址　http://www.huamulan.tw 信箱 hml 810518@gmail.com
印　　刷　普羅文化出版廣告事業
封面設計　劉開工作室
初　　版　2017 年 3 月
全書字數　316860 字
定　　價　二五編 20 冊（精裝）新台幣 38,000 元　　版權所有・請勿翻印

國學史研究（上）

謝桃坊　著

作者簡介

謝桃坊，一九三五年生，四川成都人。一九六〇年畢業於西南師範學院中國語文系，一九八一年到四川省社會科學院文學研究所從事中國古代文學專業研究工作，現爲研究員。著有《柳永》、《蘇軾詩研究》、《宋詞概論》、《中國詞學史》、《宋詞辨》、《詞學辨》、《宋詞論集》、《唐宋詞譜校正》、《詩詞格律教程》、《中國市民文學史》、《敦煌文化尋繹》、《四川國學小史》、《國學論集》等。

提　　要

　　本集收錄作者近十年來之論文二十二篇，可分爲論國學性質、國學史和新儒學三大部份。關於國學的性質，在對國學運動的歷史考察之後，認爲新傾向是國學運動的主流，國學研究是純學術性質，它以科學考證方法研究中國文獻與歷史存在的狹小學術問題，並重新闡釋了國學運動新傾向的意義。關於國學史，著重探討了嚴復、章太炎、王國維、梁啓超、胡適、顧頡剛、傅斯年和郭沫若的國學研究成就和他們在國學運動中的作用，尤其是論證古史辨派和歷史語言學派爲國學運動新傾向的兩個重要流派。關於北宋以來之新儒學，試從文獻的歷史的視角探討了新儒學家發現的儒家之道、新儒學的基本特徵、南宋以來之治道與理學思想的關係，評論了「文以載道」的觀念，論述了黃宗羲建構之理學史體系；此外辨析了儒家是否宗教的問題。

自 序

　　自1981年以來我從事中國古代文學專業研究工作，以詞學為主，迄於2006年詞學研究可以告一段落，遂轉向國學研究。此次的轉向是因國學熱潮再度在學術界興起甚引起我的關注，亦因青年時代曾系統自學中國學術思想史而建立了較廣的知識結構，尤其是我期望擴大學術視野和研究領域而對國學產生了濃厚的興趣。自國學熱潮再度興起之後，它捲入商業化和世俗化而喪失了純學術的性質，使我們難以認識二十世紀初年開始的國學運動的歷史真實和它的意義。這促使我以歷史的理論的方法去考察國學運動的歷史，重新探討國學研究的對象和性質，肯定了胡適、顧頡剛和傅斯年對國學運動的重大貢獻，認定他們所代表的國學運動新傾向是國學運動的主流並給予了新的評價。

　　此集乃從我近十年間發表的關於國學史及新儒學的論文中選出二十餘篇輯成，以期引起對國學運動的歷史反思。茲謹祈學界師友的批評與教示。

謝桃坊

2016 年 10 月 2 日爽齋

目

次

下　冊

論國學

　　自 1903 年中國國粹主義者們在上海成立國學保存會，1906 年章太炎在日本東京爲中國留學生講國學，到 1923 年胡適發表《〈國學季刊〉發刊宣言》，研究國學的熱潮在中國興起。當時著名學者黃節、章太炎、劉師培、王國維、胡適、顧頡剛等雖然對「國學」這一新的學術概念嘗試作了簡要說明，但沒有一個說明令學術界滿意的。1926 年顧頡剛談到「國學」便以爲這是一個「模糊不清」的概念。〔註1〕1928 年錢穆感嘆說：「學術本無國界。『國學』一名，前既無承，將來亦恐不立，特爲一時代之名詞。其範圍所及，何者應列國學，何者則否，實難判別。」〔註2〕1993 年北京大學中國傳統文化研究中心主辦的《國學研究》創刊，標誌國學的熱潮再度興起。然而國學是什麼，即關於它在現代學科的定位，它的研究對象和意義等問題仍使學者們感到模糊與困惑。在學術史上某一新的學術思潮的性質有時要經過相當長的時間才會被認識的。國學作爲一門關於中國傳統文化的學問，它具有綜合的特點，研究對象涉及極廣泛的學術領域，學術結構層次複雜，因而我們現在若要推進國學研究，應在總結歷史經驗的基礎上進行理論的探討，很有必要解決：國學是什麼？

一

　　我們要回答國學是什麼這的確是一個困難的問題。茲且先從 20 世紀 30 年代學術界關於《老子》成書年代的爭論說起。1930 年錢穆發表《關於〈老

〔註1〕顧頡剛《北京大學國學門周刊發刊詞》，《新文學大系・史料索引》，良友圖書公司，1936 年版，第 175 頁。
〔註2〕錢穆《國學概論》卷首，商務印書館，1956 年版，第 1 頁。

子〉成書年代一種考察》，他認爲：「從思想發展之進程言，則孔、墨當在前，老、莊當在後。否則老已先發道爲帝先之說，孔、墨不應重爲天命、天意之說。何者？思想上之線索不如此也。」〔註3〕此說一出，馮友蘭、顧頡剛等表示支持，胡適則表示反對，於是開展了一場頗爲激烈的論辯。1933年胡適發表《評近人考據〈老子〉年代的方法》的長文，他表示：「我不反對把《老子》後移，也不反對其它懷疑《老子》之說。但我總覺得這些懷疑的學者都不曾舉出充分的證據。……我只能說：我至今還不曾尋得老子這個人或《老子》這部書有必須移到戰國或戰國後期的充分證據。在尋得這種證據之前，我們只能延長偵查的時期，展緩判決的日子。」〔註4〕胡適雖然對馮友蘭和顧頡剛提出的證據進行了辨析而予否定，但仍謹愼地看待這個疑難的問題。錢穆晚年回憶，其論文在《燕京學報》刊出後，曾得到歐洲一位漢學家的賞識。這位漢學家說：「乃知中國學術問題，需由中國人自加論定，非異邦人所能爲力也。」〔註5〕由此可見像關於《老子》成書年代這類學術問題是令海外漢學家們每感無能爲力的，它是中國學術中冷僻而又艱深的問題，只有依賴中國學者去解決的。近年澳大利亞漢學家柳存仁談及海外治中國學問時說：「研究傳統的中國學問，就是在中國本土由有經驗的中國學者們努力爬羅剔抉，就前的業績上去蕪存菁，希望能夠在一個可以預計的時間內，在某一方面做出一點成績來，原就也非易易；何況僻居海外，生活在一個完全不同的環境裡，圖書度藏，既不敢說是完備，師友切磋，往往也只限於少數常見面的人，比起莊子說的『舊國舊都，望之暢然』，那眞是相去很遠的了。」〔註6〕關於中國的某些困難的學術問題的研究，這是中國學者特具的優勢，而且是能在世界漢學中居於領先地位的。1923年1月梁啓超在東南大學講國學時，將中國文化比喻爲一個豐富的礦藏，他提出建議：「我們感覺著有發起一個合作運動之必要，合起一群人在一個共同目的的共同計劃之下，各人從其性之所好，及平時的學問根柢，各人分擔三兩門做『窄而深』的研究，拼著一二十年的工夫下去，這個礦或者可以開得有點眉目了。」〔註7〕胡適1924年1月在東

〔註3〕 錢穆《關於〈老子〉成書年代之一種考察》，《燕京學報》，1930年第7期。
〔註4〕 《胡適文集》（5），北京大學出版社，1998年版，第102頁。
〔註5〕 錢穆《師友雜憶》，嶽麓書社，1986年版，第135頁。
〔註6〕 柳存仁《海外治中國學問》，《文獻》，1988年第3期。
〔註7〕 梁啓超《治國學的兩條大路》，《飲冰室合集》卷三九，中華書局，1936年版，第110、112頁。

南大學國學研究班講演時特別強調說：「我國各種科學莫有一種比得上西洋各國，現在要辦到比倫於歐美，實在不容易，但國故是我們自己的東西，總該辦起來比世界各國好。」〔註8〕梁啟超和胡適都是針對治國學的學術意義而言的。他們都注意到關於中國傳統文化研究中存在一種專門的學問，如果這就是「國學」，但對其性質尚不能確切把握。

我們考察國學運動期間發表的重要論著的傾向，便可見到它們具有一種共同的學術性質。北京大學研究所國學門的學者們的論著有段頤的《黃河變遷考》、呂大桓的《詩書中之聯綿字之研究》、方勇的《說文讀若考》、李正奮的《魏書源流考》、陳垣的《二十史朔閏表》。此外，如王國維的《殷卜辭中所見先公先王考》、《生霸死霸考》、《明堂廟寢通考》、《漢魏博士考》、《鬼方昆夷玁狁考》、《西胡考》，梁啟超的《支那內學院精校本玄奘傳書後——關於玄奘年譜之研究》、《荀子評諸子語匯釋》、《黃梨洲朱舜水乞師日本考》、《印度史跡與佛教之關係》，胡適的《西遊記考證》、《紅樓夢考證》、《陶弘景的〈眞誥〉考》、《醒世姻緣傳考證》、《參同契的年代》、《蒲松齡的生年考》、《考范縝發表〈神滅論〉在梁天監六年》，顧頡剛的《鄭樵著述考》、《〈堯典〉著作時代考》、《從〈呂氏春秋〉推測〈老子〉之成書年代》、《禪讓傳說起於墨家考》。這些論著所探討的是中國學術的頗爲細小的問題，它們涉及中國的經部、史部、子部和集部的典籍，採用傳統的考據方法以作極深入的專門問題的研究。梁啟超於 1923 年曾提出建立中國古典考釋學的設想，他說：

> 我們因爲文化太古，書籍太多，所以眞僞雜陳，很費別擇，或者文義艱深，難以索解。我們治國學的人，爲節省後人精力，而且令學問容易普及起見，應該負一種責任，將所有重要古典，都重新審訂一番，解釋一番。〔註9〕

關於這種研究，他要求學者以很謹嚴的態度去辨識古典文獻的眞僞，破除前人的誤解；只能選擇自己最適宜的專門學問，在極小的範圍內進行研究，體現出廣博的知識，而且要注意所研究的學問與其它學科的聯繫，所研究的問題與其它各方面的關係。梁啟超的意見沒有引起學術界的重視，但他已認識

〔註 8〕　胡適《再談談整理國故》、《胡適文集》（12），北京大學出版社，1998 年版，第 94 頁。

〔註 9〕　梁啟超《治國學的兩條大路》，《飲冰室合集》卷三九，中華書局，1936 年版，第 110、112 頁。

到國學研究的特殊性，試圖以「古典考釋學」代替「國學」。1932 年北京大學研究院成立，將原來的研究所國學門改名爲研究院文史部，研究方向以中國古代語言、文學、歷史、思想史、社會制度的研究爲主。這是一個學術思潮轉變的標誌，學術界立即有所響應：1933 年 6 月國立暨南大學出版《文史叢刊》，1935 年 3 月中山大學研究院文科研究所出版《文史匯刊》，1935 年 7 月安徽大學文史學會出版《安大文史叢刊》，1941 年 1 月重慶文史雜誌社創辦《文史雜誌》。「文史」的含義是什麼呢？1946 年 10 月 16 日天津《大公報・文史周刊》創刊，胡適發表《〈文史〉的引子》以表明辦刊宗旨：

> 《文史》副刊是我們幾個愛讀書的朋友們湊合的一個「讀書俱樂部」。我們想在這裡提出我們自己研究文史的一些小問題，一些小成績。……我們用「文史」一個名詞，可以說是泛指文化史的各方面。我們當然不想在這個小刊物裡討論文化史的大問題，我們只想就各人平日的興趣，提出一些範圍比較狹小的問題，做一點細密的考究，尋求一些我們認爲值得討論的結論。……文史學者的主要工作，還是只尋求無數細小問題的細密解答。〔註 10〕

文化史的研究是討論重大的學術思想問題，文史研究是對文化史上狹小問題作細密的考證，特別注重證據。此後胡適沒有再談國學研究，而是談文史考證了。1952 年他談到治學方法說：「我認爲作文史考據的人，不但要時時刻刻批評人家的方法，還要批評自己的方法，不但要調查人家的證據，還要調查自己的證據。」〔註 11〕這對我們是很有啓發意義的。

新中國建立後，學術界雖然在新的學術思想指導下繼續研究中國傳統文化，但「國學」的概念消失，沒有誰再談它了。「整理國故」爲「古籍整理」所取代，「國學」則爲「文史」所取代。1962 年 10 月《新建設》編輯部主編的中華書局出版的學術性專刊《文史》第一輯問世，卷首的《編者題記》云：

> 《文史》所收輯的文章大抵偏重於資料的考據。學術研究是一個認識過程。積纍資料和辨析資料是不可缺少的第一步。大量佔有資料，才能使研究工作建立在堅實的基礎之上。考據就是對資料進行鑒別，去僞存眞；辨其精粗美惡。……《史文》準備收輯研究我

〔註 10〕《胡適文集》（10），北京大學出版社，1998 年版，第 784 頁。
〔註 11〕胡適《治學方法》，《胡適文集》（12），北京大學出版社，1998 年版，第 142 頁。

國古代和近代文學、歷史、哲學、語言和某些科學技術史等方面的
文章。〔註12〕

關於文章的範圍則有以考據爲主的專題研究，稀見資料的整理，古籍某些篇
章的箋釋訓詁，文獻研究的論文，以及從資料與考證角度作的書評等。《文史》
第一輯的要目有：段熙仲的《禮經十論》、湯炳正的《〈屈原列傳〉新探》，周
清澍的《成吉斯汗生年考》、張德鈞的《梁啓超論譚嗣同事失實辨》、湛之的
《高明的卒年》、龐樸的《告子小探》、楊寬的《後期墨家世界觀及其與名家
之爭》、朱謙之的《王充著作考》、學初的《岳飛〈滿江紅〉詞的眞僞問題》。
同年中華書局上海編輯所編的《中華文史論叢》第一輯出版，編例云：

> 目的在於聯繫團結研究文史、整理古籍的專家學者交流心得和
> 創見。……刊登研究我國古代近代歷史、古典文學以及古籍和古籍
> 整理工作的專門論著爲主。〔註13〕

在第一輯的要目有：平心的《卜辭金文中所見社會經濟史實考釋》、蒙文通的
《略論〈水經注〉寫作時代及其產生地域》、朱季海的《楚辭解故》、陳奇猷
的《黃鐘管長考》、丘瓊蓀的《漢大曲管窺》、唐長孺的《關於歸義軍節度的
幾種資料跋》、俞平伯的《影印〈脂硯齋重評石頭記〉十六回後記》。中國新
時期以來《文史》和《中華文史論叢》仍然保持了最初的辦刊宗旨，而北京
大學中國傳統文化研究中心的《國家研究》亦繼承了《國學季刊》的學術傳
統。我們若將20世紀20年代的國學論文、60年代《文史》與《中華文史論
叢》的論文，同現在的《文史》、《中華文史論叢》和《國學研究》的論文相
比較，它們都是研究中國古代文學、歷史、哲學、語言、文獻等方面狹小而
專門的難題，在佔有翔實的資料的基礎上，採取傳統的考據方法作細密而科
學的研究。因此，我們可以說：國學研究與文史研究並無實質性的區別，只
是因時代學術觀念的變化而出現的不同名稱而已。

二

我們追溯以考證的方法解決中國文獻與歷史上狹小而疑難的問題的文
史研究，它是繼承了清代考據學——樸學傳統的。清代初年顧炎武、閻若
璩、黃宗羲開創的考據學，在乾嘉時期經惠棟、戴震、江永、段玉裁、王

〔註12〕《文史》第一輯，中華書局，1962年版。
〔註13〕《中華文史論叢》第一輯，中華書局上海編輯所，1962年版。

念孫、王引之等學者的發展而形成一個學派。他們治學凡立一義必憑證據，證據以古爲尙，孤證不爲定說，羅列事實進行比較，爲窄而深的研究，表述方式樸實簡潔。梁啓超說：「當時學者，以此種學風相矜尙，自命曰『樸學』。其學問之中堅則經學也，經學附庸則小學；其次及於史學、天算學、地理學、音韵學、律呂學、金石學、校勘學、目錄學，等等，一皆以此種研究精神治之。質言之，則舉凡自漢以來書冊上之學問，皆加一番磨琢，施以一種組織。」〔註14〕我們如果再追溯清代考據學的淵源，則它是北宋學者們疑經疑古而對中國古代文化若干問題的辯證而興起的一種學風。歐陽修在《集古錄》裡對金石碑刻文字的考證，可與史傳正其闕謬。沈括的《夢溪筆談》有兩卷辯證，對古代喪服、樂律、地名、官職等作了簡要考述。南宋王灼的《碧雞漫志》、程大昌的《演繁露》、袁文的《甕牖閑評》、王楙的《野客叢書》、戴埴的《鼠璞》、葉大慶的《考古質疑》、王應麟的《困學紀聞》，皆以考據見長。胡適說：

> 這種考證方法，不用來自西洋，實係地道的國貨，三百年來的考據學，可以追溯至宋，說是西洋天主教耶穌會士的影響，不能相信。我的說法是由宋漸漸的演變進步，到了十六七世紀，有了天才出現，學問發達，書籍便利，考據就特別發達了。〔註15〕

雖然中國的這種考據方法淵源較早，但自國學運動以來，學者們繼承傳統樸學時又吸收了西方近代的實證方法，因而出現了許多關於中國古代文獻與歷史問題的專題研究，方法更爲細密，材料的搜集更爲廣泛和豐富，推理與求證的過程採用了嚴密的邏輯程序，所以取得的成就亦大大地超越了前人。這種文史研究能否成爲一門學科呢？

以考證方法研究中國文獻與歷史的問題，它具有綜合性質，是與中國學術的綜合性特點相適應的。從《老子》、《論語》、《荀子》、《呂氏春秋》、《淮南子》、《論衡》到《明夷待訪錄》，它們的內容極爲廣博，涉及了多種學科，具有綜合性質。這是顯而易見的，如柳存仁說：「中國傳統的著作綜合性占優勢，和古代書籍的體制不無關係。但是我們傳統的做學問的方法也能夠從博覽入手，這也許跟我們悠久的歷史，汗牛充棟的著作把許多類似或看似相關

〔註14〕梁啓超《清代學術概論》，商務印書館，1944年版，第29頁。
〔註15〕胡適《考證學方法之來歷》，《胡適文集》（12），北京大學出版社，1998年版，第112頁。

的事物，觀念很容易地都打成一片也不無關係。」〔註 16〕中國學術的綜合性與西方學術的分析性是相異的。現代中國治哲學、歷史、文學的學者往往感到文史哲是不能嚴格分家的，總是存在一種交互的關係。國學興起之初，正是在新的歷史條件下關於中國學術綜合性研究的一種趨勢，以克服現代學科細緻分類後出現的新的弊病，即按照某一學科觀念出發而不能解決中國學術的一些複雜的邊緣的問題。從國學思潮的產生，整理國故的進行，文史研究的開展，考據方法的提倡，到近年國學熱潮的再度出現，經歷百年的努力，國學作為學科的條件已經完全成熟了。國學是以研究中國古代文獻與歷史中存在的狹小的疑難的學術問題為對象；這些問題雖然狹小，但只有具備關於中國文化的廣博知識，採用傳統的考據方法才有可能解決的；它是一個關於中國學術綜合性的，涉及哲學、歷史、地理、文學、文字、音韻、文獻、版本、校勘、訓詁等的邊緣性學科；它即是新中國建立以來的「文史研究」。這門學科是頗為特殊的，而確又為中國學術發展所必需的，也是其它各個學科不可能代替的。

　　近年學術界談論「國學」，發表「國學宣言」，或者舉辦「國學研討會」時，難以確定內涵，歧義雜出，甚至感到迷茫，其原因在於缺乏學科觀念，而又將學術研究，研究基礎和普及工作予以淆混，不分層次所致。關於中國古代文獻與歷史上存在的問題或中國學術史上存在的狹小問題的研究，這是國學的本體。因國學是綜合性的邊緣學科，關於它的基礎則是極廣博的，要求有深厚的古漢語知識，熟悉中國文化，具體的體現在熟悉中國的古籍，包括傳統的經、史、子、集的四部書。中國的典籍在世界上是最繁富的，絕非「汗牛充棟」可以表述。《四庫全書》計收四部書 3461 種，未收之書尚多，估計現存古典文獻不少於八萬種。〔註 17〕一位學者竭一生之力欲讀其百分之一已幾乎不大可能的。1923 年胡適應青年治國學的需要，發表了《一個最低限度的國學書目》共列古籍 181 種。〔註 18〕這個書目以哲學和文學為主，因而顯得範圍過於狹窄了。同年梁啓超發表《國學入門書及其讀法》，他認為：「我的主張很是平淡無奇。我認定史部書目為國學最主要部份。除先秦幾部經書幾部子書以外，最要緊的便是讀正史、通鑑、宋元明紀事本末和『九通』

〔註 16〕《文獻》，1988 年第 3 期。
〔註 17〕吳楓《中國古典文獻學》，齊魯書社，1987 年版，第 15 頁。
〔註 18〕《胡適文集》（3），北京大學出版社，1998 年版，第 88～97 頁。

中之一部份，以及關於史學之筆記文集等，算是國學常識，凡屬中國讀書人都要讀的。」〔註19〕他開列了 126 種書。這兩種書目都是供治國學者入門之參考的，作爲國學基礎尚有待擴充。商務印書館自20世紀20年代至40年代陸續出版《國學基本叢書》計 287 種，它囊括了四部書的重要典籍，其中多是名注本和珍本，爲治國學者應該閱讀的。然而每位學者除了必具的一般知識外，尚有個人的學術優勢和專業興趣。所以治國學的基礎要求博覽，但又特別要求專精，是一種「窄而深」的研究，是「尋求無數細小問題的細密解答」，「從極狹的範圍生出極博來」。國學研究是中國研究傳統文化的哲學家、史學家、文學家、語言學家、文獻學家等，就自己興趣的專業方面細小的學術問題，以考據的方法，在廣博的基礎上進行的極專門性的研究。

當國學思潮興起之初，一些民族主義的學者們爲了抑制西方文化，保存國粹，增強民族自信心，從而提倡國學。國學似乎承擔起復興中國文化的歷史使命，爲此他們興辦國學院，講習會，培養國學人材，普及國學知識。他們的普及工作發生了廣泛的影響，讓具有中等文化水平的青年學子讀《四書》、《五經》，承傳中國儒家的倫理道德，保存國魂。北京大學和清華大學的國學家們是在眞正研究國學的，他們亦考慮到國學的普及問題。胡適的《一個最低限度的國學書目》發表後受到指摘，迅即又擬了一個「實在的最低限度的書目」，計 38 種。同時梁啓超也擬了一個「眞正之最低限度」的書目，計 25 種。其書目爲：《四書》、《易經》、《書經》、《詩經》、《禮記》、《左傳》、《老子》、《墨子》、《莊子》、《荀子》、《韓非子》、《戰國策》、《史記》、《漢書》、《後漢書》、《三國志》、《資治通鑒》、《宋元明史紀事本末》、《楚辭》、《文選》、《李太白集》、《韓昌黎集》、《柳河東集》、《白香山集》。〔註20〕這個書目中雖有儒家經典，但不是片面提倡讀經，而是將它們作爲傳統文化知識來對待的。梁氏書目適合中國20世紀20至40年代國學運動時期高中學生使用的，因爲這些學生通過學校國文課的學習已有一定的古漢語知識了。現在歷史文化背景發生了很大變化，梁氏書目僅適合高校文科本科生和研究生閱讀了。國學既是關於中國學術的專門而高深的學問，我們實無必要重蹈國粹主義者保存國粹的故轍，去提倡讀經，去宣揚儒家道德。我們爲了宏揚中華傳統文化，提高國民文化素質，確有必要普及中華傳統文化知識，如中國的文化史、中

〔註19〕《飲冰室合集》專集卷七一，中華書局，1936年版。

〔註20〕同上。

國歷史、中國文學史、中國思想史和古漢語等方面的知識，它們必須是經過整理的、通俗的、能爲普通民眾所能接受的。我們只有將國學和普及中國傳統文化知識分開，才不致產生學術概念的紊亂。國學研究本身是沒有必要去肩負普及中國傳統文化知識的任務的。

　　國學觀念的演進體現了一個學術認識過程。我們回顧歷史時，可見到許多學者認眞的探討，希望去眞切地把握國學的性質。近百年來關於國學性質的認識存在五種意見，它們是具有合理性的，但隨著對國學認識的深入，其合理性已漸漸喪失了。第一種意見認爲國學即儒學，「以儒亢爲主，取讀經而會隸之」，〔註21〕並以學習儒家經典《孝經》、《大學》、《儒行》、《喪服》爲「國學之統宗」。〔註22〕這不是從學術觀念來理解國學的，而是藉國學以推行儒家倫理道德思想，使國學負擔學術之外的重大社會使命。儒學固然是中國傳統文化的核心，而且是兩千餘年來中國的統治思想。當中國在新文化運動之後，舊的封建統治思想已經失去意義，不可能再成爲中國新的政治倫理價值的標準。儒學作爲傳統文化是值得研究的，它涉及文獻與歷史的若干學術問題屬於國學研究的對象，但國學的對象卻比儒學廣泛得多，所以不能以之偷換國學的概念。如果以爲國學就是儒學，學習國學即是讀經，讀經的目的即是以儒家價值觀念作爲現代中國人的思想行爲準則，這無疑是希望儒學再成爲統治思想；然而近百年的歷史證明：這是絕不可能的了。第二種意見是認爲「國學的使命是要大家懂得中國過去的文化史；國學的方法是要用歷史的眼光來整理一切過去文化的歷史。國學的目的是要做成中國文化史」。〔註23〕這樣國學包括了中國一切傳統文化，對象過於寬泛。我們僅就傳統文化中的意識形態而言，它即包括了哲學、史學、文學、宗教學、藝術學、民族學、語言學、文獻學，等等；它們皆是獨立的學科，若對其中某學科的研究，則屬於某學科而不屬國學了。因此以國學統一中國學術，其發展的結果是對國學的消解。商務印書館編的《國學基本叢書》即是按現代學科分類的，其中有哲學、宗教、文學、自然科

〔註21〕 章太炎《國學會會刊宣言》，《章太炎全集》（五），上海人民出版社，1985 年版，第 185 頁。

〔註22〕 章太炎《國學之統宗》，《章太炎學術史論集》，中國社會科學出版社，1997年版，第 14 頁。

〔註23〕 胡適《國學季刊發刊宣言》，《胡適文集》（3），北京大學出版社，1998 年版，第 14 頁。

學、應用技術、藝術、歷史等；對它們每類的研究，皆不是國學研究了。國學的對象僅是中國傳統文化中一個特殊的部份，而非一切過去的文化。第三種意見以國學「是中國的歷史，是歷史科學中的中國的一部份。研究國學，就是研究歷史科學中的中國的一部份，也就是用了科學的方法去研究中國歷史的材料」〔註24〕這樣國學即是史料學，它僅限於歷史資料的搜集、整理、考訂、校勘。每個學科都有自己搜集整理史料的工作，各學科發展之後，便不存在統一的史料學。史料工作只是爲學術研究作的準備，爲研究提供資料。國學研究是特別重視材料和證據的，只有占據大量材料後才能研究某一學術問題。因此史料學並不等於國學，它僅是研究的基礎而已。第四種意見是將國學理解爲中國學術思想史，以爲治國學「其用意便在學者得識二千年來本國學術思想界流轉變遷之大勢」〔註25〕這樣國學對象又過於狹窄。關於學術思想的研究，這是哲學的對象。如果國學是研究的哲學的對象，它便失去自身存在的意義。當然中國學術思想史是國學的對象之一，但所關注的並非僅是學術思想還涉及其若干文史考證的問題。第五種意見以爲「國學即是中國學術之意，……中國學術按傳統的說法，包括義理之學，考據之學，詞章之學，經世之學。義理之學是哲學，考據之學是史學，詞章之學是文學，經世之學是政治學、經濟學。其實傳統學術不僅於此，還有天算之學（天文學、數學）、兵學（軍事學）、法學、農學、地學、水利學、醫學等等」〔註26〕這樣國學是中國各種學科之總和，由各種學問組合的，如果國學包涵了社會科學和自然科學，是中國古代諸學問之雜湊，其對象過於龐雜，是不可能對它進行研究的。如果研究者對醫學深有研究，則他是醫學家，而非國學家。從國學的歷史來看它是逐漸形成一個獨立學科的，有其特定的對象，並非泛指的「中國學術」。「中國學術」是不具學科意義的。

我們經過對國學的認識過程的考察，它作爲學科的個性品格較爲明顯了。然而國學研究有無現實意義呢？如果沒有，則它還有存在的價值嗎？這亦是近百年來最有爭議的問題。

〔註24〕 顧頡剛《北京大學國學門周刊發刊詞》，《新文學大系·史料索引》，良友圖書公司，1936 年版，第 175 頁。

〔註25〕 錢穆《國學概論》卷首，商務印書館，1956 年版，第 1 頁。

〔註26〕 張岱年《說國學》，《張岱年全集》第六卷，河北人民出版社，1996 年版，第 522～523 頁。

三

　　國學思潮的產生是在西學的湧入，帝國主義列強的侵略和國內戰亂時中華民族最艱難之際，許多具有民族責任感的學者發起了「讀書保國」的活動，以為提倡國學，保持中國傳統文化即可保國。國學保存會在上海成立時，鄧實談到該會的宗旨說：「綢繆宗國，商量舊學。擴懷舊之蓄念，發潛德之幽光。當滄海之橫流，媲前修而獨立。蓋學之不講，本尼父所憂；《小雅》盡廢，豈詩人之不懼。爰日以學，讀書保國，匹夫之賤，有責焉矣。」〔註27〕他堅信只要國學存在，中國是不會滅亡的。歷史早已證明，這種思想的幼稚和虛妄。

　　學者為真理而求真理是根本不關注其有用與無用的。王國維和胡適都沒有正面回答國學之有用與無用的問題，直到1926年顧頡剛作《北京大學國學門周刊發刊詞》時才論及此問題。他首表明「研究學問的人，只該問這是不是一件事實；他既不該支配事物的用途，也不該為事物的用途的支配」。顧頡剛是將國學作為一種科學的，科學是純客觀性的，在於研究事物的真相，不是用以「救世安民」的，所以它可以超越國家與民族的限制。從社會的分工來看，學術機關中的學者的職責是進行學術研究，學者作為公民自應盡到義務，但做好本職工作才是重要的。因此即使在國家動盪或危亡之際，他們作自己的專業工作也不是錯誤的。他認為學者只從「應用」著眼，必將導致學術媚俗而趨於淺薄；至於有用無用的問題是政治家們和教育家們抉擇的問題。「儘許社會上看作無謂的，醜惡的，永不生效用的，但我們既感到可以研究，而自己又有興致和方法去研究，那就不能遷就他人的意見而改變自己的志向了」。顧頡剛最後表示：

> 我們對於政治、道德以及一切人事不作一些主張，但我們卻要把它們作為研究的對象。我們研究的目的，只是要說明一件事實，絕不是要把研究的結果送與社會應用。我們看國學是中國的歷史，是科學中的一部份，所以我們研究的主旨在於用科學方法去駕馭中國歷史的材料，不是要做成國粹論者。我們不希望把國學普及給一班民眾，只希望得到許多真實的同志而相互觀摩，並間接給研究別的學科的人以工作的觀感，使得將來可以實現一個提攜並進的境界。〔註28〕

〔註27〕范明禮《國粹學報》，《辛亥革命時期期刊介紹第二集》，人民出版社，1982年版，第317頁。

〔註28〕《新文學大系‧史料索引》，良友圖書公司，1936年版，第175～176頁。

由於顧頡剛認為國學是高深的科學研究，所以不主張普及，也不準備將結果供社會應用。這是從研究主體的角度考慮的。國學的純學術性質經過顧頡剛的闡述，使它與國粹主義者的觀念劃清了界限，在理論上引導了國學研究沿著現代學術的道路前進。

我們從西方引進新思想和新學科都是很必要的，應有學者從事這些工作；新的學術思想不大可能從傳統文化中產生出來，這是歷史事實；中華民族渴求產生許多有用的知識與人物，這亦是社會迫切的需要；然而這些都不是任何一種學科能解決的問題，國學更不可能具有這種重大的作用。國學畢竟是一種純學術的學問，它在中國整個學術系統中是有存在的合理性的，它的意義是很有限的。諸多的批評與指責，實際上顧頡剛已經很有說服力地回答了的。追溯這段歷史非常有助於我們現在認識國學復興的意義。

中國悠久的歷史與豐富的文獻裡存在很多學術問題，例如典籍的真偽，版本的源流，文本的校勘，文字的考釋，名物的訓詁，人物生卒年及事蹟，作品本事，歷史地理的變遷，金石碑文的解釋，文化交流的線索，歷史的疑案，宗族的世系，等等疑難而艱深的問題，它們只有學者在長期而深入的專業研究中才能發現的，而且只有搜集大量可靠的資料，運用多學科知識，進行綜合的研究，通過傳統的而又科學的細密的考證才可能解決的，並只有依靠中國學者自己去解決的：這就是國學。它即是中國宋代以來，特別是近三百年形成的傳統的考據學；在新中國成立後，它為文史研究取代了；現在國學熱潮再度興起時，它作為一門學科的條件是完全成熟了。從事國學研究必須具有非常廣博深厚的中國傳統文化知識，並熟悉中國典籍包括經、史、子、集等經典著作，同時又須具有某種專業優長。國學研究與國學基礎是兩個學術層面，不能混淆。國學是關於中國傳統文化與學術的高深而繁瑣的考證，它是獨立而純粹的學術，除了學術自身之外，不負擔其它政治的、倫理的、社會的任務。我們普及中國傳統文化知識是必要的，但這與國學研究並無直接關係。國學的成果有助於促進中國各種傳統學科的學術發展，為中國學術史提供真實而可靠的事實依據。國學研究的水平最能體現中華民族的智慧和所達到的學術境界。我們相信：中華民族的文化積纍是極豐富的，中國學者能在解決自己民族文化中的學術問題上達到最高水平，因而在國際漢學中處於領先的地位，這表明我們民族是很有學問的，是有希望的民族。中國學術傳統中有一種「為真理而求真理」的精神。學者們長期地默默地對傳統文化

中某些狹小的問題進行精深而細密的研究，其成果與其它中國學術研究及文化創造的成果，共同體現了中華民族文化精神；因有了這些，中華民族才獲得永久的生命意義並表示自己歷史的存在。國學在弘揚中華民族優良傳統文化過程中是不可缺少的一個部份，因而它是有一定作用的，但是這種作用僅具有學術的意義，即「中國學術問題需中國人自加論定」。

（原刊《學術界》2007 年第 6 期）

國學運動新傾向述評

　　我們以 1905 年上海國學保存會主辦的《國粹學報》創刊標誌國學運動的興起，至 1925 年清華學校國學研究院的開辦，這二十年間國學運動的發展在學術界產生了很大的影響；同時內部亦發生了很大的變化，即整理國故的號召得到學術界廣泛的響應，國粹主義趨於衰落，國學新傾向所體現的新思潮卻逐漸形成了。1925 年曹聚仁在論文《春雷初動中之國故學》裡分析了國學運動的新傾向說：「近頃之治國故學者，雖取捨不同，準的非一，使非極端守舊，局守宋儒之陋見者，其用力之所在，必不離於考訂名物訓詁諸端，群力所注，則國故之各各資料，必由一一考證而日漸正確……國故學之新傾向，昭然顯呈於吾人之前。新考證之盛行，即昭示吾人以國學中心之所在。」〔註 1〕他概括的新傾向是「新考證之盛行」，而且認為它已成為國學關注的中心了。新傾向之出現是國學運動發展的轉折點，在國學史上具有重大的意義。它是怎樣形成和發展的，它具有什麼新的學術特徵，它在學術上有什麼價值？這些問題值得我們認真考察，總結歷史經驗，必將有助於我們在國學熱潮再度興起時認識國學的性質，並以之作為歷史的借鑒。

一

　　國學保存會的發起者和《國粹學報》的創辦者鄧實出於愛國的熱忱，面臨西方文化在中國的傳播和新學的興盛，深感它們對中國傳統文化的破壞而

〔註 1〕曹聚仁《春雷初動中之國故學》，收入許嘯天輯《國故學討論集》，群學出版
　　　社，1927 年。

導致中國之學的失落，遂奮力保衛國學。他認爲中國之學的菁華——國粹是儒學。他說：「大抵以儒學爲質幹，以六經爲範圍，捨儒以外無所謂學問，捨六經以外無所謂詩書。」〔註2〕國粹派學者們以中國傳統文化爲國魂，以爲只要保存傳統文化即可保國，因此志於復興「古學」。鄧實說：「故吾人今日對於祖國之責任，惟當研求古學，刷垢磨光，鈎玄提要，以發現種種之新事理，而大增吾神州古代文學之聲價，是則吾學者之光也。」〔註3〕《國粹學報》的撰稿者黃節、章太炎、鄭孝胥、鄭文焯、王闓運、廖平、陸紹明、劉師培、黃侃、章絳、江愼中、馬敍倫、蕭穆、胡蘊玉、李詳、譚獻、羅振玉、張采田、孫仲容、陳仲、田北湖等，對待傳統文化的態度與鄧實是一致的。他們都是民族文化保守主義者。他們主張「通經致用」，希望復興古學，弘揚國粹，政良社會，負擔重大社會使命。國粹派學者們對於中國傳統文化是深有研究的，他們在論著裡探討了中國歷史與文獻的若干問題，其中以黃節、章太炎、劉師培、羅振玉、黃侃等的學術成就最高。然而他們在經學、小學和舊史學的範圍裡，採用傳統的注疏和考證方法，探討並重複著陳舊的課題。1911 年辛亥革命之後，《國粹學報》停刊，表明國粹主義思想由盛到衰，但其殘餘勢力都強固地存在於國學運動之中。民國元年（1912）四川省政府成立國學院並創辦國學學校，章太炎的弟子們在杭州成立國學會，此後各地亦紛紛成立國學館或國學會，這些都是以弘揚國粹爲宗旨的。

新文化學者們在提倡新文化的同時，考慮到怎樣對待傳統文化的問題，他們是反對國粹主義的。新文化運動的發起者胡適首先提出了「整理國故」的號召。他於 1919 年 2 月 1 日的《新青年》第七卷第一號發表《新思潮的意義》，將新思潮的根本意義理解爲是對新文化的新態度，即「批判的態度」，主張「研究問題，輸入學理，整理國故，再造文化」。他認爲對中國舊學術思想的積極主張是「整理國故」。在「整理國故」的工作中他特別倡導「要用科學的方法，作精確的考證」。〔註4〕毛子水同時發表了《國故和科學的精神》，他說：「用科學的精神去研究國故，第一件事就是用科學的精神去採取材料。凡考古的學問和他種的學問相同，最要的事情就是有精確的材料。論斷的價

〔註2〕鄧實《國學通論》，《國粹學報》第 3 期，1905 年 4 月。
〔註3〕鄧實《古學復興論》，《國粹學報》第 9 期，1905 年 10 月。
〔註4〕張寶明、王中江編《回眸〈新青年〉·哲學思潮卷》，河南文藝出版社，1998 年，第 324 頁。

值和材料有密切的關係，材料不精確，依據這個材料而立的論斷，就沒有價值了。」〔註 5〕這樣，「重證」與「求是」的精神是研究各種科學的根本。胡適和毛子水等學者提倡的以科學方法整理國故，這是國學運動興起以來出現的新傾向。1922 年 8 月 1 日北京大學校長蔡元培主持召開了北大季刊編輯討論會，成立國學組，胡適為主任，計劃出版《國學季刊》。胡適代表北京大學國學組同仁，於 1923 年 1 月由《國學季刊》第一卷第一號發表《〈國學季刊〉發刊宣言》。他從新文化的觀念對國學作了界說，以為它是「國故學的縮寫，它是研究中國的一切過去的歷史文化的學問。」他提出擴大國學研究的範圍，進行系統的整理工作，即索引式的整理、結賬式的整理和專史式的整理。〔註 6〕這樣，以科學的方法整理國故成為了國學運動的方向和國學研究的內容，並且得到學術界廣泛的響應。在北京大學的帶動下，東南大學成立國學院，北京師範大學成立國學學會，清華學校成立國學研究院，以科學方法研究國學的論文在各種國學雜誌湧現。我們回顧這一時期整理國故的成就，它在學術界產生巨大影響的是：

（一）新材料的研究。自十九世紀之末至二十世紀之初的三十年間，中國有五項重大的發現：1888 年河南安陽殷商甲骨文的發現，1900 年甘肅敦煌藏經洞敦煌文書的發現，1908 年新疆及甘肅的漢晉木簡的發現，1909 年清代內閣大庫檔案的發現，1889 年蒙古的古代中亞民族遺文的發現。王國維說：「今日之時代可謂發現的時代，自來未有能比者也。」〔註 7〕以新方法研究新材料成為一時的學術趨向，北京大學《國學季刊》即發表了羅福成的《宴台金源國書碑考》、馬衡的《漢熹平石經論語堯曰篇殘字跋》、羅福萇的《倫敦博物館敦煌書目》、陳垣的《摩尼教入中國考》和《火祆教入中國考》、伊鳳閣的《西夏國書論》、王國維的《韋莊的〈秦婦吟〉》等，開闢了國學新課題，使人耳目一新。

（二）白話小說考證。從中國正統文學史觀念看來，小說託體甚卑，非學術研究的對象。胡適發起的新文學運動，提倡白話文學，其最大的功績是從中國白話文學傳統中找到了新文學——白話文學的標準，而且以為《水滸

〔註 5〕毛子水《國故和科學的精神》，《新潮》第一卷 5 號，1919 年 5 月。
〔註 6〕胡適《〈國學季刊〉發刊宣言》，《胡適文集》（3），北京大學出版社，1998 年，第 7～9 頁。
〔註 7〕王國維《最近二三十年中國新發現之學問》，《王國維遺書》第十五冊，上海古籍書店，1985 年。

傳》、《西遊記》、《紅樓夢》、《儒林外史》是白話文學的語言典範。爲了推廣它們，得到上海亞東圖書館的支持，自 1920 年開始出版系列的新式標點本長篇白話小說。在出版這些小說時很有必要向讀者介紹作者和版本的歷史背景，但因資料難得和歷史線索的模糊而是很困難的學術問題。胡適自 1920 年完成《水滸傳考證》之後，迄於 1925 年完成的論文有《水滸傳後考》、《紅樓夢考證》、《西遊記考證》、《鏡花緣的引論》、《跋紅樓夢考證》、《水滸續集兩種序》、《三國演義序》、《三俠五義序》、《老殘遊記序》。其中學術價值最高和影響最大的是《紅樓夢考證》。顧頡剛曾爲胡適搜集材料，他說：「我們處處把實際的材料做前導，雖是知道事實很不完備，但這些事實總是極確實的，別人打不掉的。我希望大家從舊紅學的打倒，新紅學的成立，以此悟得一個研究學問的方法。」〔註 8〕胡適的小說考證，是以新方法整理國故的典範。

（三）古史的討論。自 1920 年顧頡剛在胡適的啓發下開始古籍辨僞工作，以作爲國學新思潮的學術突破。1923 年顧頡剛於《努力周報》增刊《讀書雜誌》第九期發表《與錢玄同先生論古史書》，提出「層累地造成的中國古史」之說，對中國遠古歷史傳統作了顛覆性的論斷。錢玄同於《讀書雜誌》第十期（1923 年 6 月 10 日）發表《答顧頡剛先生書》表示支持。《讀書雜誌》第十一期（1923 年 7 月 1 日）發表劉掞藜《讀顧頡剛君〈與錢玄同論古史書〉的疑問》和胡堇人《讀顧頡剛先生論古史以後》，對顧頡剛的觀點進行辯論與批評，同時又發表了顧頡剛的《答劉胡兩先生》。胡適於《讀書雜誌》第十八期（1924 年 2 月 22 日）發表《古史討論的讀後感》說：「《讀書雜誌》上顧頡剛、錢玄同、劉掞藜、胡堇人四位先生討論古史的文章，也做了八萬字，經過了九個月，至今還不曾結束。這一事件可算是中國學術界一件極可喜的事，它在中國史學史上的重要一定不亞於丁在君先生們發起的科學與人生觀的討論在中國思想史上的重要。」〔註 9〕由古史的討論在國學運動中興起了以疑古爲特點的古史辨派。其影響所及陸續出現了一批辨僞與疑古的考證論文，如顧頡剛的《紂惡七十事發生的次第》、鄭振鐸的《讀毛詩序》、胡適的《諸子不出於王官論》、游國恩的《荀卿考》、張煊的《墨子經說作者考》、梁啓超的《論〈老子〉書作於戰國之末》、唐鉞的《楊朱考》、呂思勉的《辯梁任公〈陰

〔註 8〕顧頡剛《〈紅樓夢辨〉序》，見《胡適文集》（10），第 93 頁。
〔註 9〕胡適《古史討論的讀後感》，《古史辨》第一冊，上海古籍出版社重印，1982年，第 189 頁。

陽五行說之來歷〉》等，它們進而引發了關於《尚書》、《詩經》、諸子、秦漢學術思想的若干問題的討論。

上述三方面整理國故的工作突顯了國學新思潮的優勢。當時學術界清楚地見到國學運動中存在兩個大的學派，即國粹派和新潮派。范䄂海說：「國學有兩派，一派是重知的，一派是重行的。大約說來，所謂漢學家，大概屬於知的方面。所謂宋學家，大概屬於行的方面。漢學家終身孳孳於聲音訓詁名物的考訂，但是這種學問，無論怎樣淹博，返諸自己的身心，沒有什麼益處。」〔註 10〕這是沿襲清代學者的觀念，將新潮派等同於清代重考證求眞知的漢學家，而將國粹派等同於清代重義理的經世致用的宋學家。同時的創造社的新學家們是反對國學運動的，他們對整理國故的新傾向也表示反對。我們從他們的反對意見中可以看出，他們將國學等同於考據，將國學家等同於考據家；這是針對國學新潮派而言的。成仿吾於 1923 年說：「他們的方法與態度，不外是承襲清代的考據家。所以他們縱然拼命研究，充其量不過增加一些從前那種無益的考據……我看我們這種所謂國學運動，充其量不過能造出一些考據死文字的文字，充其量不過增加一些更煩碎的考據學者。」〔註 11〕郭沫若於 1924 年以嘲諷的語氣說：「我們常常向朋友們談笑話，說我們應該努力做出些傑作出來，供百年後的考據家考證──這並不是藐視考據家或者國學研究家的尊嚴，實在國學研究或考據、考證的價值原是只有這樣。」〔註 12〕成吾仿和郭沫若對國學的新傾向的認識是淺表的，但都從表象見到國學研究實即考據，而且認爲這種考據是不能創造新價值的。在他們的否定意見中，我們已見到國學新傾向在學術界的影響了；所以 1925 年曹聚仁將「新考證之盛行」認定爲國學運動的新傾向，而且以爲它是國學的主流。這表明國學運動的新傾向至此已形成了。

二

國學運動新傾向形成之後，取代了國粹學派在國學中的地位，大力推動了國學的發展。1926 年 1 月顧頡剛發表《北京大學國學門周刊發刊詞》，進一步發展了國學新傾向的觀點，重申了胡適的純學術主張，摒棄勢利成見，不

〔註 10〕范䄂海《青年國學的需要》，《青年進步》第 63 冊，1923 年 5 月。
〔註 11〕成仿吾《國學運動之我見》，《創造周刊》第 28 號，1923 年 11 月。
〔註 12〕郭沫若《整理國故的評價》，《創造周刊》第 36 號，1924 年 1 月。

考慮研究成果的社會應用價值，絕非要做成「國粹論者」。顧頡剛對國粹派給予了嚴厲的批評，他說：

> 老學究們所說的國學。他們要把過去的文化作爲現代人生活的規律，要把古聖遺言看做「國粹」而強迫青年們去服從。他們的眼光全注在應用上，他們原是夢想不到什麼叫做研究的。〔註13〕

此年四月顧頡剛完成了《〈古史辨〉第一冊自序》，它是國學運動中古史辨派的宣言。《古史辨》第一冊於 1926 年由樸社出版，至 1941 年共出版七冊，其中顧頡剛主編第一、二、三、五冊，羅根澤主編第四、六冊，呂思勉和童書業主編第七冊。其中作者包括胡適、錢玄同、顧頡剛、丁文江、魏建功、容庚、傅斯年、馬衡、繆鳳林、姚名達、周予同、馮友蘭、劉復、羅根澤、梁啓超、余嘉錫、高亨、唐鉞、劉盼遂、呂思勉、童書業、譚戒甫、唐蘭、郭沫若、楊向奎、蒙文通、楊寬等數十位學者。他們以疑古的態度討論古史而形成一個龐大的學派。他們討論的內容是古史，而更多的是關於先秦典籍的辨僞、諸子的考辯和秦漢學術史問題；他們使用傳統的考據學與科學方法的結合。國學的新傾向和國學研究的新方法在古史辨派中得到集中的體現。〔註14〕古史辨派的學者們以疑古的精神對先秦典籍——包括儒家經典的辨僞，將中國遠古的傳說與信史分別開來，否定了「三皇」、「五帝」的存在，推翻了儒家經典的神聖性，表現出以科學的態度重新認識中國傳統文化，眞正做到了學術的獨立與自由。古史辨派的辨僞工作起到了對傳統學術觀念的破壞。周予同於 1926 年說：「辨僞的工作，在現在國內烏煙瘴氣的學術界，尤其是國學方面，我承認是必要的，而且是急需的……辨僞雖是國學常識，但也是第一步工作。」〔註15〕這種辨僞的破壞，實質上是對國學運動中國粹主義的理論基礎的動搖。《古史辨》收入的論文如顧頡剛《論禹治水故事書》、錢玄同《論〈莊子〉眞僞考》、錢穆《論〈十翼〉非孔子作》、張壽林《〈詩經〉不是孔子所刪定的》、俞平伯《論〈離騷〉的年代》、馮友蘭《〈中庸〉的年代問題》、張西堂《陸賈〈新書〉辨僞》、朱希祖《〈墨子·備城門〉以下二十篇係漢人僞書說》、錢穆《關於〈老子〉成書年代之一種考察》、羅根澤《晚周諸

〔註13〕阿英編《中國新文學大系·史料索引》，上海良友圖書公司，1936 年，第 169 頁。
〔註14〕謝桃坊《古史辨派在國學運動中的意義》，《學術界》2009 年第 4 期。
〔註15〕周予同《顧著〈古史辨〉的讀後感》，《古史辨》第二冊，第 323～324 頁。

子反古考》、呂思勉《盤古考》、顧吉剛、楊向奎《三皇考》、陳夢家《夏世即商世說》等，皆是振聾發聵，開一代風尚之作，使新考證傾向得以發展。古史辨派的這些考證，雖然從表象看來十分瑣細，但疑古的精神特別鮮明，的確表現了新文化光照下的新思潮，起到解放思想的作用。此後繼興的歷史語言學派則純學術的態度更爲突出，而科學考證方法亦更爲完善。

1927 年 11 月國立中央研究院成立於南京，蔡元培任院長，傅斯年任歷史語言研究所所長。《歷史語言研究所集刊》創辦於 1928 年，標誌國學運動中歷史語言學派的興起。此刊自 1928 年迄於 1949 年共出版二十本，這大型連續出版物是純學術性的，如研究所的名稱一樣具有鮮明的學術特色。此派的創始人傅斯年於 1919 年北京大學國學門畢業後赴英國留學，1923 年至 1926年在德國柏林大學哲學院學習，深受歷史語言考證學派——史學實證主義學派的影響。此派的創始人是柏林大學蘭克教授，他在學術研究中要求對歷史事件的有效因素的考察，在精確的材料的基礎上求精細的理解，對細節作深刻的細密的研究，特別重視資料的搜集與辨僞，以完成堅實的考據。〔註 16〕傅斯年所理解的「歷史」是廣義的，「語言」已具文獻的意義。他創立的中國歷史語言學派與歐洲的歷史語言學派頗爲相異，僅限於歷史與文獻的事實考證的層面。傅斯年說：「歷史學和語言學在歐洲都是很近才發生的。歷史學不是著史，著史多多少少帶點中古中世的意味，且每取倫理家的手段，作文章家的本事。近代的歷史學只是史料學，利用自然科學借給我們的一切工具，整理一切可逢著的史料。」〔註 17〕這裡「史料」即歷史文獻。中國自宋代學者開始重視史料的辯證，至清代乾嘉學派對史料的考證取得很大的成就，從而形成了考據學。傅斯年從中國的傳統考據學找到了與歷史語言學的契合，於是提出判斷學術價值的三項標準：1. 對材料作直接的繁豐細密的研究；2. 能擴張所研究的材料；3. 擴充研究時應用的工具。他特別強調對材料和事實的研究，要求原創性的研究和體現研究方法的進步。傅斯年不贊同「國故」概念，以爲國粹派的理解的「國故」即是「國粹」，而「國學院」等機構亦是晚清存古學堂的改良。他反對將「國學」概念無限地擴張，以爲國學研究的

〔註 16〕何兆武《歷史理論與史學理論——近現代西方史學論著選》，商務印書館，1999年，第 229、353 頁。

〔註 17〕傅斯年《歷史語言研究所工作之旨趣》，《歷史語言研究所集刊》第一本，1928年。

許多大課題實際上在歷史學和語言學的範圍內；如果國學研究由於擴充材料和工具，勢必超出本國的限制；所以他提倡建立「科學的東方學」。〔註18〕歷史語言學派的宗旨貫徹在《集刊》裡，如其典型的論文：董作賓《跋唐寫本〈廣韵〉殘卷》、陳寅恪《靈州寧夏榆林三城譯名考》、黃淬伯《慧琳〈一切經音義〉反切聲類考》、傅斯年《戰國文籍中之篇式書體》、徐中舒《耒耜考》、趙蔭堂《〈康熙字典・字母切韵要法〉考》、孟森《清始祖布庫里雍順之考訂》、陳樂素《〈三朝北盟會編〉考》、周一良《論宇文周之族種》、陳述《曳落河考釋及相關諸問題》、黎光明《明太祖遣僧使日本考》、鄧廣銘《〈宋史・職官志〉考正》、王明《〈周易參同契〉考》、陳槃《戰國秦漢間方士考論》等。這些論文與《古史辨》的論文都是對中國文獻與歷史的若干狹小的學術問題以科學的方法作細密的考證。它們實是國學運動新傾向的體現，屬於國學研究性質的。我們如果將《古史辨》與《歷史語言研究所集刊》的主要論文進行比較，則不難見到：二者雖然皆以中國文獻與歷史的狹小學術問題為對象，皆採取科學考證方法，但前者關注的問題限於漢代以前，以先秦古史古籍為重點，而且其課題關涉到中國傳統文化的許多重要的基本的事實問題，編者的思想傾向極為明顯；後者的課題十分廣闊，涉及自古以來的各種各樣瑣細的學術問題，編者並不具某種傾向，亦不迎合時代思潮，而是沉潛地進行研究。此兩派均屬國學運動新傾向的流派，因它們豐碩的研究成果才促進國學的繁榮昌盛。

自 1925 年國學新傾向形成以來，除了《古史辨》和《歷史語言研究所集刊》兩種大型學術集刊而外，其餘具有國學性質的刊物紛紛創刊，其中較有影響的為：《北大國學月刊》（北京大學，1926 年）、《國學》（上海大東書局，1926 年）、《國學年刊》（無錫國學館國學會，1926 年）、《國學專刊》（上海群眾圖書公司，1926 年）、《中山大學語言歷史研究所周刊》（中山大學，1927 年）、《國學論叢》（清華研究院，1927 年）、《廈門大學國學研究院周刊》（廈門大學，1927 年）、《燕京學報》（燕京大學，1927 年）、《中央大學國學圖書館年刊》（中央大學，1928 年）、《輔仁學誌》（輔仁大學，1928 年）、《師大國學叢刊》（北平師範大學國文學會，1930 年）、《國學叢編》（北平中國大學，1931 年）、《國學匯編》（齊魯大學文學院國學研究所，1932

〔註18〕謝桃坊《四川國學小史》，巴蜀書社，2009 年，第 78～97 頁。

年）、《國學商兌》（國學會，1933 年）、《國學》（天津國學研究社）。中華圖書館協會於 1929 年出版的《國學論文索引》即收錄自 1905 年至 1928 年發表於 81 種報紙雜誌的論文三千餘篇，迄於 1936 年共出版《國學論文索引》四編。這段時期國學運動極為興盛，新的考據之風影響著一代學術。1941年 12 月四川史學家蒙思明應錢穆之邀在成都的齊魯大學國學研究所講演時，他談到新的考據風尚說：

> 學者們高談整理國故，使人除考據之外不敢談史學。評文章的
> 以考據文章為優，倡學風的以考據風氣為貴，斥理解為空談，尊考
> 據為實學。〔註19〕

蒙思明對科學的考證成為學術界的支配努力和學術風尚表示憂慮和指責，這表現出關於國學新傾向的認識是不足的，但從其否定意見中證實了曹聚仁於1925 年所說的「新考證之盛行」確為國學運動的強勢和主流了。

三

科學考證方法是國學研究的基本方法，它是新思潮國學家們創造的，是對中國傳統考據學的繼承，同時又引入了西方近代的實證主義方法，使二者結合為一種新的方法。這種方法適於對中國文獻與歷史的若干狹小而困難的學術問題的研究。

清代乾嘉學派的戴震、王念孫、王引之、段玉裁、錢大昕等學者發揚清初顧炎武與閻若璩的治學精神，治學以考據見長，以原始證據為尚，孤證不為定說，羅列事實進行比較研究，作窄而深的研究，表述樸實簡潔。乾嘉之學又稱為考據學，或稱為樸學。〔註20〕乾嘉學者在考據時使用了文字學、音韻學、版本學、訓詁學、目錄學、校勘學等作為工具對中國文獻進行注疏、訓釋、校證。他們的方法為國學家繼承，用以整理國故。胡適說：「這種考證方法、不用來自西洋，實係地道的國貨，三百年來的考據學，可以追溯至宋。」〔註21〕清代的考據方法不僅為國學新潮學者沿用，亦為國粹學者所用，如黃節、劉師培、羅振玉、黃侃等都成功地使用傳統的考據學，然而新潮學者都超越了舊的考據學。顧頡剛說：「清代學者大都是信古的，他們哪裡想得到傳

〔註19〕蒙思明《考據在史學上的地位》，《責善半月刊》第 2 卷 18 期，1941 年 12 月。

〔註20〕梁啓超《清代學術概論》，商務印書館，1944 年渝版，第 28〜29 頁。

〔註21〕胡適《考據學方法之來歷》，《胡適文集》（12），第 112 頁。

到現在，會給我們起疑古之用……他們的校勘訓詁是第一級，我們的考證事實是第二級。」〔註22〕乾嘉學者們固守傳統文化觀念，主要的功績在於對古籍的疏證和校勘，尙未進入到精確的事實的考證，使用的方法亦不夠嚴密和細緻。國學研究的新考證方法是吸收了西方近代實證主義方法的。

晚清時期嚴復將英國近代哲學家穆勒、斯賓塞、赫胥黎的著作譯介入中國。這些哲學家皆是實證主義者，他們將觀察、實驗、比較、歸納等自然科學方法引入社會科學，強調對客觀現象的研究，認爲自然科學方法是社會科學新的重要的研究方法。中國新文化運動以來，雖然西方科學方法大量引進，但國學新潮學者所提倡的科學方法主要來源於美國的實用主義和德國的歷史語言考證學派。1919年7月胡適在《每周評論》第三十一號發表《實驗主義》，系統地介紹了實驗主義——實用主義在西方的興起與基本理論，以美國的杜威爲集大成者。他將杜威的方法概括爲五個步驟：感到疑難的存在，確定疑難之點，假設解決的種種方法，選擇一個假設，對假設的證實。〔註23〕胡適吸取杜威的方法後，於1928年形成一種簡單實用的方法，即「尊重事實，尊重證據」，「大膽的假設，小心的求證」。〔註24〕顧頡剛接受了胡適的方法，他說：「我先把世界上的事物看成許多散亂的材料，再用了這些零碎的科學方法實施於各種散亂的材料上，就喜歡分析、分類、比較、實驗，尋求因果，更敢於作歸納，立假設，搜集證成假設的證據而發表新主張。」〔註25〕這種按合理的程序進行研究工作是近代西方科學實證的方法，也稱爲實驗室的方法，其指導意義在古史辨派的論文中成功地體現。傅斯年開創的歷史語言學派則是引入西方近代歷史語言考證學派的方法，它實際上是實證主義方法應用於史料的考證。傅斯年特別強調對史料——歷史文獻的比較研究，他認爲：「歷史的事件雖然一件事只有一次，但一個事件既不盡止有一個記載，所以這個事件在或種情形下，可以比較而得近眞，好幾件的事情又每每有相關聯的地方，更可以比較而得其頭緒。」〔註26〕歷史上的某個問題、某個事件、當比較了各種性質的文獻記載之後，便可能發現矛盾、疑難、眞僞等問題，

〔註22〕 顧頡剛《古史辨第四冊序》，《古史辨》第四冊，第22頁。
〔註23〕 胡適《實驗主義》，《胡適文集》（2），第233頁。
〔註24〕 胡適《治學的方法和材料》，《胡適文集》（4），第105頁。
〔註25〕 顧頡剛《古史辨第一冊自序》，《古史辨》第一冊，第94～95頁。
〔註26〕 傅斯年《史料論略》，《史學方法導論》，江蘇文藝出版社，2008年，第2頁。

從而尋得歷史的眞實。傅斯年談到對待材料的態度說：「我們存而不補，這是我們對於材料的態度；我們證而不疏，這是我們處理材料的手段。材料之內使它發現無遺，材料之外我們一點也不越過去說。」〔註 27〕關於科學研究中的假設，傅斯年的態度十分謹慎，他不主張「大膽的假設」，以爲在兩件事實之間，或者說客觀材料與主觀認識之間，容許一點聯想或推論，如果材料不齊備，便可能以主觀判斷爲立論的前提而導致判斷的錯誤。在考證時，傅斯年主張僅搜集證據，比較材料，辨析材料，通過研究材料而考證事實，不發表議論與評價。西方歷史語言考證學派提倡由史料的研究開始，以認識時代的思想爲研究的最高層次。中國的歷史語言學派則僅僅停留於事實與材料的研究層次，故更與國學新傾向契合。胡適、顧頡剛、傅斯年所說的科學方法，雖然各有所異，但皆出自西方實證主義，體現了近代的科學精神。這種科學方法在科學研究中具有方法論的意義，但在具體研究中必須採用中國傳統的考據學，而且得貫通「四部書」——經、史、子、集。西方近代科學方法與中國考據學的結合而成爲科學考證方法，使它異於其它學科的方法，是國學新潮派的研究方法。〔註 28〕新潮派的學者們將國學研究視爲純學術的工作，它不負擔社會政治倫理的使命，是在更高的學術境界尋求眞知，而且不主張將這些高深的學問普及。國學向許多學科提供事實的依據，這些依據可能動搖某學科的理論基礎，可能澄清歷史與文化的重大疑案，可能清除傳統文化觀念中的諸多謬誤，其力量是無比堅實而巨大的。二十世紀三十年代學術界對考據有種種責難，例如以考據僅整理舊知而無新創，瑣屑的考據無關大體，考據僅爭辯故實而不明義理，考據家從事懷疑和破壞屬於離經叛道，等等。錢穆對此一一回答，他最後說：「若謂一民族對其自身歷史文化之知識，尚復有用，則關於歷史文化知識之考據焉得無用。有用無用之論，亦不足以爲考據病。」〔註 29〕國學是中國的命脈，如果我們現在回顧中國各學科的學術成就，尋求有關中國學問的淵源，則不難發現國學新傾向興起之後，許多狹小學術問題的考證在中國現代學術發展中的作用，它往往是傳統學術轉向現代學術的起點。這不僅是傳統史學成爲新史學如此。近二十年來國學熱潮再度

〔註 27〕傅斯年《歷史語言研究所工作之旨趣》，《歷史語言研究所集刊》第一本，1928年。

〔註 28〕謝桃坊《國學辨證》，《學術界》2007 年第 6 期。

〔註 29〕《古史辨》第四冊，第 5 頁。

在中國興起，我們若審視這種熱潮便可見到：學術界對國學的性質、方法和意義的認識甚爲模糊，在提倡讀經和強調社會功用的努力下使國學庸俗化並走向國粹主義的故轍。因此，回顧國學運動新傾向的歷史經驗是很有意義的。

（原刊《學術界》2002 年第 2 期）

關於國學的特質與價值的認識
——回顧對國學運動新傾向的批評

一

國學運動再度在中國學術界興起，當以 1993 年北京大學中國傳統文化研究中心主辦的大型學術集刊《國學研究》的創刊爲標誌，然而十餘年來的情況基本上是：「在『熱』中推濤作浪的許多人，他們只是長於言辭而躲避埋頭苦幹者，他們或者熱衷於發宣言、開會、搞對話錄或訪談錄，或者爲種種開張、慶典、祭日辦紅白喜事。他們的大肆鼓譟的炒作國學不是弘揚國學，而實在是有悖國學本質的。」〔註1〕國學雖然再度成爲熱潮，但國學是什麼？這不僅是當代學者們深感困惑的問題，早在國學運動開展之時，曹聚仁於 1923 年即說：「『國學』一名詞，雖流行於全國，實際上含混糊塗，沒有明確的概念可得到呢！我們再不加以審訂，這一回研究國學，又要爲妖魔所鬼混了。」〔註2〕1929 年何炳松質問道：「中國國學的特質是什麼？它的眞正價值究竟怎樣？它對於世界學術究竟曾經有過什麼貢獻？假使我們對於中國國學的特質、價值和它對世界的貢獻，我們一點都不知道，那麼所謂『國學』究竟是什麼東西？」〔註3〕當然，國學運動自 1905 年國學保存會主辦的《國粹學報》創刊以來，也曾有國學家們如鄧實、章太炎、胡適、顧頡剛、顧實、錢穆等

〔註 1〕 徐友漁《國學熱的淺表性》，《博覽群書》2009 年第 11 期。
〔註 2〕 曹聚仁《審定國學之反響》，《民國日報・覺悟》1923 年 5 月 29 日。
〔註 3〕 何炳松《論所謂國學》，《小說月報》第 20 卷第 1 號，1929 年 1 月。

對「國學」試作界說或定義，都皆難以爲學術界所認可，因國學運動自身的情況頗爲複雜，而各家所理解的僅是部份特徵。我們對某種學術思潮的認識，只有當它成爲歷史時，在客觀考察之後，對其性質與價值才可能有接近眞實的判斷。20 世紀初年在中國發生的國學運動至 1949 年新中國的成立而結束，現在我們對它應有清楚的認識了，但這牽涉到兩個基本觀點，即從國粹的或新思潮的觀點來認識它，因爲國學運動中是存在國粹派和新思潮派的，而且這兩種觀點至今存在於學術界。

清代末年在西學東漸迅猛和新學發展快速的文化背景下，一批文化保守主義者爲維護中國傳統文化，弘揚國粹，發起國學運動。《國粹學報》的撰稿者鄧實、黃節、章太炎、鄭孝胥、鄭文焯、王闓運、廖平、陸紹明、劉師培、黃侃、章絳、江愼中、馬敘倫、蕭穆、胡蘊玉、李詳、譚獻、羅振玉、張采田、孫仲容等主張通經致用，力圖宣揚儒家政治倫理思想，改良社會，肩負重大的社會使命。他們以爲儒學即是「國粹」，如鄧實說：「大抵以儒學爲枝幹，以六經爲範圍，捨儒以外無所謂學問，捨六經以外無所謂詩書。」〔註4〕孫德謙稍後亦以爲：「尊孔聖，闡經義，崇禮教，此三者能認定其爲宗旨，於國學而實力研究，斯乃純粹之國學也。」〔註5〕在國學運動初期，國粹主義成爲一時思潮，至 1911 年辛亥革命後《國粹學報》停刊，表明此種思潮處於衰落地位，但它又殘存於整個國學運動中。李麥麥曾將「五四」新文化運動認定爲是「介紹新思潮，整理國故」的運動。他認爲：「這不是當時的人主觀地想分裂這種運動，而是客觀地反映出『五四』運動自身是兩個歷史運動之攜手。」〔註6〕新文化運動的發起者胡適於 1919 年發表《新思潮的意義》，將新思潮的意義理解爲是對文化的新態度，發出以科學方法整理國故的號召。〔註7〕毛子水同時發表《國故和科學的精神》，主張「用科學的精神去研究國故」〔註8〕。這宣告了國學運動新思潮的興起。新思潮的國學家們以批判的態度對待中國文化，他們採取新的科學考證方法研究中國文獻與歷史上的學術問題，自此開闢了新的學術風尙。1922 年北京大學成立國學研究所，繼而東南

〔註 4〕 鄧實《國學通論》，《國粹學報》第 3 期，1905 年 4 月。
〔註 5〕 孫德謙《國學研究法》，《大夏周報》第 10 卷第 29～30 期，1934 年 6 月。
〔註 6〕 李麥麥《論「五四」整理國故運動之意義》，《文化建設》第 1 卷第 8 期，1935 年 5 月。
〔註 7〕 胡適《新思潮的意義》，《新青年》第 7 卷第 1 號，1919 年 2 月。
〔註 8〕 毛子水《國故和科學的精神》，《新潮》第 1 卷第 5 號，1919 年 5 月。

大學成立國學院，北京師範大學成立國學學會，清華學校成立國學研究院，各種國學雜誌亦紛紛湧現。1923 年胡適的《〈國學季刊〉發刊宣言》和 1926 年顧頡剛的《北京大學〈國學門周刊〉發刊詞》均從新文化的觀點闡述了國學研究的意義，突出以科學方法整理國故，回答了對國學新思潮的種種責難。以整理國故作為學術的突破，這切實推動了國學運動的發展，所以得到學術界普遍的響應，並很快出現了國學研究的新成果。北京大學《國學季刊》發表了以新方法研究新材料的論文，例如羅福成的《宴台金源國書碑考》、馬衡的《漢熹平石經論語堯曰篇殘字考》、陳垣的《摩尼教入中國考》、伊鳳閣的《西夏國書論》、王國維的《韋莊的秦婦吟》等。胡適自 1920 年完成《〈水滸傳〉考證》後，迄於 1925 年計有《〈水滸傳〉後考》《〈紅樓夢〉考證》《〈西遊記〉考證》《〈鏡花緣〉的引論》《跋〈紅樓夢〉考證》《〈水滸續集〉兩種序》《〈三國志演義〉序》《〈三峽五義〉序》《〈老殘遊記〉序》等系列中國古代白話小說考證的論文。1923 年顧頡剛在《努力周報·讀書雜誌》發表《與錢玄同先生論古史書》，以疑古態度對中國遠古歷史傳統做顛覆性的論斷，引起關於古史的討論，影響所及出現了一批辨偽與疑古考證性論文，如顧頡剛《紂惡七十事發生的次第》、鄭振鐸《讀〈毛詩序〉》、胡適《諸子不出王官論》、游國恩《荀卿考》、張煊《〈墨子·經說〉作者考》、梁啟超《論〈老子〉書成於戰國之末》、唐鉞《楊朱考》、張西堂《尸子考證》、呂思勉《辨梁任公〈陰陽五行說之來歷〉》等。這些是以科學方法整理國故所取得的前所未有的成就，它對於解放思想和轉變學風起到了巨大的作用。由新思潮在國學運動所產生的新傾向，至 20 世紀 20 年代後期已經形成，這即是新的科學考證之風的盛行。曹聚仁於 1925 認為：

> 國故學之新傾向，昭然顯示於吾人之前，新考證之盛行，即昭示吾人以國故學中心之所在。按考證之工作，清初已發其端，乾嘉而後益盛。近頃之考證，原無以出清儒之範圍，所不同者：清儒之考證，其方法東鱗西爪，不可捉摸；近頃之考證，其方法較為具體，學者得襲取而用之也。〔註9〕

此種新傾向在以後的古史辨派和歷史語言學派的國學研究中得到充分的發展；因此，自《國粹學報》停刊以來，新傾向逐漸成為了國學運動的主流。

〔註9〕 曹聚仁《春雷初動中之國故學》，收入許嘯天《國故學討論集》，群學社，1927年。

我們現在若要認識國學的特質與價值，必須以國學運動新傾向爲考察對象，才可能見到其真實。當我們難以從新思潮國學家那裡獲得完滿的答案時，不妨轉換角度，從國學新傾向的反對者的批評中去尋求間接的答案。郭沫若在20世紀40年代研究孔子與墨子時採取了一種非同尋常的方法。他說：

> 孔與墨雖然沒有這樣被人神話，而在各自的門户内是充分被人神話了的。因此，我們如未能探求得他們的基本立場之前，所有關於他們的傳說或著作，我們都不好輕率地相信。那麼又從什麼資料上來探求他們的基本立場呢？很可慶幸的是他們的態度差不多完全相反，我們最好從反對派所傳的故事與批評中去看他們相互之間的關係……因此我採取了這一條路，從反對派的鏡子裡去找尋被反對者的真影。〔註10〕

我們對國學特質與價值的認識，以國學運動新傾向爲對象，試採用從反對派的鏡子裡找尋被反對者的真影。

二

　　國學是什麼？胡適說：「『國學』在我們的心眼裡，是『國故學』的縮寫。中國的一切過去的文化史，都是我們的『國故』；研究這一切過去的歷史文化的學問，就是『國故學』，省稱『國學』。」〔註11〕他提出用科學方法整理一切過去的歷史文化。這樣國學包括了中國一切的傳統文化，對象過於廣泛。我們僅就傳統文化中的意識形態而言，即包括哲學、史學、文學、宗教學、藝術學、民族學等，它們皆是獨立的學科，對其每學科的研究則皆非國學研究；所以這個定義未把握住國學的基本特徵。胡適在1919年提出整理國故時談到「要用科學的方法，作精確的考證」〔註12〕，這對認識國學的特徵是很有啓發意義的。顧頡剛亦對國學有定義，他說：「研究國學，就是研究歷史科學中的中國的一部份，也就是用科學方法研究中國歷史的材料。」〔註13〕這使國學概念的界定趨於確切，雖然還與史學糾結，但其「科學方法」即科學考證方法，其「中國

〔註10〕《郭沫若全集》歷史編第二卷，北京：人民出版社1982年版，第74頁。

〔註11〕胡適《〈國學季刊〉發刊宣言》，《胡適文集》(3)，北京：北京大學出版社1998年版，第7頁。

〔註12〕胡適《新思潮的意義》。

〔註13〕顧頡剛《北京大學〈國學門周刊〉發刊詞》，《中國新文學大系·史料索引》，上海：上海良友圖書公司1936年版，第169頁。

的材料」是廣義的史料，即中國的歷史文獻。顧頡剛理解的國學即是用科學考證方法研究中國的歷史文獻。胡適和顧頡剛關於國學性質的理解代表了國學運動新傾向，影響極爲深遠，然而他們的定義是有缺陷的。國學運動新傾向的反對者們，從旁觀視角對國學新潮的性質是看得較爲清楚的。

清代學術可分爲漢學與宋學兩大派：學者們治學注重事實考據的有似漢代的古文經學派；注重義理與實踐的有似宋代的理學家。范酉海甚不恰當地將國學新潮視爲漢學，而將國粹派視爲宋學。他於 1923 年說：「國學有兩派，一派是重知的，一派是重行的。大約說來，所謂漢學家屬於知的方面，所謂宋學家大概屬於行的方面。漢學家終身孳孳於聲音訓詁名物的考訂，但是這種學問，無論怎樣淹博，返諸自己的身心，沒有什麼益處。」〔註 14〕這裡他所批評的注重「聲音訓詁名物的考訂」的國學一派即指國學新潮派。同年，成仿吾第一次認定國學思潮已經形成「國學運動」。他批評國學新傾向說：「他們的方法與態度，不外是承襲清時的考據家。所以他們縱然拼命研究，充其量不過增加一些從前那種無益的考據……我看我們這種所謂的國學運動，縱然拼命研究，充其量不過增加一些從前那種無益的考據……我看我們這種所謂的國學運動，充其量不過造出一些考據死文字的文字，充其量不過增加一些更煩碎的考據學者。」〔註 15〕成仿吾明確地指出國學新傾向的學者們是承襲清代的考據學，國學研究的結果是產生一些無益於社會現實的考據文字和考據學者。郭沫若於 1924 年曾以嘲諷的語氣說：「研究莎士比亞與歌德的書車載斗量，但抵不上一篇《罕謨列特》和一部《浮士德》在文化史上所佔的地位。千家注杜，五百家注韓也何曾抵得上杜甫、韓愈的一詩一文在我們文化史上有積極的創造呢？我們常向朋友們談笑話，說我們應該努力做出些傑作出來，供百年後的考據家考證——這並不是蔑視考據家或者國學研究家的尊嚴，實在國學研究或考據、考證的價值原是只有這樣。」〔註 16〕一個國家或民族的文化是一個系統，既需要有偉大的文學作品，也需要有對它的考釋的學術研究，兩者的價值各有不同。郭沫若的意見雖然偏頗，但非常明顯地將國學研究等同於考據，將國學家等同於考據家。我們還應注意到，郭沫若所說的「國學研究」，已有意將它與國學基礎知識講習相區別，使兩者不致混

〔註 14〕范酉海《青年國學的需要》，《青年進步》第 63 冊，1923 年 5 月。
〔註 15〕成仿吾《國學運動的我見》，《創造月刊》第 28 號，1923 年 11 月。
〔註 16〕郭沫若《整理國故的評價》，《創造月刊》第 36 號，1924 年 1 月。

淆。20 世紀 40 年代國學運動臻於鼎盛時期，胡適的中國白話小說考證不僅開創新的學風，還爲白話文學提供了文學語言的標本，推動了新文學運動；顧頡剛發起的以疑古辨僞爲特點的古史辨派和傅斯年領導的以實證研究爲特點的歷史語言派，均在國學研究中取得輝煌的成就。這時，國學運動新傾向的特徵愈益突顯了，而反對者的意見亦愈尖銳。陸懋德持國粹主義的觀點，認爲國學新潮派並非國學的正統。他說：「自民國初年以來，一時學者忽倡『爲學問而治學問』之論，由是全國風靡，群趨於考證名物，而輕視明體達用。眞有如漢人所謂『講論日若稽古四字而至數萬言』者。此固國學之一端，而究非國學之正統也……民國以來治國學者，多循一時之尙，而入於瑣碎考證之學，故三十年之結果，竟無全才可用。」〔註 17〕陸懋德仍認爲「通經致用」「經義治事」而固守儒家政治倫理的國粹派才是國學的正宗，但他也承認民國初年以來考據之學已爲一時之宗尙，達到「全國風靡」的程度了。蒙思明從史學的角度批評了當時的學術風氣，他說：

> 中外學術交通的結果，是一批所謂的學者們，在中國不能繼承公羊家的經學，而繼承了考據派的經學；在西洋不能吸收綜合派的史學，而吸收了考據派的史學；於是雙流匯合，弱流竟變做了強流，在科學方法整理國故的金字招牌之下，有如打了一劑強心劑，使垂滅的燼火，又將絕而復燃，竟成了學術界唯一的支配勢力。學者們高談整理國故，專崇技術工作，使人除考據外，不敢談史學。評文章的以考證文章爲優，倡學風的以考證風氣爲貴，斥理解爲空談，尊考據爲實學。〔註 18〕

蒙思明不同於其它諸家的批評，他指明國學新傾向的考據之淵源一是中國的傳統考據學，一是西方近世的歷史考證學派。考據在學術中本屬於弱勢，但國學運動以來竟成爲支配學術界的勢力；他以爲這不是正常的現象，同時亦指出崇尙考據之風的一些弊端。他並不反對學術的考據，但反對過度的崇尙，而且以爲學術界尙需那種有目的之考據，更精密的考據，更具特色的考據家。國學運動新傾向的反對者們很清楚地見到國學研究的基本特徵是考據，考據之風已風靡學術界，新傾向已成爲國學的主流。我們可以認定國學新傾向的

〔註 17〕 陸懋德《論國學的正統》，《責善半月刊》第 2 卷第 22 期，1942 年 3 月。
〔註 18〕 蒙思明《考據在史學上的地位》，《責善半月刊》第 2 卷第 18 期，1941 年 12 月。

特徵是能夠體現國學性質的。這樣國學的特徵應是：以科學考證方法研究中國文獻與歷史上存在的狹小而困難的學術問題。

新潮派學者和國粹派學者都以中國傳統文化爲研究對象，但觀點、目的和方法是不同的。國粹派學者從信古觀念出發，關注研究的社會政治倫理作用，採取傳統的注疏方法；新潮派學者則從疑古的觀念出發，強調求知的純學術追求，採取科學考證方法。我們從反對新傾向的批評意見裡，可見他們將新的方法視爲新潮派的主要的明顯的特徵：這個特徵在新的考據論文裡是與疑古的觀念和求真知的精神同在的。科學考證方法是國學新潮派學者們新創的，它繼承和發展了清代乾嘉學者的優良傳統，同時吸收了西方近代的實證主義方法。胡適談到中國傳統的考據學時說：「這種考據方法不用來自西洋，實係地道的國貨，三百年來的考據學可以追溯至宋，說是西洋天主教耶穌會士的影響，不能相信。我的說法是由宋漸漸地演變進步，到了十六七世紀，有了天才出現，學問發達，書籍便利，考據就特別發達了，它的來歷可以推到十二世紀。」〔註 19〕清代乾嘉學者戴震、王念孫、王引之、段玉裁、錢大昕等發揚清初顧炎武與閻若璩的治學精神，凡立一義必憑證據，以原始證據爲尚，孤證不爲定說，羅列事實進行比較，做窄而深的研究，表述樸實簡潔。乾嘉之學被稱爲考據學或樸學。乾嘉學者在考據時使用了文字學、音韻學、訓詁學、目錄學、版本學、校勘學作爲工具，對文獻與歷史進行注疏、訓釋、校正。他們的方法爲國學家繼承而用以整理國故。毛子水說：「國故的研究，大半的事情就是疏證。三百年來，這種疏證的學問，倒是一天比一天精密。它的最大的利益就是能夠使人生成『重證』『求是』的心習。這種心習是研究各種學科的根本。」〔註 20〕清代的考據學，一般限於資料的整理，國學研究是更精密更科學的考證，如顧頡剛說：「清代的學者辛辛苦苦，積聚了許多材料，聽我們用。我們取精用宏，費了很少工夫即可得到很大的效力。然而清代學者大都是信古的，他們哪裡想得到傳到現在，會給我們做疑古之用！……他們的校勘訓詁是第一級，我們的考證事實是第二級。」〔註 21〕國學新潮派學者是將傳統的考據學與西方近代科學方法相結合的。胡適引入了

〔註 19〕胡適《考據方法之來歷》，《胡適文集》（12），第 112 頁。
〔註 20〕毛子水《國故和科學的精神》。
〔註 21〕顧頡剛《〈古史辨〉第四冊顧序》，《古史辨》第四冊，上海：上海古籍出版社 1982 年版，第 22 頁。

西方近代實證主義的分支實用主義方法，傅斯年引入了西方近代歷史語言學派方法，他們均屬實證主義。這種方法是自然科學的研究方法，它注重對專門問題的研究，大量搜集資料，對資料辨析，設立假說，進行分析、比較、統計、分類、判斷、歸納、類推，以大量無誤的證據證實假說而使之成爲定論，其過程有嚴密的合理的程序。國學家們以科學方法爲指導，在具體進行考證時還採用中國傳統考據學使用的工具，這樣非常切合研究的特殊對象。

　　凡中國文獻與歷史上的重大理論探討或事實記述，它們分屬於哲學、史學、文學、宗教學、藝術學等。國學研究僅關注傳統文化中的狹小的疑難的學術問題，例如關於典籍的眞僞，版本的源流，文字的考釋，名物的訓詁，人物生卒年及事蹟，作品本事，歷史地理的變遷，金石碑文的解釋，文化交流的線索，歷史的疑案，宗族的世系等所涉及的細小問題的考辨；其中每一細小問題的考證都需要有關於中國文化的廣博知識，尤其需要對中國四部典籍——經、史、子、集的熟悉，而且需要採用科學考證方法才能解決的。〔註22〕國學的特質即是如此。我們可從《國學季刊》《古史辨》《中央研究院歷史語言研究所集刊》發表的論文，或從國學運動新傾向的反對者的批評意見，均可得到證實。

三

　　關於中國傳統文化的若干狹小的困難的學術問題的煩瑣考證，這有什麼學術價值呢？20 世紀的上半個世紀正值中國的辛亥革命、北伐、共和國制度建立、抗日戰爭、解放戰爭，社會處於大動亂、大變革的時代：這是國學發展的歷史背景。在這個時代就文化與思想而言是迫切需要新文化和新思想的，因此某些新文化學者指責國學的煩瑣考證存在弊端，一是無結果的爭議，一是不能提供新知。

　　學者們用科學方法作出的研究成果，並不一定就是符合科學精神的，因在研究過程中可能存在某些重要資料的缺失，主觀的大膽假設，判斷的失誤，使用了不可靠的證據，這都將造成其結論經不起學術的驗證；而且不同的學者用同樣的材料，採用同樣的方法，也可能得出迥然相異的結論。學術研究

〔註22〕謝桃坊《論國學》，《國學論集》第 22 頁，北京：社會科學文獻出版社 2011 年版，第 1～10 頁。

往往會將問題弄得紛亂複雜，而國學研究尤其如此。自 1923 年顧頡剛發表《與錢玄同先生論古史書》而展開一場大規模的學術討論，參加者有錢玄同、胡適、劉掞藜、胡堇人、丁文江、張蔭麟、呂思勉、楊向奎、童書業、蒙文通、繆鳳林、錢穆、陳夢家等，共發表論文二十餘篇。關於中國古史世系的「三皇」「五帝」及「禹」是否屬於歷史真實，學術界分為信古和疑古兩派意見。這一問題涉及廣博的學術層面和眾多的古籍，是非常複雜而困難的學術問題，大量的工作是對古籍記載的辨偽，即討論古史世系所依據的典籍是否真實可靠，如果辨明所依據的乃後世偽造的典籍，則「古帝」存在的基礎便動搖了。顧頡剛說：「第一，要一件一件地去考偽史中的事實是從哪裡起來的，又是怎樣變遷的。第二，要一件一件地考偽史中的事實，這人怎樣說，那人怎樣說。把他們的話條列出來，比較看看，同審官司一樣，使得他們的謊話無可逃遁。第三，造偽史的人雖彼此說的不同，但終有他們共同遵守的方式，正如戲中的故事雖各個不同，但戲的規律卻是一致的，我們也可以尋出他們造偽的義例來。」〔註 23〕這次討論雖以國學新潮派的意見居於優勢，否定了古帝的世系，但此結論似乎有傷中華民族的情感，人們寧願相信傳說，故現在仍難為社會主流文化所接受，因而討論尚無結果。顧頡剛追憶說：「《古史辨》本不獨占一個時代，以考證方式發現新事實，推倒偽史書，自宋到清不斷地在工作，《古史辨》只是承接其流而已。至於沒有考出結果來，將來還得考。」〔註 24〕古史的考辨太困難太煩瑣了，這有必要嗎？魏建功當時即感到：「『國故』能教人鑽不出頭，我始終這樣想，雖然顧頡剛先生很有些不謂然，因為我不能解決這個治『國學』的人們中間的問題：『何年何月可以掃除因襲與謬妄的大病？』」〔註 25〕掃除中國傳統文化中的因襲與謬妄，這能體現中國社會的文明進程，它應是國學研究的價值所在。胡適關於這場討論的意義說：「這一件事可算是中國學術界的一件極可喜的事，它在中國史學史上的重要一定不亞於丁在君先生們發起的科學與人生觀的討論在中國思想史上的重要。」〔註 26〕古史討論雖然難在學術界達成較可公認的結論，但它是成功的，而關於《老子》的討論則更意見紛亂了。自 1922 年梁啓超在《晨報副刊》發

〔註 23〕顧頡剛《〈古史辨〉第一冊自序》，《古史辨》第一冊，第 43 頁。
〔註 24〕顧頡剛《我是怎樣編寫〈古史辨〉的》，《古史辨》第一冊，第 28 頁。
〔註 25〕魏建功《新史料與舊心理》，《古史辨》第一冊，第 258 頁。
〔註 26〕胡適《古史討論的讀後感》，《古史辨》第一冊，第 189 頁。

表《論〈老子〉書作於戰國之末》引發爭論，歷時十二年之久，參加討論者有張煦、張壽林、唐蘭、高亨、黃方剛、錢穆、馮友蘭、胡適、張季同、羅根澤、顧頡剛、馬敘倫、陳清泉、孫次舟、王先進、郭沫若等。學者們提出種種假設，例如：老聃長於孔子，《老子》為其遺言，成書在《孟子》《墨子》時代；《老子》成書於宋鈃、公孫龍或稍後，作者為詹何；《老子》之書是戰國初期的作品，成書於《呂氏春秋》與《淮南子》之前；老聃是孔子之師，《老子》是關尹或環淵所記老聃語錄；老聃即太史儋，《老子》即其所著。學者們考證這些問題，不僅引用先秦兩漢典籍，辨析有關材料，還考證相關注疏及清人成果，達到極其複雜的程度。當時的討論，不僅未得出一個公認的結論，反將問題弄得愈益紛繁。葉青指責說：「十幾年來的老子考，在方法上雖是科學的，然而卻是機械的物質論的，沒有運用過優於科學的辯證法。因此考證方法不外乎是牽強附會，割裂斷取；而考證的成果，只是外觀上有二十幾萬字罷了，至少半屬謬誤，一點也不能解決問題。」〔註 27〕由於考證的結果異常分歧，故以為是方法的錯誤，而事實上國學家們都採用科學考證方法，並運用得很好，但因問題本身存在資料不足的困難，而非方法的錯誤。胡適說：「我不反對把《老子》後移，也不反對其它懷疑《老子》之說。但我總覺得這些懷疑的學者都不曾舉出充分的證據……我只能說，我至今還不曾尋得老子這個人或《老子》這部書有必須移到戰國或戰國後期的充分證據。在尋得這種證據之前，我們只能延長偵查的時期，暫緩判決的日子。」〔註 28〕胡適的意見是較為公允的，他批評了某些考證在方法上存在的缺憾。關於《老子》的考證雖無結果，卻尚難指出明顯的錯誤，而關於屈原的考證則出現了頗為嚴重的失誤。1922 年胡適發表《讀〈楚辭〉》，懷疑屈原的存在，他認為《史記》本來不很可靠，《屈原傳》敘事不明確，因此屈原僅是南方民族神話故事裡的一部份。〔註 29〕郭沫若舉出漢代初年賈誼的《吊屈原賦》和劉安的《離騷傳》，證實屈原的存在，又據《離騷》和《哀郢》提出的歷史線索，考證出屈原的生卒年。因此他批評說：「胡適的論斷是有依據的，因他是一位地道的實驗主義者。自『五四』以來，提倡實驗主義不遺餘力，他主張一切都要有

〔註 27〕 葉青《從方法上評老子考》，《古史辨》第六冊，第 418 頁。
〔註 28〕 胡適《評論近人考據〈老子〉年代的方法》，《胡適文集》（5），第 102 頁。
〔註 29〕 胡適《讀楚辭》，《胡適古典文學研究論集》，上海：上海古籍出版社 1988 年版，第 344 頁。

眞憑實據，不過問題就在於他的憑據是不眞實的……主張用科學方法批判文化遺產是好的，但他用的方法並不科學。」〔註30〕胡適的失誤，這在國學研究中不是極個別的例子，它說明要成功地使用科學考證方法並非是容易的。國學研究解決了中國文獻與歷史上許多狹小而困難的學術問題，大多數是可以作爲定論的。我們所舉以上三個例子，可見考證是難以有定論和結果的，有的則可能出現嚴重的錯誤，這在學術研究中都是正常的現象。以上三個例子中，古史的討論已大大超越了史學的範圍，《老子》眞僞的辨析並非哲學研究的課題，屈原的考證更非文學研究可能解決的問題；對它們的考證均牽涉大量的文獻資料，而且得用科學考證方法。它們是國學研究的典型課題，能夠體現國學研究的特殊性質。

顯然國學研究是在故紙堆裡商量舊學，這些繁瑣的考證能爲中國文化提供新知識嗎？這是國學備受責難的。郭沫若最早指出國學研究不能創造新價值，他於 1924 年說：「國學的範圍如果擴大到農藝、工藝、醫藥等，那情況又不同，但一般經史子集的整理，充其量只是一種報告，是一種舊價值的重新估評，並不是一種新價值的創造。它在一個時代的文化進展上，所效的貢獻殊屬微末。」〔註31〕郭沫若並不完全反對整理國故，只是認爲這是少數學者的事，而國學研究在整個國家文化系統中的地位也確屬「微末」，但又是必不可少的。他希望胡適所主張擴大國學的範圍，若擴大實用科學技術，將會有益於社會經濟的發展。國學其實也將中國古代實用技術作爲研究對象之一，但關注的是它在文獻與歷史上存在的狹小的學術問題，例如《詩經》農事詩的考釋、茶引的起源、《黃帝內經》的作者等問題。關於國學能否創造新價值，這是國學研究成果有無學術意義的問題，如果某項成果具有重大學術意義，則它便創造了新價值。1922 年徐浩對國學的批評比郭沫若更激烈而深刻。他於《現代》雜誌發表文章攻擊「整理國故」，以爲從西方文明角度來看待中國文明，經整理國故之後，讓人們失去幻想，在那裡見到的只是空虛。他說：「所以國故整理家給國故所下的結論，才是在那半生不死的國故動物的喉嚨裡殺出去的最後一刀。」〔註32〕胡適同意「那『最後一刀』完全得讓國故學者來下手」，還指出在古老的「爛紙堆」裡有無數吃人、迷人、害人的「鬼」，

〔註30〕郭沫若《屈原考》，《郭沫若全集》文學編第 19 卷，北京：人民文學出版社 1992 年版，第 101 頁。
〔註31〕郭沫若《整理國故的評價》。
〔註32〕徐浩《主客答問》，《現代》第 106 期，1927 年。

因而國故學者應「打鬼」「捉妖」；所以整理國故的結果，「它的功用可以解放人心，可以保護人們不受鬼怪迷惑」〔註33〕。這是胡適整理國故的最終目的，表現了對傳統文化的批判精神，經過一番科學的剖析之後給予徹底的否定。胡適的回答偏離了其純學術觀點，轉注重於其思想意義，因而他的態度是矛盾的：既然知道「爛紙堆」裡沒有什麼好東西，爲何又要費很大精力去整理呢？所以當時激進的新文化學者西瀅帶著嘲諷的意味，指出整理國故的結果是「線裝書的價錢漲了二三倍」，這有必要嗎？西瀅說：「我們目前的急需，是要開新的窗戶，裝新的地板、電燈、自來水，造新的廚房，辟新的毛廁，添種種新的傢具。新的有用的來了，舊的無用的自然而然地先被擠到一邊去，再被擠到冷房子裡去，末了換給打估的人了。所以只有一心一意地去尋求新道德、新知識、新藝術，然後才能『在那半生不死的國故動物的喉嚨裡』，殺最後的一刀。」〔註34〕胡適對此尖銳的詰難是感到不易回答的。這次爭論中，他們都將儒家政治倫理所代表的傳統文化精神與對這種文化的學術研究混爲一談，因而從對傳統文化的批判的視角而否定學術研究的意義。國學研究是不關心傳統文化價值的，它通過對傳統文化中若干狹小的學術問題進行考證而做出的結論，可能成爲新的事實依據，創造了新知，由此可以掃除歷史上存在的謬妄或迷信，求得一種眞知。1931年顧頡剛談到古史考辨的意義說：「這些工作做完的時候，古史材料在書籍裡的已經整理完工了，那時的史學家，就可根據這些結論，再加上考古學上的許多發現，寫出一部正確的《中國上古史》了。」〔註35〕胡適1952年回顧其白話小說考證的意義說：「我二十幾年來，以科學方法考證舊小說，也替中國文學史上擴充了無數新的證據。」〔註36〕國學研究的成果是爲諸種學科提供新的事實證據，這在中國整個學術研究中是不可缺少的一部份工作。

四

國學新潮派學者們將國學視爲純學術研究，志在尋求眞知，不負擔任何社會政治倫理的任務。胡適於1919年申明：

〔註33〕 胡適《整理國故與「打鬼」——給徐浩先生信》，《胡適文集》(4)，第116～117頁。
〔註34〕 西瀅《整理國故與「打鬼」跋語》，《胡適文集》(4)，第119～120頁。
〔註35〕 顧頡剛《古史辨第三冊自序》，《古史辨》第三冊，第2～3頁。
〔註36〕 胡適《治學方法》，《胡適文集》(12)，第161頁。

「國故學」的性質，不外乎要懂得國故，這是人類求知的天性所要求的。若說是「應時勢之需」，便是古人「通經而致治平」的夢想了……我認爲我們做學問不當先存這個狹義的功利觀念。做學問的人當看自己性之所近，揀選個要做的學問，揀定之後，當存一個「爲眞理而求眞理」的態度。〔註37〕

國學運動新傾向即是一種純學術傾向，改變了中國傳統文化中將社會政治與學術混爲一體的格局，開創了新的科學的風氣。國粹主義者關注國學的現實作用，試圖以儒家政治倫理思想來改良世道民風，堅持「通經致用」的觀念，因而對國學的純學術傾向表示反對。宮廷璋於1923年說：「國故縱整理妥愜，成爲科學，而與今世苟無裨益，則一人枉費精力，無所取償，固不足惜，而國故未得展其效用，是猶棄貨財於地而不知採，可謂整理已盡善盡美乎？」〔註38〕他認爲國學若對現實起不到作用，這樣就個人而言是狂自浪費精力的。章太炎晚年希望國學負擔起改良社會的責任，提出以儒學作爲國學的統宗。他說：「今欲改良社會，不宜單講理學，坐而言，要在起而行。周孔之道不外修己治人，其要歸於六經。六經散漫，必以約持之道，爲之統宗……今欲卓然有立，余以爲非提倡《儒行》不可。《孝經》《大學》《儒行》之外，在今日未亡將亡，而吾輩極需得存者，厥爲《儀禮》中之《喪服》，此於人情厚薄，至有關係。中華異於他族，亦即在此。」〔註39〕這是很典型的國粹主義態度。何健是主張用科學方法研究國學的，而實際上是持儒家「通經致用」的目的，仍沿著國粹主義的道路。他說：「我們今日研究國學，要抱爲『致用而讀經』的目的，處處都抱經書應用到應事接物上，才能算得通經，也才能算確實提倡國學。」〔註40〕章太炎與何健都以儒爲學「國粹」，他們講國學即是旨在弘揚國粹，提倡普遍的讀經，固守儒家的政治理想。這種國粹主義在國學運動裡以暗流的形式一直存在。當國學新傾向形成之後，曾有許多學者指責國學缺乏社會實用價值，顧頡剛曾回答說：

老學究們所說的國學，他們要想把過去的文化作爲現代人生活的規律，要把古聖遺言看做「國粹」而強迫青年們去服從，他們的

〔註37〕 胡適《論國故學──答毛子水》，《胡適文集》（2），第327頁。
〔註38〕 宮廷璋《以科學方法整理國故其步驟若何》，《世界佛教居士林叢刊》第6期，1923年8月。
〔註39〕 章太炎《國學之統宗》，《制言》第54期，1935年。
〔註40〕 何健《用最新的科學方法來研究國學》，《國光雜誌》第17期，1936年5月。

眼光全注在應用上，他們原是夢想不到什麼叫做研究的，當然談不
到科學，我們當然不能把國學一名輕易送給他們。〔註41〕

這繼胡適之後堅持了國學的純學術性質，而且將國粹主義者所說的「國學」
排斥於國學運動之外，以促進國學新傾向的健康發展。20 世紀 40 年代新文學
家許地山在《國粹與國學》裡批判國粹主義，也批評國學新傾向。他認為新
學術不大可能從舊文化中產生出來，「新學術要依學術上的問題底有無，與人
間底需要底緩急而產生，決不是無端從天外飛來底」。他針對國學研究而指
出：「世間無不死之人，也無不變底文化，只要做出來底事物合乎國民底需要，
能解決民生日用底問題底就是那民族底文化了。要知道中國現在底境遇底真
相和尋求解決中國目前底種種問題，歸根還要從中國歷史與其社會組織、經
濟制度底研究入手。」〔註 42〕新學術的確是應從研究社會現實問題中提出解
決現實民生日用的方案，由此產生新的理論；但這僅是新學術的來源之一。
學術和科學一樣均有基礎理論研究和實用研究兩大類之分，一個國家和民族
的學術結構中固然迫切需要政策、經濟、法律、科技、軍事等有現實意義的
研究，但從長遠利益考慮必須發展純學術的基礎研究，才能使這個國家和民
族獲得文化生命的相對獨立的意義。國學研究的對象和價值是很有限的，它
不具備政治學、社會學、倫理學和經濟學在社會中的實用性，它僅是對中國
文獻與歷史上存在的狹小的學術問題進行考證，為各學科提供新的事實的證
據。我們縱觀新文化運動以來的新哲學、新史學、新文學等學科的建立與發
展，他們無不吸收了國學研究的成果以作為新學科基礎理論的事實依據，例
如新史學不再以「三皇」「五帝」為中國歷史的起點，新紅學不再走索隱派的
老路。

中華民族在世界上因有悠久的歷史與豐富的文獻而感到自豪，但其中存
在著若干狹小而困難的學術問題，它們又須以科學考證方法才能解決，而且
只有依賴最熟悉漢語和中國文獻與歷史的中國學者才可能解決得最成功，這
便需要國學家們來進行研究。國學研究是純學術的性質，不具功利性和實用
性，其學術意義在於掃除中國傳統文化中的謬妄和迷信，為其它各學科提供
事實依據，尋求學術的真理。學術的承傳是一個國家和民族的命脈，我們弘

〔註41〕 顧頡剛《北京大學〈國學門周刊〉發刊詞》。
〔註42〕 許地山《國粹與國學》，《北京大學百年國學文粹》（哲學卷），北京：北京大
學出版社 1998 年版，第 168 頁。

揚中華優良傳統文化，建立文化強國，則國學研究將在此過程中體現其特殊的學術意義。現在當國學熱潮再度在中國興起時，我們回顧對國學運動新傾向的批評，可能有助於對國學的特質和價值有一個歷史的認識。

（原刊《藝衡》第七輯 2012 年 9 月）

中國學術的求眞時代
——北宋的疑古思潮與考據學的興起

一

　　中國新文化運動以來，由於西學的大量輸入與新學的逐漸興起，學術思想極爲活躍。馮友蘭於 1937 年論及史學界之趨勢說：「我曾說過中國現在史學界有三種趨勢，即信古、疑古及釋古。就中信古一派，與其說是一種趨勢，毋寧說是一種抱殘守缺的人的殘餘勢力，大概不久即要消滅……疑古一派的人所作的工夫，即是審查史料。釋古一派所作的工夫，即是將史料融會貫通。就整個的史學說，一個歷史的完成，必須經過審查史料及融會貫通兩階段，而且必須到融會貫通的階段。」〔註1〕這是對近世史學趨勢的概括。我們若考察中國學術的發展過程，其實對待古代典籍及古代歷史的基本態度也存在信古、疑古和釋古的三種趨勢。在宋代以前，學者們的信古曾達到癡迷的程度，對儒家經典尊奉爲神聖，而於其它古籍——包括其中的神話傳說，均信以爲眞。他們也釋古，是以信古的態度去發掘經典的微言大義，或作章句的訓詁注釋。古代學者們並不懷疑，或不敢懷疑典籍或儒家學說的眞僞，也不去追索所述事實的矛盾的議論的依據。他們如果立論著書則是對聖賢之訓或諸家之說的闡發，而引以爲據的均爲未經檢核的古史古事，甚至荒誕的神話傳說。西漢史學家司馬遷在《史記》卷六十一《伯夷列傳》裡說：「夫學者載籍極博，

〔註1〕 馮友蘭《古史辨第六冊序》，《古史辨》第六冊，上海古籍出版社 1982 年重印本，第 1 頁。

猶考信於六藝。《詩》《書》雖缺，虞夏之文可知也。」他在撰著《史記》時也重視搜集資料，甚至實地考察，關於五帝、老子及先秦人物的紀述留下存疑的意見，但卻未進一步去考信。顧頡剛說：「這『考而後信』的態度，的確是我們研究史料學的主要任務。可是司馬遷提出這個口號，卻沒有在實際寫作中貫徹到底。我們翻《史記》來，仍然遺留了不少的古代的神話和傳說，而和歷史真實不符。」〔註2〕東漢學者王充在經學極盛的時代，認為「儒者說《五經》多失其實」，又說：「世儒學者，好信師而是古，以賢聖所言皆無非，專精講習，不知難問。夫賢聖下筆造文，用意詳審，尚未可謂盡得其實，況倉卒吐言，安能皆是？」〔註3〕他有疑經疑古的思想，但未認真去考實根核。北齊學者顏之推在《顏氏家訓》的《書證》裡對於古代詞語、名物和典籍有所考證，表現出求真知的精神。然而在古代像王充和顏之推這樣的學者畢竟極為罕見。中國學術思想與方法的巨大變化是始於北宋時期的。

　　公元 960 年北宋王朝建立，結束了五代中國封建割據的局面，重建了封建中央集權的國家，並使中央集權穩固發展。這在中國歷史上是一個重大的轉折。中國封建社會自唐代中葉以後，政治經濟發生了變化，到北宋時期漸趨於定型：它表明中國封建社會進入了後期發展階段。北宋的政治經濟和文化都呈現與前代相異的面貌，尤其是經濟的發展方面達到了前所未有的水準，初步具有資本主義萌芽的條件，同時因社會改革的進行而導致政治思想與學術思想的變化，促進中國學術史上宋學的誕生。宋代學者對儒家經典的研究，不同於漢唐學者注重章句訓詁，而是注重義理的探討，以求認識經典的真正意義；也有學者注重經世致用之學，最後形成新儒學派。新儒學派的興起始於對儒家經典及傳注的懷疑，形成最能代表宋代學術特色的理學。然而長期以來論宋學者忽略了在宋人疑儒家經典與傳注的過程中，為釋疑而求證，遂興起了考據之學。清代乾嘉時期考據學盛行，追溯其淵源則始於北宋。近世胡適認為：「考據的學風是兩宋開始了的，並不是近三百年的事。歐陽修的《集古錄》、司馬光的《通鑑考異》、趙明誠的《金石錄》、朱熹、洪適、洪邁，並不『把情感壓下去』，他們是考據學的開山人，因為他們生在學術發達

〔註2〕顧頡剛《我是怎樣編寫〈古史辨〉的》（1979 年），《古史辨》第一冊，上海古籍出版社，1982 年，第 7 頁。
〔註3〕王充《論衡》卷二十八《正說篇》，卷九《問孔篇》，上海人民出版社，1974年。

的時代，感覺有辨別是非真偽的必要了，纔運用他們的稍加訓練紀律的常識，用證據來建立某些新發現的事實。這纔是考據學的來源。」〔註4〕傅斯年追溯新史學——史料學的淵源認為：「當時（宋代）史學最發達，《五代史》、《新唐書》、《資治通鑑》即成於是時，最有貢獻而趨於新史學方面的進展者，《通鑑考異》、《集古錄跋尾》二書是為代表，前者所引之書多達數百種，折衷於兩種不同材料而權衡之，後者可以代表利用新發現之材料以考訂古事，自此始脫去八代以來專究史法之學的窠臼而專注於史料之搜集、類比、剪裁，皆今新史學之所有事業也。」〔註5〕胡適和傅斯年認定中國考據學興起於北宋，它是近三百年考據學之發創。這是中國學術史的重大發現，但他們沒有對此展開論述，許多具體問題尚待考察。

慶曆三年（1043）北宋建國已經八十餘年。此年名臣范仲淹、富弼、韓琦同為諫官，他們在仁宗皇帝的支持下進行社會改革，史稱慶曆新政。這標誌北宋社會進入中期發展階段。慶曆新政雖然以失敗告終，卻因政治的爭論，引起學術思想的變化，疑古成為一個時代的思潮。歐陽修、劉敞、王安石、蘇軾開始對儒家經典及漢唐經師的傳注表示懷疑，繼而劉恕、司馬光、劉攽、蘇轍對尚古史表示懷疑，同時歐陽修、司馬光、徐無黨、吳縝、呂大臨、王黼等開始從事金石和歷史的考證，為求真知而開創考信的時代風尚。這樣由疑古而考信，遂在中國學術史上造成一個新的時代。晚清經學家皮錫瑞從傳統經學的觀點認為宋代是經學的變古時代。他說：「經學自唐以至宋初，已陵夷衰微矣，然篤守古義，無取新奇，務承師傳，不憑胸臆，猶漢唐注疏之遺也……是經學自漢至宋初未嘗大變，至慶曆始一大變也。」〔註6〕縱觀宋代學術，北宋學者們在疑古思潮的推動下興起的考據學應標誌中國學術進入了一個求真的新時代。

二

儒家經典及傳注在北宋受到空前的懷疑是始於歐陽修的。他以繼唐代韓愈之後取得古文運動的勝利而成為一代文宗，同時他也是學者和史學家。其

〔註 4〕 胡適《復陳之藩》，《胡適書信集》（下），北京大學出版社，1996 年，第 1309 頁。

〔註 5〕 傅斯年《中西史學觀點之變遷》，《傅斯年全集》卷三，湖甫教育出版社，2003 年，第 152 頁。

〔註 6〕 皮錫瑞《經常歷史》，中華書局，1959 年，第 220 頁。

子歐陽發說：「公於經術，去取如此，以至先儒注疏有所不通，務在勇斷不惑。平生所辨明十數事，皆前人不以爲非，未有說者，如五帝不必皆出於黃帝，春秋趙盾弒君非趙穿，許世子非不嘗藥，武王十有一年非受命之年，及力破漢儒災異五行之說，《正統論》破以秦爲僞國……然亦不苟立異之諸儒，嘗曰：『先儒於經不能無失，而所得已多矣。正其失，可也；力詆之，不可也。盡其說而理有不通，然後得以論證。余非好爲異論也。』」〔註7〕歐陽修關於儒家經典與傳注的懷疑，在當時起到了震聲發聵和驚世駭俗的作用，但他是在發現義理有所不通時而進行考辨的，指出前人之失誤，而並無攻擊前人之意：這是眞正的學者的態度。他以爲儒家的經典——《六經》及其傳注都是值得懷疑的：

> 昔者聖人已沒，《六經》之道，幾熄於戰國，而焚棄於秦，自漢以來，收拾之逸，發明遺義，而正其訛謬，得以粗備，傳於今者，豈一人之力哉：或有之矣。若使徒抱焚餘殘脫之經，悵悵於去聖千百年後，不見先儒中間之說，而欲特立一家之學者，果有能哉！吾未之信也。然則先儒之論，苟非詳其始終而牴牾，質於聖人而悖理，害經之甚，有不得已而改易者，何必徒爲異說以相訾也。〔註8〕

儒家經典《六經》它所體現的聖人之道，經過戰國和秦代之後，僅存《五經》——《周易》、《尚書》、《儀禮》、《詩經》、《春秋》，而它們已殘缺，雖然西漢初年由儒者加以整理並闡釋以傳，但必然存在許多謬誤。因此漢代經師欲立一家之說以繼儒家之道是根本不可能的，尤其是漢儒諸家之說往往自相矛盾，更難相信《六經》之道的眞實性了。歐陽修甚至認定：「自孔子沒而周衰，接乎戰國，秦遂焚書，《六經》於是中絕。漢興蓋久而始出，其散亂磨滅，既失其傳，然後諸儒因得措其異說於其間。」〔註9〕這皆從儒家經典流傳的歷史而懷疑其眞實性，更指出後世儒者之說有違經典原意。這樣漢以來所謂的儒家之道也是可疑的了。歐陽修的《詩本義》十六卷，是開啓疑經風尚的最有影響的著作。他首先指出漢代毛公和鄭玄對《詩經》傳注的謬誤，例如關於《鴟鴞》，「毛鄭於《鴟鴞》失其大義者二，由是一篇之旨皆失。《詩》三百五篇，皆據序以爲義，惟《鴟鴞》一篇，見於《書》之《金縢》，乃作詩之本意

〔註7〕歐陽發《事跡》，《歐陽修全集》附錄卷三，世界書局，1936年。
〔註8〕歐陽修《詩補亡後序》，《居士集》卷四十一，《歐陽修全集》。
〔註9〕歐陽修《廖氏文集序》，《居士集》卷四十三，《歐陽修全集》。

最可據而易明，而康成（鄭玄）之箋與《金縢》之書特異，此其失大義一也。但據詩義，鳥之愛其巢者，呼鴟鴞而告之曰『寧取我子，勿毀我室』，毛鄭不然，反謂鴟鴞自呼其名，此失其大義者二也。」〔註10〕據《尙書‧金縢》記述，《鴟鴞》乃周公所作，其本事爲：「武王既喪，管叔及其群弟，乃流言於國曰：『公將不利於孺子。』周公乃告二公曰：『我之弗辟，我無以告我先王。』周公居東二年，則罪人斯得。於後，公乃爲詩以貽王，名之曰《鴟鴞》，王亦未敢誚公。」鄭玄根本無視此詩之創作背景，而又將雀鳥哀求鴟鴞，誤爲鴟鴞之自敘，則更違作品之本義；可見這樣的解釋是完全錯誤的。歐陽修感歎說：「毛鄭之說既存，汨亂經義，則中人以下，不能無惑，不可以不正也。」〔註11〕《毛詩》的小序相傳爲子夏與毛公合著，或傳爲東漢衛宏所作，其解釋《詩經》各篇之主題，多有穿鑿附會之說，例如《麟之趾》序云：「《麟之趾》，《關雎》之化行，則天下無犯非禮，雖衰世之公子，皆信厚如麟之趾之時也。」歐陽修辨析云：「疑此二篇之序，爲講師以己說汨之，不然安得謬論之如此也。據詩以國君有公子如麟有趾爾，更無他義也。若序言《關雎》之應，乃是《關雎》化行，天下太平，有麟瑞出應，不惟怪妄不經，且與詩意不類。《關雎》、《麟趾》，作非一人，作《麟趾》者了無及《關雎》之意。」〔註12〕歐陽修以詩人創作之意以探討各詩的本義，糾正了漢儒的誤解，他說：「蓋自孔子沒，群弟子散亡，而《六經》多失其旨。詩以諷誦相傳，五方異俗，物名字訓，往往不同。故於《六經》之失，《詩》尤甚。《詩》三百餘篇，作非一人，所作非一國，先後非一時，而世久失其傳，故於《詩》之失時世尤甚……秦漢以來，學者之說多矣，不獨鄭氏之失也。」〔註13〕漢以來儒者對經典的傳注大都違背原意，這在關於《詩經》的傳注尤爲明顯。歐陽修的《詩本義》對傳注的否定，拋棄權威之說，力求對詩歌本義的探討，由此引發學者對經典的懷疑。如果說《詩本義》是對漢以來經師傳注的否定，歐陽修關於《易傳》的論辨則是對儒家經典的懷疑。

　　《周易》是儒家最古老的經典，其經的部份爲古代卜筮用的卦爻辭；其理論闡釋的部份是《易傳》，即經之輔助之作，由《彖》上下、《象》上下、《繫

〔註10〕歐陽修《詩本義》卷五，《四庫全書》本。
〔註11〕歐陽修《詩本義》卷十三，《四庫全書》本。
〔註12〕歐陽修《詩本義》卷一，《四庫全書》本。
〔註13〕歐陽修《詩本義》卷十四，《四庫全書》本。

辭》上下、《文言》、《序卦》、《說卦》、《雜卦》組成，稱爲「十翼」。自漢代以來，儒者們皆認爲《易傳》爲聖人孔子之作，歐陽修開始否定此說：

> 「十翼」之說，不知起於何人，自秦漢以來，大儒君子不論也。或者曰然則何以知非聖人之作也：曰大儒君子之於學也，理達而已矣。中人以下指其跡，提其耳而譬之，猶有惑焉者，溺於習聞之久，曲學之士喜爲奇說以取勝也。〔註14〕

他特舉了一個實例以否定孔子作「十翼」之說。《周易》乾卦引《文言》解釋元亨利貞云：「元者，善之長也，亨者，嘉之會也；利者，義之和也；貞者，事之幹也。」此語實出自《春秋‧左傳‧襄公九年》：「穆姜薨於東宮。始往而筮之，遇艮之八。史曰：『是謂之隨。隨其出也，君必速出。』姜曰：『亡，是于《周易》曰隨，元亨利貞，無咎。元，體之長也；亨，嘉之會也；利，義之和也；貞，事之幹也。體仁足以長仁，嘉德足以合禮，利物足以合義，貞固足以幹事，故不可誣也。』」《文言》對元亨利貞的解釋乃魯襄公夫人穆姜之語，歐陽修據此推論：「方魯穆姜之道此言也，在襄公之九年，後十有五年而孔子生。左氏之傳《春秋》也，固多浮誕之辭，然其用心，亦必欲其書之信後世也。使左氏知《文言》爲孔子作也，必不以近附穆姜之說而疑後世。蓋左氏者，不意後世之《文言》爲孔子作也。」〔註15〕這證實《文言》非孔子所作。《易傳》中經常有「子曰」云云，儒者以爲皆聖人孔子之語，歐陽修認爲：「蓋漢之《易》師，甯取其文以解卦體，至有所不取，則立斷而不屬，故以『子曰』起之也。其先言『何謂』，而後言『子曰』者，乃講師自爲問答之言耳，取卦體以爲答也。今《上繫》凡有『子曰』者，亦皆講師之說也。然則今《易》皆出乎講師臨時之說矣，幸而講師所引者得載於篇，不幸不及引者，其亡豈不多耶！」〔註16〕這揭示了《易傳》中的「子曰」皆是漢代講師解釋卦體之言，而非孔子之語。關於八卦的產生，在《繫辭》裡講得很神秘，以爲「河出圖，洛出書，聖人則之」，又說「古者包犧（伏羲）氏之王天下也，仰則觀象於天，俯則觀法於地，觀鳥獸之文與地之宜，近取諸身，遠取諸物，於是始作八卦。」歐陽修發現此二說是相矛盾的：「河圖之出也，八卦之文已具乎：則伏羲授之而已，復何所爲也。八卦之文不具，必須人力爲

〔註14〕歐陽修《易或問》，《居士集》卷十八，《歐陽修全集》本。
〔註15〕同上。
〔註16〕歐陽修《傳易圖序》，《居士集》卷十五，《歐陽修全集》本。

之，則不是為河圖也。其曰觀天地、觀鳥獸，取於身，取於物，然後始作八卦，蓋始作者前未之言也。考其文義，其創意造始，其勞如此，然後八卦得以成文，則所謂河圖者，何與於其間哉！若曰已授河圖，又須有為而立卦，則觀乎天地鳥獸，取於人物者，皆備言之矣，而獨遺其前始所授於天者，不曰取法於河圖，此豈近人情乎！考今《繫辭》，二說高絕，各自為言，義不相通，而曲學之士，牽合以通其說而誤惑學者，其為患豈小哉！」〔註17〕河圖即八卦，河出圖，洛出書，以及伏羲造八卦，皆為神秘之說。如果伏羲所作，便不存在河出之說。故二說皆是荒誕的。歐陽修認為不僅《繫辭》非聖人之作，「《文言》、《說卦》而下皆非聖人之作，而眾說淆亂，亦非一人之言也。昔之為《易》者，雜取以資講說，而說非一家，是以或同或異，或是或非，其擇而不精，至使壞經而惑世也。」〔註18〕他認定《易傳》是諸經師離取眾說以附託聖經，以至歪曲《周易》之本義，因而給予徹底的批判。此外關於《周禮》，歐陽修並未深究，但以為：「今所謂《周禮》者，不完之書也。其禮樂制度，蓋有周之大法存焉，至於考之於事，則繁雜而難行者多。故自漢興，《六經》復出，而《周禮》不為諸儒所取，至或以為瀆亂不驗之書，獨鄭氏（玄）尤推尊之。」〔註19〕自歐陽修疑經及傳注之後，疑古思潮得到廣大學者的回應。

劉敞為慶曆六年（1046）進士，乃歐陽修的好友。歐陽修每遇到疑難的學術問題，便以書信方式向劉敞請教。劉敞的《七經小傳》三卷是讀書筆記，凡是他以為經義不通之處，則以意改動經文。他對《春秋》的研究極深入，著有《春秋權衡》十七卷，依經立義，倡導徵實的學風。關於《左傳》與《春秋》的關係，自來認為《春秋》是孔子作的經，同時的左丘明為之作傳。劉敞否定此說，他認為：「前漢諸儒不肯為左氏者，為其是非謬於聖人也，故曰左氏不傳《春秋》，此無疑矣。然為左氏者皆恥之，因共護曰丘明授經於仲尼，欲以此自解免耳；其實非也。何以言之邪？仲尼之時，魯國賢者無不從之遊，獨丘明不在弟子之籍。若丘明真受經作傳者，豈得不在弟子之籍哉，豈有受經傳道而非弟子者哉？以是觀之，仲尼未嘗授經於丘明，丘明未嘗受經於仲尼也。然丘明所以作傳者，乃若自用其意說經，汎以舊章常例，通之於史策，

〔註17〕歐陽修《易童子問》卷三，《歐陽修全集》本。
〔註18〕同上。
〔註19〕歐陽修《詩本義》卷十四，《四庫全書》本。

可見成效耳。其褒貶之意，非丘明所盡也，以其不受經也。」〔註20〕這以辨析左丘明與孔子的關係，說明左氏是以己意說經，注重史實的紀述，而與《春秋》褒貶之意的取向是不同的。同時關於《春秋》的論著尚有佚名的《春秋通義》一卷，作者對此經的眞實性表示懷疑：「《春秋》者，魯史之所志也，時不一世，史不一官，內事外事，載諸方冊而已，非所謂微而顯，志而晦，婉而成章，盡而不汙，能寓褒貶乎其中，如聖人之旨者也。逮孔子之修《春秋》也，因其舊文，乘以新義，達例筆之，常事削之，其有謬戾乖刺，然後從而正之；於是乎王道明於上，人紀振於下，勸善懲惡，一歸於正。顧魯史不可得見，而孔子之傳《春秋》僅采諸『三傳』，是孔子之《春秋》，卒乎不知爲何等也。」〔註21〕《春秋》本是魯國史官所紀之事，孔子並非著者，僅是修訂而已，其結果弄得它既非魯史原本，而孔子修訂情況亦無從考核。這樣《春秋》爲孔子所著之經被否定，其神聖性亦隨之喪失了。學者兼政治家王安石對《春秋》的否定更爲徹底，他說：「至於《春秋》，『三傳』既不足信，故于諸經，尤爲難知。」〔註22〕他甚至以鄙視的語氣說《春秋》是「斷爛朝報」。〔註23〕朝報即邸報，公報；因《春秋》多闕文，故曰斷爛。這樣，《春秋》是毫無價值的東西，而《春秋三傳》更不可信了。

　　蘇軾是繼歐陽修之後主盟文壇的重要人物。他的《東坡先生易傳》九卷和《東坡先生書傳》十三卷，皆從新的觀點重新闡釋它們的義理，在經學變古時代是很有影響的著作。關於《春秋》，蘇軾認爲：「若乎《春秋》二百四十二年間，天下之是非，雜然而觸乎其心，見惡而怒，見善而喜，則求其是非之際，又可求諸其言之喜怒之間矣。至於《公羊》、《穀梁》之傳則不然，日月土地，皆可以爲訓也。夫日月之不知，土地之不詳，何足以爲喜，而何足以爲怒，此喜怒之所以不在也。《春秋》書曰『戎伐凡伯于楚丘』，而以爲『衛伐凡伯』；《春秋》書曰『齊仲孫來』，而以爲『吳仲孫』，甚而至於變人之同。此又喜怒之所以不及也。愚故曰：《春秋》者，亦人之言而已，而人之

〔註20〕劉敞《春秋權衡》卷一，《四庫全書》本。
〔註21〕佚名《春秋通義小序》，《春秋通義》卷首，《四庫全書》本。
〔註22〕王安石《答韓求仁書》，《臨川集》卷七十二，《四庫全書》本。
〔註23〕宋人周麟之跋孫覺《春秋經解》云：「初荊公（王安石）欲釋《春秋》以行天下，而莘老（孫覺）之書已出，一見而有恚心，自知不能復出其右，遂詆聖經而廢之曰：『此斷爛朝報也』。」見《經學歷史》周予同注，中華書局，1959年，第29頁注15。

言，亦觀其辭氣之所向而已矣。」〔註 24〕《公羊傳》和《穀梁傳》轉述經的內容多有失實和訛誤，它們由此闡發的微言大義也必然有違經旨，因此蘇軾否定此兩傳的價值。他並不將《春秋》視爲神聖的經典，以爲它所記的是一般人之言，從中可見到記事者之喜怒的傾向。這種記事者個人的喜怒傾向必然具有主觀的性質。由此可見《春秋》僅是普通的典籍而已，並無經的權威性。在《五經》之中，蘇軾以爲《儀禮》和《春秋》是紀實的，而《尚書》紀述的是古人一時的言論，《周易》僅是卜筮之書，《詩經》的內容極爲雜亂，更不可能從中得到法度。他說：「夫聖人爲經，惟其《禮》與《春秋》合，然後無一語之虛而莫不可考，然猶未嘗不近乎人情。至於《書》出於一時言語之間，而《易》之文爲卜筮而作，故時亦有不可前定之論，此其於法度已不如《春秋》之嚴矣。而次《詩》者，天下之人，匹夫匹婦，羈臣賤隸，悲憂愉佚之所爲作也。夫天下之人，自傷其貧賤困若之憂，而自述其豐美盛大之樂，上及於君臣父子，天下興亡，治亂之跡，而下及於飲食床笫，昆蟲草木之類。蓋其中無所不具，而尚何以繩墨法度，區區而求諸其間哉！」〔註 25〕這樣，《五經》雖爲古代聖人所著，但實際上是無經典意義的。

北宋慶曆以來，歐陽修引起的疑古思潮，逐漸成爲學術風尙。司馬光說：「竊見近歲，公卿大夫，好爲離奇之說，喜誦老莊之言，流及科場，亦有習尙。新進後生，未知臧否，口傳耳剽，翕然成風。至有讀《易》未識卦爻，已謂『十翼』非孔子之言：讀《詩》未盡《周南》、《召南》，已謂毛、鄭爲章句之學；讀《春秋》未知十二公，已謂『三傳』可束之高閣；循守注疏者謂之腐儒，穿鑿臆說者謂之精義。」〔註 26〕由此可見在疑古思潮的影響下，甚至青年學子對儒家經典尙不熟悉便發妄義了。這表明學術思想與士風正在發生巨大的變化。

三

中國歷史的開始，西漢史學家司馬遷的《史記》以爲始於黃帝，特撰《五帝本紀》以補遠古歷史。「五帝」的傳說出於戰國後期至西漢初年的文獻。此概念甚爲混亂，宋人裴駰說：「太史公依《世本》、《大戴記》以黃帝、

〔註 24〕蘇軾《春秋論》，《蘇軾文集》卷二，中華書局，1986 年。
〔註 25〕蘇軾《詩論》，《蘇軾文集》卷二，中華書局，1986 年。
〔註 26〕司馬光《論風俗箚子》，《傳家集》卷四十二，《四庫全書》本。

顓頊、帝嚳、唐堯、虞舜爲五帝。譙周、應劭、宋均皆同。而孔安國《尚
書序》、皇甫謐《帝王世紀》、孫氏注《世本》，並以伏羲、神農、黃帝爲三
皇，少昊、顓頊、高辛、唐、虞爲五帝。」〔註27〕司馬遷記述了五帝的事
蹟，但已存疑，他說：「學者多稱五帝，尚矣，然《尚書》獨載堯以來，而
百家言黃帝，其文不雅馴，薦紳先生難言之。」〔註28〕雖然如此，但自此
史家皆以黃帝爲中國歷史的開端。北宋疑古思潮興起之時，歐陽修對傳說
的古史，開始進行辨僞的工作。他以歸謬的推理方法揭示神話傳說在事理
上的荒謬。關於五帝記載的根本錯誤，是缺乏可靠的事實依據，他說：「以
孔子之學，上述前事，止於堯舜，著其大略而不道其前。（司馬）遷遠出孔
子之後，而乃上述黃帝以來，又詳悉其世次，其不量力而務勝，宜其失之
多也。」〔註29〕爲證實五帝世次的荒謬，歐陽修據司馬遷所述列圖考察，
於是可見：堯、舜、夏、商、周五代皆是黃帝之後人。由此推測，則舜爲
四世孫，禹卻爲四世祖，文王以十五世祖，而爲十五世孫紂王之臣，武王
以十四世祖而討伐十四世孫；又周之祖先稷，殷之祖先契，均爲高辛之子，
爲同父異母兄弟，而稷的世次竟在契之後。這種倫理秩序的錯亂，說明五
帝世次是不合於常理的，也是不可信的。歐陽修進一步以《尚書》、《孟子》、
《帝王世紀》等記載的古帝年歲進行歸納：堯一百一十六歲，舜一百一十
二歲，禹一百歲。堯十六歲即帝位，在位七十年，八十八歲時試以舜攝政；
這時舜三十歲。舜攝政三十年而堯去世，舜服喪三年後即帝位，在位五十
年去世。舜在位三十三年時，命禹攝政，十七年後舜去世，禹服喪三年後
即帝位，在位十年去世。從三位古帝的年歲，再結合他們的倫理世次，便
可得出這樣的結論：「堯年五十七，已見四世之玄孫（舜）生一歲矣。舜居
試攝及即位通八十二年，而禹壽百歲，以禹百年之間推而上之，禹即位及
居舜喪通十三年，又在舜朝八十二年，通九十五年，則當舜攝試之初年，
禹纔六歲，舜爲玄孫年十三歲，見四世高祖（禹）方生六歲矣。」〔註30〕
由此證實古帝傳說的混亂和荒謬，已沒有必要再去詳考其事跡的眞僞了。
歐陽修以實證的歸謬的方法，破除了中國古史傳說的迷誤。

〔註27〕裴駰《史記集解》，《史記》卷一《五帝本紀》注引，中華書局，1959年。
〔註28〕司馬遷《史記》卷一《五帝本紀》。
〔註29〕歐陽修《帝王世次圖序》，《居士集》卷四十三，《歐陽修全集》本。
〔註30〕歐陽修《帝王世次圖後序》，《居士集》卷四十三，《歐陽修全集》本。

　　司馬光曾編撰《稽古錄》二十卷，記述自伏羲迄於北宋英宗治平之歷史要事，以供帝王閱覽。此以三皇之首的伏羲爲中國歷史的開端。這是司馬光依據《周易‧繫辭》所載而記述的，對此他作了說明：「夫天地者萬物之父母，諸侯者一國之父母，天子者萬國之父母，人之至尊，無與爲比。惟父事天，母事地，故曰天子。伏羲以前爲天子者，其有無不可知也。如天皇、地皇、人皇、有巢、燧人之類，雖於傳記有之，語多於怪，事不見經，臣不敢引，獨據《周易》自伏羲以來敘之。」〔註31〕唐代司馬貞曾以爲中國古史以五帝爲首是不恰當的，此前還有「三皇」。他據漢代緯書以三皇爲伏羲、女媧和神農，特撰《補史記三皇本紀》，並附有另「三皇」──天皇、地皇、人皇之說〔註32〕。司馬光已見到這些傳說的怪異而不可爲據，只得依《周易‧繫辭》所載，未辨析此說的眞僞，但當他撰著《資治通鑒》時，記述中國歷史是起於周威烈王二十三年（前403）三家分晉，戰國開始之年。劉恕參與《資治通鑒》的編撰，他記述與司馬光的一次談話：「治平三年（1066）公（司馬光）以學士爲英宗皇帝侍講，受詔修歷代君臣事跡，恕蒙辟置史局，嘗請於公曰：『公之書不始於上古或堯舜，何也？』公曰：『周平王以來，事包《春秋》，孔子之經，不可損益。』曰：『何不始於獲麟之歲？』曰：『經不可續也。』恕乃知賢人著書，尊避聖人也。」〔註33〕《春秋》紀事始於周平王四十九年（前722）至周敬王三十九年（前481）。司馬光以爲《資治通鑒》之著當尊崇《春秋》之經，不再重複，亦不存在續編之意，故不紀述上古之事，亦不繼起於獲麟之年，而是治於戰國。這樣的決定並不在於尊經，而是因爲戰國開始之年是中國歷史的重大轉折點，所以司馬光這樣的決定是體現了其深邃的史學觀點的。

　　《資治通鑒》紀事始於戰國，劉恕爲補紀戰國之前的古史、特紀述自伏羲以來迄於戰國的歷史爲《資治通鑒外紀》十卷。劉恕雖紀上古之事，但作了認眞的考辨。關於「三皇五帝」的記載，見於《六韜》、《周禮》、《管子》、《穀梁》、《亢倉子》、《鶡冠子》、《世本》、《大戴禮》、《孔子家語》、《三統曆》。劉恕對以上諸書所記之事進行考辨，以證其僞。他發現《周書》、老子、曾子、

〔註31〕司馬光《稽古錄》卷一，《四庫全書》本。
〔註32〕司馬貞《補史記三皇本紀》，《史記》卷二十，商務印書館，《國學基本叢書》本，1934年。
〔註33〕劉恕《資治通鑑外紀序》，《資治通鑒外紀》卷首，《四庫全書》本。

董仲舒、慎子、鄧析子、尹文子、孫子、吳子、尉繚子，皆不言三皇、五帝、三王之事；《論語》和《墨子》只稱三代（夏、商、周）；《左傳》、《國語》、《商君書》、《孟子》、《司馬法》、《韓非子》、《燕丹子》稱三王；《穀梁傳》、《荀子》、《鬼谷子》、《亢倉子》稱五帝；只有《文子》、《列子》、《莊子》、《呂氏春秋》、《五經緯》始稱三皇。這樣可見關於古帝的傳說是層累的附會的，其傳說出現的時間愈後，則其傳說的時代愈古遠，也愈荒謬。劉恕的考辨共三千餘字，已是一篇翔實的考據論文，其結論是：

> 《六經》惟《春秋》及《易》、《篆》、《象》、《繫辭》、《文言》、《說卦》、《序卦》、《雜卦》仲尼所作，《詩》、《書》仲尼刊定。三皇、五帝、三王，《易下繫》曰古者伏羲氏王天下也，伏羲氏沒，神農氏作，神農氏沒，黃帝、堯、舜氏作。載繼世更王，而無『三』、『五』之數，或以伏羲至舜爲五帝，然孔子未嘗道，學者不可附會臆說也……《莊子》又在《列子》之後，與文（子）、列（子）皆寓言，誕妄不可爲據。秦漢學者，宗其文辭富美議論辯博，故竟稱三皇五帝，而不究其古無其人，仲尼未嘗道也。〔註34〕

經劉恕考證，所謂「三皇五帝」在古代實無其人，而且孔子不曾說過，顯然這些傳說不是中國歷史的開端。

蘇轍仿《史記》體例記述上古至秦末之史事爲《古史》六十五卷。他特作《三皇本紀》以補《史記》之缺失，但他說：「孔子刪《詩》及《書》，起於堯、舜、稷、契之際，以爲自是以上，其事不可詳矣。司馬遷紀五帝，首黃帝，遺羲、農，而出少昊，以爲帝王皆出於黃帝，蓋紀其世，非紀其事也。故余因之。」〔註35〕蘇轍認爲司馬遷關於五帝的記述，僅僅是記述了那個時代，並不在於所記之事。他記述三皇也是如此，僅紀述曾經有過這樣的時代，它是傳說的時代而已。關於中國傳統文化的認識，如果不破除儒家經典的神聖性和三皇五帝傳說的謬妄，便不可能進入求眞的境地，也就不可能興起考據學。北宋自慶曆以來對儒家經典的懷疑與否定和對古史的辨誤，促進了學學者們以實證的方法探討中國傳統文化的學術問題。

〔註34〕劉恕《資治通鑒外紀》卷一，《四庫全書》本。
〔註35〕蘇轍《古史》卷一，《四庫全書》本。

四

考據學的興起是以北宋嘉祐八年（1063）歐陽修完成《集古錄跋尾》十卷爲標誌的。此著考釋與研究古代鐘鼎彝器文字與墓誌碑刻文字、屬於金石學。清代是中國金石學最盛的時期，而追溯此學的淵源則始於歐陽修。宋人蔡絛記述金石學之興云：「虞夏而降，製器尚象，著焉後世。由漢武帝汾陽得寶鼎，因更其年元。而宣帝於扶風得鼎，款識曰：『王命尸臣，官此栒邑。』及後和帝時，竇憲勒燕然還，有南單于者遺憲仲山甫古鼎，有銘，而憲遂上之。凡此數者，咸見諸史記可彰灼者。殆魏晉六朝隋唐，亦數數言獲古鼎器。梁劉之遴好古愛奇，在荊州聚古器數十百種，又獻古器四種於東宮，皆錯金字；然在上者初不以爲事。獨國朝來，浸乃珍重，始則有劉原父侍讀公爲之倡，而成於歐陽忠公。」〔註36〕劉敞字原父，曾得先秦彝鼎數十之銘文釋讀，以考古代制度。歐陽修與劉敞是好友，受其影響而搜集金石碑刻拓片。他與劉敞書簡云：「余家所藏《集古錄》，嘗得故許子春爲余言：『集聚多失，此物理也，不若舉其要，著爲一書，謂可傳久。余深以其言爲然。昨在汝陰閒居，遂爲《集古錄目》，方得八九十篇，不徒如許之說，又因得與史傳相參驗，證見史家闕失甚多。』」〔註37〕歐陽修不僅好古收藏，而是重在對金石文字的考釋，糾正史籍紀載之失誤，藉以求史事之眞實。歐陽修關於石鼓文之考釋是極重要的一篇考古論文：

> 右石鼓文。岐陽石鼓，初不見稱於前世，至唐人始稱之，而韋應物以爲周文王之鼓，宣王刻詩，韓退之直以爲宣王之鼓。在今鳳翔孔子朝中，鼓有十，先時散棄於野，鄭餘慶置於廟而亡其一。皇祐四年（1052）向傳師求於民間，得之乃足。其文可見者四百六十五，磨滅不可識者過半。余所集錄文之古者莫先於此，然其可疑者三四。今世所有漢桓、靈時碑，往往尚在，其距今未及千歲，其畫深刻而磨滅者十有八九。此鼓按太史公年表，自宣王共和六年至今嘉祐八年，實千有九百一十四年，其文細而刻淺，理豈得存，此其可疑者一也。其字古而有法，其言與《雅》、《頌》同文，而《詩》、《書》所傳之外，三代文章，眞跡在者惟此而已，然自漢以來，博古好奇之士，皆略而不道，此其可疑者二也。隋氏藏書最富，其志

〔註36〕蔡絛《鐵圍山叢談》卷四，中華書局，1983年。
〔註37〕歐陽修《與劉侍讀原父》，《書簡》卷五，《歐陽修全集》本。

所錄秦始皇刻石、波羅門外國書皆有，而獨無石鼓，遺近錄遠，不
宜如此，此可疑者三也。前世紀傳所載，古遠奇怪之事，類多虛誕
而難信，況傳記不載，不知韋韓二君何據而知爲文宣王之鼓也。隋
唐古今書籍初備，豈當時猶有所見，而今不見之邪？然退之（韓愈）
好古不妄者，余姑以爲信耳。至於字畫，亦非史籀不能作也。〔註38〕

石鼓是在唐代初年出土的十塊鼓形石，上刻籀文（大篆）四言詩，每鼓十首
爲一組。關於刻石的時代，唐代張懷瓘、韋應物、韓愈皆以爲周宣王時遺物。
歐陽修記述了石鼓出土以來情況，對唐人之說提出三點懷疑意見，但肯定其
文字爲大篆，這爲後世學者考定其時代爲秦刻提供了重要的學術線索。此十
鼓今存北京故宮博物院。因史籍無關於石鼓的記載，故難確考其年代。古器
物與墓誌碑刻，凡見於史籍記載者，歐陽修採取實物與史籍相互參驗的方法，
辨析了諸多史籍之失。戰國時秦昭襄王詛楚懷王之罪於神之刻石爲《秦祀巫
咸神文》，俗稱《詛楚文》，其文字今存。歐陽修將石刻文字的內容與《史記》
關於秦國與楚國的記載相比較，考定爲所詛之對象爲楚國頃襄王熊橫。〔註39〕
《後漢太尉張寬碑》與《後漢書‧張寬傳》所記張寬之仕歷有異，歐陽修進
行比較：「碑云『大將軍以禮脅命拜侍御史，遷梁令，三府並用博士徵，皆不
就。司錄校尉舉其有道，公車徵拜議郎司徒長史。』而傳但云：『大將軍辟，
五遷司徒長史。』今據碑文止四遷爾，博士未嘗拜也。碑於『長史』下遂云：
『入登侍中。延熹八年地震，有詔詢異，而拜尚書，遷南陽太守，拜太中大
夫，復拜侍中屯騎尉宗正光祿勳，遂授太尉。』傳至太中大夫始云遷侍中，
其前至長史入登侍中，史闕書也。碑又云：『因疾遜位，拜光祿大夫，遷衛尉，
復作太尉。』而傳云：『以日食免，拜衛尉。』『以日食免』當從傳爲正，而
不書光祿大夫，史闕也。」〔註40〕關於漢獻帝遜位的時間，歐陽修據《魏受
禪碑》與各種史籍的記載相比較，以碑文證史籍之誤：「按《漢獻帝記》延康
元年（220）十月乙卯皇帝遜位。魏王稱天子。又按《魏志》是歲十一月葬士
卒死亡者猶稱王令，是月丙午漢帝使張愔奉璽綬，庚午王升壇受禪。又是月
癸酉奉漢帝爲山陽公。而碑云十月辛未受禪於漢。三家之說皆不同。今據裴
松之注《魏志》，備列漢魏禪代詔冊書令、群臣表奏甚詳，蓋漢室以十月乙卯

〔註38〕歐陽修《集古錄跋尾》卷一，《歐陽修全集》本。
〔註39〕同上。
〔註40〕歐陽修《集古錄跋尾》卷二，《歐陽修全集》本。

策詔魏王，使張惜奉璽綬，而魏王辭讓，往返三四而後受也。又據侍中劉廙奏，問太史令許芝，今月十七日己未可治壇場。又據尚書令桓階等奏云，輒下太史令擇元辰，今月二十九日可登壇受命。蓋十七日己未，至二十九日正得辛未。以此推之，漢魏二紀皆謬，而獨此碑爲是也。」〔註41〕《集古錄跋尾》中如上述以出土實物資料證史籍記載之闕失與訛誤之例甚多。近世王國維談到研究古史採用的二重證據法說：「吾輩至於今日，幸於紙上之材料外，更得地下之新材料。由此種材料，我輩固得據以補正紙上之材料，亦得證明古書之某部份全爲實錄，即百家不雅馴之言，亦不無表示一面之事實。」〔註42〕我們若讀了《集古錄跋尾》，不難見到此種二重證據法，早在歐陽修已經使用了。

在歐陽修考證金石文字的影響下，呂大臨於北宋元祐七年（1092）完成了《考古圖》十卷，《續考古圖》五卷。他說此著之錄起：「漢承秦火之餘，上視三代，如更晝夜，夢覺之變，雖遺編斷簡，僅存二三。然世態遷移，人亡書殘，不復想見先王之緒餘，至人聲欹。不意千百年後，尊彝鼎敦之器，猶出於山巖屋壁，田畝壚墓間，形制文字，且非近世可能知，況能知所用乎？……予於世大夫之家，所閱多矣，每得傳摹圖寫，浸盈卷軸，尚病竅繁未能深考。暇日論次成書，非敢以器爲玩也。觀其器，誦其言，形容彷彿追三代之遺風，以見其人矣。以意逆志，或探其製作之原，以補經傳之闕亡，正諸儒之謬誤。天下後世之君子，有意於古者，亦將有考焉。」〔註43〕他搜集鐘鼎古器物的目的是在於補正經傳和辨正諸儒之誤，因其博覽群書，故其考證甚爲精審。他考邢敦爲周武王之器云：「此敦二器同製，同文，則如古人作器勒銘非一物，器器皆有銘也。邢，周大夫，有功錫命，爲其考作祭器也。宣榭者，蓋周宣王之廟也。榭，射堂之制也，其文作古射字，作弓矢以射之象，因名其堂因射（原注：音謝，後從木）。其堂無室，以便射事，故曰凡無室者皆謂之榭（《爾雅》云）。宣王之廟制如榭，故謂之宣榭。《春秋》記成周宣榭火，以宗廟之重而書之，如桓、僖公之比。二傳云藏禮樂器，非也。……按《集古錄》作毛伯敦，云劉原父（敞）考按其事，謂《史記》武王克商，

〔註41〕歐陽修《集古錄跋尾》卷四，《歐陽修全集》本。
〔註42〕王國維《古史新證第一二章》，《古史辨》第一冊，上海古籍出版社，1982年重印本。
〔註43〕呂大臨《考古圖記》，《考古圖》卷首，《四庫全書》本。

尚父牽牲，毛叔鄭奉明水，則此銘謂鄭者，毛叔鄭也。銘稱伯者，爵也；史稱叔者，字也。敦乃武王時器。此云宣樹，爲宣王之樹則非矣。」〔註44〕館陶釜有銘文云：「河東時造，三斗銅鹿釜，重十二斤，長信賜館陶家第二。」呂大臨考證此爲漢代之物：「按長信，太后宮名，故《前漢孝元傳》昭儀專爲太后置左右詹事，食邑如長信宮中官。又成帝母太皇太后，本稱長信宮是也。館陶家即公主家。按《前漢》文武帝女嫖爲館陶長公主。《後漢・世家》第三女紅夫封館陶公主，肅宗時爲子求郎者也。此器未詳前後漢。」〔註45〕這些考證皆有助於瞭解古代文明制度。

　　北宋後期王黼的《重修宣和博古圖》三十卷，於每類器物有總敍，再列圖詳考。宣和乃北宋殿名，內藏青銅器極富。蔡絛說：「太上皇帝（宋徽宗）即位，憲章古始，眇然追唐虞之思，因大宗尚。及大觀初，乃仿公麟之《考古》（李公麟《考古圖》）作《宣和殿博古圖》。凡所藏者，爲大其禮器，則已五百有幾……時所重者，三代之器而已，若秦漢間物，非特殊蓋亦不收。至宣和後，則咸蒙貯錄，且累至萬餘。」〔註46〕王黼爲宋徽宗之親信重臣，曾爲宣和殿學士。他在《宣和博古圖》的基礎上進行增廣重修和考證。他對周穆公鼎之銘文考釋云：「鼎得於華陰，乃秦古地。曰『不顯走』者，《詩》云『有周不顯』，王安石釋云：『不顯者，乃所以甚言其顯也。』『走』者，如太史公所謂『牛馬走』，則『走』乃自卑之稱。『皇祖穆公』者，考秦世次，先武公，次成公，而穆公；又次今銘，復先穆公，次言成公，後言武公者，質諸經傳，莫不有意義。昔商之禘祀，自上而夫推之下，尊尊之義。故《長發》（《詩經・商頌》）詩曰『有娀方將』，又曰『玄王桓發，相士烈烈』而終之以『實維阿衡，實左右商王』。此先言有娀以及禼，至於相士，成湯而下，然後乃於阿衡也。周之禘祀，自下而推之上，親親之義。故《雝》（《詩經・周頌》）之詩曰『既右列考，亦右文母』，蓋自列考以上，逮於文母也。自上及下，則原其始，而知王業之由興；自下及上，則舉其近，以昭王業之所成。當時各有所主。而此鼎之文，世次亦有所法也。」〔註47〕禘，古代祭祀名，王者郊祭，立始祖之廟，又推始祖所自出之帝，祀之於始祖之廟。王黼不僅考釋了

〔註44〕呂大臨《考古圖》卷三，《四庫全書》本。
〔註45〕呂大臨《續考古圖》卷一，《四庫全書》本。
〔註46〕蔡絛《鐵圍山叢談》卷四，中華書局，1983年。
〔註47〕王黼《重修宣和博古圖》卷二，《四庫全書》本。

銘文之義，還對商周兩代褅祀之異引《詩經》作了辨析。「周太叔鼎」之銘文僅此四字，王黼以《春秋·魯隱公元年》鄭伯克段於鄢之史事，證實此鼎乃鄭莊公之弟共叔段之鼎。〔註48〕這些考證皆是可信的。

青銅器銘文及墓誌石刻文字，它們能為古代歷史提供新的史料，但尚須辨識真偽及時代，這得核實歷史文獻的記載。由此學者們採取了二重證據以證古史，為歷史文獻的考證開拓了新的思路。

五

司馬光的《資治通鑑考異》三十卷應是中國考據學興起的典範著作。最初司馬光編著《通志》八卷為戰國至秦末之編年史，表奏於朝廷，英宗皇帝甚為重視，於治平三年（1066）詔置書局於崇文院，由司馬光繼續編撰，參加者有劉恕，劉攽和范祖禹，歷時十九年至元豐七年（1084）完成二百九十四卷，目錄三十卷；神宗皇帝賜書名為《資治通鑑》。司馬光在編纂過程中，凡遇到某史事有疑難問題存在者，隨時考證，留下札記，因成《資治通鑑考異》。此著考證史事異同而辨其正誤，計引書二百餘家，此外又博採譜錄、正集、別集、墓誌、碑碣、行狀、別傳等資料，以求史事之真實，因而被譽為「千古史法之精密，實未有過於是者」〔註49〕。在這部著作中，諸多條史事辨析皆是謹嚴的考證論文，例如卷一「慎靚王二年（219）魏惠王薨，子襄王立」辨惠王之卒年引用《史記》、《春秋後序》、《古書紀年篇》、《魏世家注》、《世本》，計三百八十八字。卷一「（漢高祖）欲使太子繫黥布，太子客使呂釋之夜見呂后」，辨司馬遷所記漢高祖聽四位高士之言而立太子，證以《漢書》以為並非事實，計八百三十四字。卷十一聖曆元年（698）「二月狄仁傑勸太后召盧陵王，吉頊說張易之、昌宗」，關於立盧陵王為太子事，引用《狄梁公傳》、《談賓錄》、《御史臺記》、《新唐書·狄仁傑傳》、《朝野僉載》，採眾之可信者存之，計一千一百三十二字。卷十三開元二十四年（736）「四月張九齡謀誅安祿山」，在比較《玄宗實錄》、《肅宗實錄》、《安祿山事蹟》、《西齊錄》、《舊唐書·張九齡傳》、《新唐書·張九齡傳》諸記載之後，採用《玄宗實錄》所記，計一千一百四十四字。卷十四天寶十四載（755）「丙午顏杲卿殺李欽湊，擒高邈、何千年，河北十郡皆歸朝廷」，比較《河洛春秋》、《顏杲卿傳》、

〔註48〕王黼《重修宣和博古圖》卷三，《四庫全書》本。
〔註49〕《資治通鑑考異提要》，《資治通監考異》卷首，《四庫全書》。

《肅宗實錄》、《玄宗實錄》、《唐曆》、《顏氏行狀》諸記載之後，以《玄宗實錄》和《肅宗實錄》所記爲實，計二千六百四十字。卷十六上元二年（761）「又殺朝清（史思明之子），」辨《肅宗實錄》及《薊門紀亂》記事之誤，以《河洛春秋》與《新唐書》所記爲實，計四千五百三十九字。以上考證弘博精審，實前所未有。司馬光在編撰《資治通鑑》時與范祖禹通書信，談到編纂處理史事之疑難問題的方法：

> 若彼此年月事蹟有相違戾不同者，請選擇一證據分明，情理近於得實者修入正文，餘者注於其下，仍爲敘述所以取此舍彼之意。先注所舍者云某書云云，今案某書證驗云云，或無證驗，則以事理推之云云，今從某書爲定。若無以考其虛實是非者，則云今兩存之。其實錄、正史，未必皆可據，雜史小說，未必皆無憑，在高鑒擇之。
> 〔註50〕

司馬光所談處理史事疑難問題的方法，也是他在《資治通鑑考異》裡所採用的考證方法：我們可概括爲四種方法，茲試舉例以明：

（一）比較史料。某史事於諸家記載不同，選擇合情理者爲準。例如漢獻帝初平二年（191）孫堅戰死，此事「范《書》（《後漢書》）初平三年春，堅死。《吳志·孫堅傳》亦云初平三年。《英雄記》曰初平四年春正月七日死。袁《記》初平三年五月。《山陽公載記》載策（孫策）表曰：臣年十七喪失所怙。裴松之按：策以建安五年卒，時年二十六。計堅之死，策應十八，而此表云十七，則爲不符。張璠《漢紀》及胡沖《吳曆》，蓋以堅初平二年死。此爲是，而本傳誤也，今從之。〔註51〕司馬光比較了關於孫堅之死年月的記載，糾正史傳記載之誤。唐代貞觀十一年（637）武士彠女（武則天）年十四入宮，此事「舊則天《本紀》，崩時年八十三。《唐曆》、焦璐《唐朝年代紀》、《統紀》、馬總《唐年小錄》、《聖運圖》、《會要》、皆云八十一。《唐錄》、《政要》，貞觀十三年入宮。據武氏入宮年十四，今從吳兢《則天實錄》爲八十三，故置此年。」〔註52〕司馬光比較諸家記載，選擇了史臣吳兢所記，確定武則天於貞觀十一年入宮。唐代大中五年（851）十一月以張義潮爲歸義軍節度使，此事「《唐年補錄》）、《舊記》（《舊唐書》），義潮降在五年八月。《獻祖紀年錄》及

〔註50〕司馬光《答范夢得書》，《傳家集》卷六十三，《四庫全書》本。
〔註51〕司馬光《資治通鑑考異》卷三，《四庫全書》本。
〔註52〕司馬光《資治通鑑考異》卷十，《四庫全書》本。

《新紀》(《新唐書》,在十月。按《實錄》五年二月壬戌,天德軍奏沙州刺史
張義潮、安景旻及部落使閻英達等差使上表,請以沙州降。十月義潮遣兄義
澤以本道瓜、沙、伊、肅等十一州地圖戶籍來獻。河隴隱沒百餘年,至是悉
復故地。十一月建沙洲為歸義軍,以張義潮為節度使河沙等十一州觀察營田
處置使。《新紀》五年十月,沙州人張義潮以瓜、沙、伊、肅、鄭、甘、河、
西、蘭、岷、廓十一州歸於有司。《新傳》三州七關降之。明年沙州首領張義
潮奉十一州地圖以獻,擢義潮沙州防禦使,俄號歸義軍,遂為節度使。參考
諸書,蓋二月義潮使者始得以沙州來告,除防禦使,十月又遣義澤以十一州
圖籍來上,除節度使也。今從《實錄》。《新傳》云三州之降明年,誤也。」〔註
53〕司馬光關於張義潮為歸義軍節度使之年月,在比較諸家記載之後,從《宣
宗實錄》為據,糾正了《新唐書》記載之誤。

（二）推斷事理。某史事在諸家記載中甚為矛盾,則以推斷其事之理以
作定論。例如唐代武德九年（626）六月秦王李世民謀誅建成、元吉,問於李
靖、李世勣,皆辭,此事「《統紀》云:秦王懼,不知所為,李靖、李勣數言
大王以功高被疑,靖等請申犬馬之力。劉餗《小說》:太原將誅蕭牆之惡,以
主社稷,謀於魏公靖,靖辭:謀於英公勣,勣亦辭;帝由是珍此二人。二說
未得孰為其實,然劉說近厚,有益風化,故從之。」〔註54〕關於李靖和李世
勣是否支持秦王李世民謀誅建成、元吉之事,因兩種記載相異,司馬光從事
理推斷以為劉餗所述較為厚道,有助於社會風化,因而採取劉餗之說。此類
例子在《資治通鑑考異》中尚多,司馬光皆從統治階級的仁慈厚道的觀念出
發以推事之情理,這很可能致誤,但畢竟自成一說。

（三）疑者兩存。某史事出現不同的記述,或無確證的情形下,採取存
疑方式處理。唐代至德二載（757）二月永王璘敗死,此事「《新》、《舊》紀
傳、《實錄》、《唐曆》皆不見（永王）璘敗死在何處、惟云璘退至當塗。若在
當塗,不應登城望瓜步、揚子。李白《永王東巡歌》云『龍盤虎踞帝王州,
帝子金陵訪古丘』,又云『初從雲夢開朱邸,更取金陵作小山』。如此似已據
金陵,但於諸書則無所見,疑未敢質。」〔註55〕安史之亂時唐玄宗第十六子
永王璘於江陵以抗擊判軍為號召起兵謀反,其敗死之地不詳,雖然李白所述

〔註53〕司馬光《資治通鑑考異》卷二十二,《四庫全書》本。
〔註54〕司馬光《資治通鑑考異》卷九,《四庫全書》本。
〔註55〕司馬光《資治通鑑考異》卷十五,《四庫全書》本。

當在金陵，但司馬光對此仍是存疑。這未作出判斷，卻留下繼續探討此事的線索，有待新的證據的發現。

（四）鑒擇雜史。雜史及筆記小說多具傳聞性質，其中所記之事真偽混雜，若從經鑒別而使用某些可作爲史事的佐證時，則有助於對史實真相的認識。隋末李靖素與李淵（唐高祖）有隙，此事「柳芳《唐曆》及《唐書·靖傳》云：高祖擊突厥於塞外，靖察高祖，知有四方之志，因自鎖上變，將謁江都，至長安道塞不通而止。按太宗（李世民）謀起兵，高祖尚未知，知之猶不從。當擊突厥時，未有異志，靖何從查知之？又上變（向朝廷報告）當乘驛取疾，何爲自鎖也？今據靖《行狀》云：昔在隋朝，曾經忤旨，及茲城陷，高祖追責舊言，公忼慨直論，特蒙宥釋。但《行狀》疑爲魏徵撰，非也。按徵以貞觀十七年卒，靖二十三年乃卒，蓋後人爲之託徵名；又敘靖事極怪誕，無取，唯此可爲據耳。」〔註56〕司馬光從李靖《行狀》鑒擇其中可信的部份，以還原史事真相。唐代天寶十五載（756）安祿山遣孫孝哲將兵入長安，此事「《肅宗實錄》·《祿山事蹟》惟載七月丁卯己巳祿山害諸妃主。諸書皆無賊入長安之日。推《離亂記》云：六月二十三日孫孝哲等攻陷長安，害諸妃主皇孫；七月一日祿山遣殿中御史張通儒等爲西京留守。此書多牴牾，不足爲據，然以日月計之，賊以六月八日破潼關，其入長安，必在此月內矣。」〔註57〕《離亂記》屬於小說野史，司馬光見到其記事多矛盾處，但推斷其所記安祿山叛軍入長安之月日是可信的，以此補正了實錄記事之闕，並辨析《新唐書》所據事實之誤。

司馬光在編撰《資治通鑒》的過程中留下的筆記，考辨了眾多史傳及各種離書記載史事之真偽，是一部體大思精的傑作，體現了謹嚴求真精神。

六

北宋至和元年（1054）仁宗皇帝詔歐陽修重修《唐書》。歐陽修編纂本紀、志、表、宋祁編纂列傳，於嘉祐五年（1060）完成，計二百五十卷。歐陽修又私自重修《五代史》。歐陽發談到《新唐書》和《新五代史》的編纂意義說：「先公奉勅撰《唐書》紀、志、表，又自撰《五代史》七十四卷。其作本紀因《春秋》之法，雖司馬遷、班固皆不及也。其於《唐書·禮樂志》發明禮

〔註56〕司馬光《資治通鑒考異》卷八，《四庫全書》本。
〔註57〕司馬光《資治通鑒考異》卷十四，《四庫全書》本。

樂之本，言前世治出於一，而後世禮樂爲空名。《五行志》不書事應，悉壞漢儒災異附會之說，皆出前人所未至。其於《五代史》尤所留心，褒貶善惡，爲法精密，發論必以『嗚呼』，曰此亂世之書也。其論曰：『孔子作《春秋》，因亂世而立法度，余述本紀，以治法而正亂君。』此其志也。書成，減舊史之半，而事蹟添數倍，文省而事備，其所正前史之失甚多。」〔註58〕此評價是較公允的。歐陽修以正統觀，嚴尊史法，特重體例，使《新唐書》和《新五代史》具有超越舊史的成就，但關於史事之記述，則無《資治通鑑》之嚴密，以致尚存在一些問題。徐無黨曾從歐陽修學習古文辭，於皇祐中登進士第。他甚具史才，爲《新五代史》作注釋，闡明其中所體現的史法，並對一些史事作了補充和考證。《新五代史》無志表，歐陽修特作有《司天考》和《職方考》，但此兩考僅是關於天文現象和地理疆域考證的結果的記述，略去了考證的過程。徐無黨的一些考證是翔實而精深的。關於周世宗征南唐的年代，徐無黨考證云：「據湯悅所撰《江南錄》云：（李）璟以保大十五年正月改元交泰，是歲獻淮南十四州，畫江爲界。保大十五年，乃周顯德四年（957）也。按《五代舊史》及《世宗實錄》，顯德四年壬申，世宗方復南征，五年正月丙午始克楚州。二月己亥，璟始獻淮南諸州；畫江爲界，當是保大十六年也。悅等江南故臣，記其目見之事，何其差謬，而《九國志》、《紀年通譜》之類，但以悅書爲正，不復考核，遂皆差一年。」〔註59〕最後考定爲後周顯德二年（955）周世宗始伐南唐。十國之中，楚、閩、東漢三國的存在年代，諸家之說頗異，是最難考正的，徐無黨對此三國的考證文字達一千三百餘字，其關於閩國之年世云：「王氏世次，曰潮，曰審知，曰延翰，曰鏻，曰昶，曰曦，曰延政，凡七主。而潮以唐景福元年歲在壬子始入福州，至開運丙午而滅，實五十五年。當云七主五十五年爲得其實。而《運曆圖》云五十六年，《九國志》、《五代舊史》、《紀年通譜》、《閩中實錄》、《閩王列傳》皆云七主六十年者，皆謬也。審知，《五代舊史》本傳云同光元年（923）十二月卒，《九國志》亦云同光元年卒。《運曆圖》同光三年卒。今檢《五代舊史·莊宗本紀》同光二年五月丙午，審知加檢校太師守中書令，豈得卒於元年也？又至四年二月庚子，福建副使王延翰奏稱權知軍府事，三月辛亥遂除延翰威武軍節度使。

〔註58〕歐陽發《事蹟》，《歐陽修全集》附錄卷五。
〔註59〕歐陽修編《新五代史》卷六十二《南唐世家》徐無黨注，中華書局，1974年。

以此推之，審知卒當在同光三年十二月。蓋閩在京師遠，明年二月延翰之奏始至京師，理當然也。又據《閩王列傳》、《九國志》皆云審知在位二十九年。審知以唐乾寧四年（897）嗣位，是歲丁丑，至同光三年（925）乙酉，實二十九年，則《運曆圖》為是，而《舊史》、《九國志》云元年卒者，皆謬也。」〔註60〕徐無黨採取了史料比較和統計方法，於楚，閩及東漢三國之年次的考證極為確切。同時的年輕學者吳縝也是長於史才的。宋人王明清記述：「嘉祐中詔宋景文、歐陽修諸公重修《唐書》，時有蜀人吳縝者初登第，因范景仁而請於文忠（歐陽修），原預官屬之末，上書文忠，言甚切。文忠以其年少輕佻，拒之。縝鞅鞅而去。逮夫《新書》之成，乃從其間指摘瑕疵，為《糾謬》一書。至元祐中，縝遊宦蹉跎，老為郡守，與《五代史纂誤》俱刊行之。」〔註61〕吳縝希望參加重修《唐書》的工作，在遭到歐陽修拒絕後，甚為氣憤，待《新唐書》和《新五代史》問世後，他專指摘它們的錯誤，完成《新唐書糾謬》二十卷和《五代史纂誤》三卷（輯本）。此兩著在校勘與考證方面均為典範之作，故得到朝廷的賞識。吳縝《新唐書糾謬序》云：

> 史才之難尚矣，游、夏（子游、子夏）聖門之弟，而不能贊《春秋》一辭。自秦漢迄今千數百歲，若司馬遷、班固、陳壽、范蔚宗者，方其著書之時，豈不欲曲盡其言，而傳之無窮，然終於未免後人之詆斥。至唐獨稱劉知幾，能於修史之外，毅然奮筆，自為一書，貫穿古今，議評前載。觀其以史自命之意，殆以為古今絕倫，及取其所嘗記者，而考其謬戾，則亦無異於前人。由是言之，史才之難，豈不信哉！必也編次事實，詳略取捨，褒貶文采，莫不適當。稽諸前人而不謬，傳之後世而無疑，燦然如日星之明，符節之合，使後學觀之，莫敢輕議，然後可以號信史。……竊嘗尋閱《新書》，間有未通，則必反覆參究，或舛駁脫謬，則筆而記之。〔註62〕

吳縝對古代史學家司馬遷、班固、陳壽、范曄、劉知幾等的著作皆以為存在謬戾和錯誤，在感史才之難時，力求考究歷史真實，使之成為信史。吳縝的仕宦並不如意，沉淪於州縣，圖書條件甚差，因而在指摘《新唐書》之謬誤

〔註60〕歐陽修編《新五代史》卷七十一《十國世家家譜》徐無黨注，中華書局，1974年。
〔註61〕王明清《揮塵後錄》卷二，《叢書集成初編》本。
〔註62〕吳縝《新唐書糾謬》卷首，《四庫全書》本。

時，僅據該書所記事實進行比較以發現問題；尤其因歐陽修與宋祁的分工，而造成紀、表、志與傳在記事方面的矛盾，遂發現各類嚴重失實的記載。他將它們歸納爲二十門，計四百餘事，分別加以考訂。關於代宗母吳后傳所記之事多爲虛謬，吳縝考辨云：「今按本紀，代宗以十四年崩，年五十三，是歲已未，推其生年實開元十五年（727）丁卯歲，而李林甫以開元二十年（732）方爲宰相，且按林甫本傳，其未爲相之前，亦無謀不測，以傾東宮之事；此其證一也。又按開元十五年太子瑛尙居東宮，至二十五年瑛始廢，二十六年六月肅宗方爲太子，是歲戊寅，則代宗已十二矣；此其證二也。且肅宗既爲太子，其宮室之內，凡掃廷宇，整飾樂器，宜各有典司，玄宗既臨幸其宮，則王者爲掃灑整飭以爲備豫，豈有乘輿方至，而有司恬然不加嚴飭除治以俟王者乎？就如肅宗誠憂林甫拘扇不測，則懷危懼，不過中自隱憂而已，何豫於常灑掃、典樂器之人而不舉其職歟，此其證三也。代宗既於玄宗爲嫡長孫，而又生之三日，玄宗親臨澡之，其事體亦不輕，彼負姆者，據敢率爾取他兒易之，上欺人主，下易皇孫，靜尋其言，本同戲劇，雖人臣之家，亦不至是，況至尊之前乎？此其證四也。」〔註63〕從以上四件事例來看，《新唐書》關於吳皇后的記載是虛謬而不可信的。關於王播自淮南節度使還朝向唐文宗獻玉帶、銀碗、綾絹之事，吳縝徵引了《新唐書》有關紀傳，認爲：「此蓋播當敬宗時以賄賂遺權倖，又以獻於朝。方敬宗荒恣，而得其貢奉，故復其監鐵名，既而文宗即位，權近之臣久甘其贈賄，故言之於帝，帝新登祚，未知其實，遂自淮南召還使復輔政，如此而已。」〔註64〕此糾正《新唐書》記載之誤。吳縝僅據《新唐書》關於某史事的記載進行比較，對史事極爲熟悉，善於發現記載之異，以推理方式考辨史事眞實，有理有據。在《新唐書糾謬》裡，尙有很多長篇的考證文字，例如卷一辨李吉甫謀討劉辟事計九百六十字；卷三辨鄭絪作相時事之不實處，計九百五十字，並列表以示；卷十辨蘇味道與張錫傳之誤，計二千零四十字。這些都是很好的考證論文。《五代史纂誤》原爲五卷，辨訛誤二百餘事，四庫館臣輯得一百一十四事，分爲三卷。例如辨「梁兵攻楊行密，大敗於潯河，明年梁太祖即位」之誤云：「唐以天祐四年（907）丁卯歲四月禪位於梁，今此傳云明年梁太祖即位，則梁攻楊行密而敗於潯河是天祐三年丙寅歲也。遍考《唐書》紀及行密傳，並歐陽史《梁本紀》及《楊

〔註63〕吳縝《新唐書糾謬》卷一，《四庫全書》本。
〔註64〕吳縝《新唐書糾謬》卷三，《四庫全書》本。

行密世家》皆無天祐三年梁兵攻行密敗於漵河之事。且行密以天祐二年十一月已卒矣，安得有三年敗梁兵之事耶？此甚誤矣。按梁太祖凡四出兵，攻淮南而皆敗……而歐陽公以天祐二年壽州之敗爲漵河之敗，故有是說，殊不知漵河之敗，去此已九年矣。其實天祐二年攻壽州敗歸，至天祐四年唐始遜位，其可謂明年梁祖即位者亦誤也。」〔註65〕此外如辨「存勗年十一從克用破王行瑜遣獻捷於京師」，實爲李存勗年十二〔註66〕。辨「王衍告曰得李嚴來即降，嚴聞之喜，馳騎入益州」，稱蜀郡成都之地爲「益州」乃誤，因成都在唐代初年曾稱益州，此後已改爲蜀郡，升爲成都府〔註67〕。吳縝被歐陽修拒絕參與重修《唐書》，這促使他發憤考訂《新唐書》和《新五代史》，從史料學的角度，以史事參互比較，考辨了歐陽修之失誤與訛謬，開拓了史事考證的新的道路。在北宋考據風尙的影響下，出現了徐無黨和吳縝這樣傑出的年輕學者，他們關於史事的考證，已達到很高的學術水準，可惜他們的史才均未得到充分的發揮。

七

清代初年自顧炎武與閻若璩以來提倡以客觀的方法研究學術，注重探求眞知，強調資料之翔實與別擇。此後惠棟、江永、戴震、段玉裁、王念孫、王引之、畢沅、阮元、錢大昕等繼續發揚實事求是、無徵不信的學風，使考據學在在乾嘉時期臻於鼎盛。他們的治學範圍，以經學爲中心，並向小學、音韻、史學、天算、水地、典章、制度、金石、校勘、輯佚發展，各家形成窄而深的專門研究。梁啓超概括乾嘉考據學的方法爲：一、凡立一義必憑證據；二、選擇證據以古爲尙；三、孤證不爲定論，其有反證者姑存之，得有續證者則漸信之；四、羅列事項之同類者爲比較的研究，而求得其公則。〔註68〕近世國學運動新傾向的提倡者胡適、傅斯年、顧頡剛皆認爲清代考據學的淵源可以追溯到宋代。北宋慶曆以來，學者們在求眞精神的引導下，從儒家經典的產生與流傳過程的考察，懷疑其作者及其與儒家的關係，否定儒家經典的神聖性。他們進而以史料學的研究方法考辨尙古神話傳說，探求中國歷

〔註65〕 吳縝《五代史纂誤》卷中，《四庫全書》本。
〔註66〕 吳縝《五代史纂誤》卷上，《四庫全書》本。
〔註67〕 吳縝《五代史纂誤》卷中，《四庫全書》本。
〔註68〕 梁啓超《清代學術概論》，商務印書館，1944年，第28～29頁。

史的真正起點。這是學術思想的解放，纔可能以求真的精神對中國文獻與歷史的諸多學術問題作細密的謹嚴的研究。歐陽修、劉敞、劉恕、司馬光、劉攽、徐無黨、呂大臨、吳縝等學者對儒家經典、歷史事實、金石碑刻的考辨，其基本方法可概括爲：

（一）發現記載相異的事實，或不明確的事實，並不預先作出假設，而是廣泛搜集證據，並以新發現的史料考訂古事，又旁採小說雜史，力求資料之完備。

（二）對記載之事實進行考證，比較諸家記載的異同，排比事實，或進行數理的統計分析，或作文獻的校勘，採用合理的細密的研究程序。

（三）從事實的情理對考證之事實推論，以求得定論，難以爲定論者則存疑，或兩說並存。

我們若將北宋學者和乾嘉學者的治學方法相比較，不難見到他們擁有共同的特點，即重證求真的細密考據。這表明由北宋疑古思潮推動下興起的考據學，使中國學術的發展進入了一個求真的新時代，亦標誌著一種純學術風尚的興起。求真的精神與純學術的風尚是中國學術的優良傳統，它在二十世紀初年興起的國學運動中得以發揚光大。

1905 年上海國學保存會主辦的《國粹學報》創刊，標誌國學運動的興起。國粹派學者以傳統文化爲國魂，以爲只要保存傳統文化即可保國。他們志於復興古學，以儒家的政治倫理爲國粹，屬於文化保守主義者。1911 年《國粹學報》停刊，表明國粹主義思想由盛到衰，但其殘餘勢力卻強固地存在。1919年新文化運動的發起者胡適於《新青年》發表《新思潮的意義》，將新思潮的根本意義理解爲是對文化的態度，即批判的態度，提出「整理國故」的號召。關於整理國故的工作，他特別強調「要用科學的方法，作精確的考證」。〔註69〕1922 年 8 月 1 日北京大學校長蔡元培主持召開北大季刊編輯討論會，成立國學組，胡適爲主任，計劃出版《國學季刊》。1923 年 1 月胡適發表《國學季刊發刊宣言》，提出擴大國學研究範圍，對國故進行系統的整理工作。自此以科學方法整理國故成爲國學研究的新傾向得到學術界的支持，並作爲國學運動的主流。新傾向的國學家們以科學考證方法爲國學研究的基本方法，它是對中國傳統考據學的繼承，同時引入西方近代的實證主義方法，使二者結合

〔註69〕張寶明、王中江編《回眸〈新青年〉‧哲學思潮卷》，河南文藝出版社，1998年，第 324 頁。

為一種新方法。這種方法適於對中國文獻與歷史的若干狹小而困難的學術問題的研究。胡適、傅斯年和顧頡剛所提倡的科學方法體現了近代的科學精神，這在國學研究中具有方法論的意義，但在具體研究過程中必須採用中國傳統的考據學方法。

　　北宋以來形成的中國傳統考據學至清代乾嘉時期而趨於精密完善。它要求學者應熟悉中國的歷史文獻，具有客觀的求真的純學術的精神，注重資料辨析，搜集證據，採用合理的細密的工作程序，使用版本、目錄、校勘、文字、音韻、訓詁等專門工具，對狹小的學術問題進行考證。所以科學考證方法實為科學方法引導下的考據學。我們從胡適關於中國白話小說的考證，以及《國學季刊》、《古史辨》、《中央研究院歷史語言研究所集刊》發表的國學論文，皆可見到科學考證方法的具體運用。我們追溯國學運動主流的基本傾向，它應始於北宋開啟的學術的求真時代。北宋學者的疑古精神與考據方法，同科學的實證主義是有相通之處的，它們是符合理性思維的合理規律的。

（原刊《國學》集刊第四集 2017 年 2 月）

國學研究與科學方法

一

　　中國在二十世紀初年興起的國學運動，以 1905 年上海國學保存會主辦的《國粹學報》的創刊爲標誌，迄於 1949 年新中國的建立，這一運動持續了將近半個世紀。我們回顧國學運動的發展過程可以明顯地見到，它自始至終是存在兩個不同傾向的，即以文化保守主義者爲主的國粹派和以新文化學者爲主的新傾向派。《國粹學報》於 1911 年停刊，表明國粹思潮的衰微；北京大學的《國學季刊》於 1923 年創刊，則表明國學運動新傾向的形成。雖然新傾向迅即成爲國學運動的主流，並由顧頡剛發起的古史辨派和傅斯年領導的歷史語言學派的支持與推動而取得巨大的成就和深廣的影響，然而國粹主義的緒餘仍盤根錯節地存在。國學運動新傾向之所以成爲國學運動的主流，是由於眾多新文化學者們對中國傳統文化的新的觀點、新的態度，並採用了新的方法，適應了學術發展的新趨勢，成爲新文化的一個組成部份。新文化運動的倡導者胡適於 1919 年 2 月 1 日《新青年》第七卷第一號發表的《新思潮的意義》，代表了新文化學者對國學研究的態度，表示反對國粹主義。他說：「現在有許多人自己不懂得國粹是什麼東西，卻偏要高談『保存國粹』……若要知道什麼是國粹，什麼是國渣，先須要用評判的態度、科學的精神，去做一番清理國故的工夫。」〔註1〕他認爲新思潮的精神是一種評判的態度，新思潮

〔註 1〕　胡適《新思潮的意義》，《胡適文集》(2)，北京大學出版社，998 年，第 57～81 頁。

的目的是再造文化，這一切均落實於對國故的整理。他發出用科學方法整理國故的號召，這得到學術界熱烈的響應。北京大學學生創辦的《新潮》雜誌於 1919 年 5 月 1 日出版第一卷第五號發表了毛子水的《國故和科學的精神》，他認為「用科學的精神去研究國故，第一件事就是用科學的精神去採取材料。凡考古的學問和他種的學問相同，最要的事情就是有精確的材料。論斷的價值和材料有密切的關係，材料不精確，依據這個材料而立的論斷，也就沒有價值了。」時任《新潮》編輯的傅斯年在同一期發表《毛子水（國故和科學的精神）識語》，大力支持以科學方法整理國故的號召，以為應將有益於中國學術界，並裨益於世界的科學。他說：「『國粹』不成一個名詞（請問國而且粹的有幾），實不如國故妥協。至於保存的粹尤其可笑……研究國故必須用科學的主義和方法，絕不是抱殘守缺的人所能辦到的。」〔註2〕1926 年顧頡剛在《北京大學國學門周刊發刊詞》回答了某些學者關於以科學方法整理國故的質疑，他說：「國學是科學中的一部份（如其是用了科學方法而作研究），而不是與科學對立的東西。倘使科學是不腐敗的，國學也決不會腐敗。倘使科學不是葬送青年生命的，國學也不會葬送青年的生命……至於老學究們所說的國學，他們要把過去的文化作為現代人生活的規律，要把古聖賢遺言看做『國粹』而強迫青年去服從，他們的眼光全注在應用上，他們原是夢想不到什麼叫做研究的，當然談不到科學，我們當然不能把國學一名輕易送給他們。」〔註3〕這將國學運動新傾向與國粹派的根本區別歸結為研究方法的相異，因此以科學方法研究國學是國學運動新傾向學者們的基本學術特徵。自《國學季刊》創刊以來，全國重要高等學校和學術研究機構紛紛設立專門的國學研究所併出版專門的刊物，使國學運動沿著新傾向的道路發展，形成以科學考證為時尚的熱潮。史學家蒙思明於 1941 年談到當時學術風尚深有感慨地說：「在科學方法整理國故的金字招牌下……竟變成學術界唯一的支配勢力。學者們高談整理國故，專崇技術工作，使人除考據外不敢談史學。評文章的以考證文章為優，倡學風的以考證風氣為貴，斥理論為空談，尊科學為實學。」〔註

〔註 2〕 《傅斯年全集》（1），湖南教育出版社，2003 年，第 262 頁。

〔註 3〕 阿英編《中國新文學大系・史料索引》上海良友圖書公司，1936 年，第 169 頁。

〔註 4〕 蒙思明《考證在史學上的地位》，《責善半月刊》第二卷，第十八期，1941 年 12 月。

4）這從否定的方面反映了科學方法整理國故，已是學術界具有支配的強大勢力，而且將國學家們提倡的科學方法等同於考據學；這確實是國學運動過程中的真實情形。新傾向的國學家吸取和應用西方近代科學方法時，實際上採用了實證的科學方法。這不僅是國學家們如此，它乃淵源於西方近代的自然科學的實證主義思潮。這種實證的自然科學方法是在晚清時期隨著西學東漸的加強而逐漸引入中國學界的。

科學方法是什麼？1902 年梁啓超介紹西方近代科學精神與方法說：「所謂的科學精神何也，善懷疑，善尋問，不肯妄循古人之成說與一己之臆見，而必求真是真非之所存，一也。即治一科、則原始要終，縱說橫說，務盡其條理，而備其左證，二也。其學之發達，如一有機體，善能增高繼長，前人之發明者，啓其端緒，雖或有未盡，而能使後人因其所啓者而竟其業，三也。善用比較法，矑舉多數之異說，而下正確之折衷，四也。凡此諸端，皆近世科學所以成立之由。」〔註5〕他的概括是較全面的，即客觀的求真的態度是科學精神的體現，專門的、系統的、重證的、比較的研究是科學的方法。1914年 9 月由在美國康奈爾大學的中國留學生任鴻隽、趙元任、胡明復、楊銓等創辦的《科學》月報由上海出版，此刊在介紹西方近代自然科學入中國起到重大的作用，迄於 1950 年計三十五年間共發行三十二卷。任鴻隽在《科學》創刊號（1914）論及科學是什麼，他說：「科學者，知識而有系統之大名。就廣義而言，凡知識之分割部居，以類相從，並然獨繹一事物者，皆得謂之科學。自狹義言之，則知識之間於某一現象，其推論重實驗，其察物重條貫，而又能分別關聯抽舉其大例者謂之科學。今世普所謂之科學，狹義之科學也。」〔註6〕關於具體的科學方法，任鴻隽概括爲一個合理的程序——分類、歸納、假設、形成定律或學說。這是從自然科學研究重客觀、重實證而形成的有序的細密的研究過程。1926 年金岳霖在《晨報副刊》第五十七期論述科學方法說：「科學的方法，是由小而大，由精而博，先得事物之詳，然後求它們的普遍關係。他們所用的度量有極妥當的權斷，他們所用的名詞有同行公認的定義……科學家研究一個問題，可以把範圍縮小，也可以把範圍擴大……約言

〔註 5〕 梁啓超《論中國學術思想變遷之大勢》（第 87 頁），《飲冰室合集・文集》之七，中華書局，1936 年。

〔註 6〕 任鴻隽《論中國無科學的原因》轉引自胡軍《分析哲學在中國》，首都師範大學出版社，1999 年，第 21 頁。

之科學家的思想，有試驗與實驗的可能……科學家的試驗，不限於一次，本自己的力量，可以造出同等的情形，有了同等的情形，就是試驗千百次都可以，而千百次試驗的結果都差不多。」〔註7〕他理解的科學方法是在研究中必須有同類的規範的大前提，採用同類的方法，裁定研究的具體範圍，研究的結果具有重試的可能。我們如果將中國傳統的治學方法與西方近代科學方法相比較，則不如西方的客觀、精密和先進。自新文化運動以來中國知識分子向西方尋求眞理的過程中就純學術而言，特別看重西方的科學方法，而介紹西方科學方法遂成爲一種學術風尚。科學方法本是西方近代研究自然科學的方法，當其介紹入中國後，廣爲社會科學研究所採用，尤爲國學家們所採用，這亦源自西方近代的實證主義哲學思潮。西方近代自然科學是以實證爲基本特徵的。近代的天文、地質、生物、物理、化學等學科因採用實證方法而取得突飛猛進的發展，它們的研究方法構成一個嚴密的程序，由此產生科學方法體系。西方實證主義哲學的創始者奧古斯特·孔德（Auguste Gomte, 1798～1857）是法國著名哲學家，他主張將自然科學方法運用於「社會學」——此名詞是他提出的，實指社會科學。他於 1844 年著的《論實證精神》裡說：「實證一詞指的是眞實，與虛幻相反……主要在於以精確對照模糊……精確的含義使人想起眞正哲學精神的恒久傾向，即處處都要贏得與現象的性質相協調並符合我們眞正需要所要求的精確度。」〔註8〕實證主義的基本特徵可以概括爲：只承認感官認識爲實在的可以把握的具體對象，以邏輯分析的陳述作出眞或假的判斷。孔德認爲實證方法是完全可以應用於「社會學」的，他說：「我們在今天適度普遍推廣於實證學科方面所應追求的，首先是精神的，然後是社會的效果；這種重要效果必然取決於嚴格遵循序列規律。爲了對個人迅速傳授或是爲了對集體長時間傳授，實證精神都必須從最初的數學狀態逐步過程到最終的社會學狀態，先後通過中間四個階梯：數學的、天文學的、物理學的、生物學的。將來仍然必須如此。」〔註9〕自然科學的研究方法亦是社會科學理論構建的方法論，但社會社科學在應用時是有其特殊性的，因社

〔註 7〕 金岳霖《唯物哲學與科學》,《金岳霖學術論文選》中國社會科學出版社，1990年，第 159 頁。

〔註 8〕 （法）孔德《論實證精神》，黃建華譯，商務印書館，1996 年，第 29 頁。

〔註 9〕 （奧）魯道夫·哈勒《新實證主義》，韓林合譯，商務印書館，1998 年，第 34 頁。

會科學的研究對象之相異所致。社會科學的研究對象涉及人類的領域，因而預言的可能性受限於人類行動的決斷範圍，但是自然過程的齊一性又使準確的預測成爲可能：此即是科學進步的重要原因。實證主義的科學方法之傳入中國並爲中國學術界所接受的是穆勒的《名學》、培根的《新工具》和笛卡爾的《方法論》。這三位西方近代學者皆屬於實證主義哲學家，他們對科學方法作了系統的論述。

二

　　嚴復是中國近代具有廣泛社會影響的啓蒙思想家，他將近代西方政治學、哲學、社會學、經濟學、法學等著作譯述入中國，尤其是進化論的譯述對中國學術界的影響巨大，由此形成一時的新的社會思潮。他亦是第一個將西方近代科學方法系統地譯述入中國的學者。嚴譯《穆勒名學》於 1905 年由金陵金栗齋刻印，1912 年～1921 年由商務印書館排印出版。穆勒約翰（G‧S‧Mill, 1906～1873）是英國著名哲學家、政治學家和經濟學家。其邏輯學著作原書名《Asyslem of logic Ratiociztireand lndvctive》，嚴復按照中國習慣譯爲「名學」。其書分爲名與辭，演繹推理，歸納推理、詭辯、倫理科學的邏輯六部份，是研究思維形式和規律的專著。嚴氏譯了半部，附加按語四十條。他將邏輯推理的「演繹」譯爲「外籀」，「歸納」譯爲「內籀」。「籀」乃抽取、抽繹之意。關於歸納與演繹的關係，穆勒認爲事物的因果和現象是極紛繁的，如果要從其中尋找到某一規則，不能僅用歸納方法，還須用演繹方法，但也不能純用演繹方法。演繹方法應有三個程序：開始時以歸納的實驗爲前提，繼以連續的推理，再從實驗得到印證。嚴復特別指出印證的重要意義：西方近三百年的科學公理之所以不被動搖，即在於它是經得住印證的。所以穆勒提出演繹方法的「三候」是嚴密的方法。中國傳統學術的根本問題是忽視對客觀事實的考察，亦不驗證事實，因而多屬於主觀臆造的論斷。嚴復舉例說：「中國九流之學，如堪輿，如醫藥，如星卜，若從其緒而觀之，莫不順序，第若窮其最初之所據，若五行干支之分配，如九星吉凶之各有所主，則雖極思，有不能言其所以然者矣。無他，其例之立根於臆造，而非實測之所會通故也。」〔註10〕嚴復爲中國學界引進了西方邏輯的內籀實測之學，指出了中國學術的

〔註10〕嚴復《穆勒名學按語》，《嚴復集》第四冊，中華書局，1986 年，第 1047 頁。

缺憾，這使學界耳目一新，然而他並未將內籀實測之學與科學方法明顯地結合。1909 年嚴譯《名學淺說》由商務印書館出版，著者爲英國的耶芳斯（CW·S·Jerons, 1835～1882）。此著共二十七章，前二章爲緒論，第十三至十四章論演繹邏輯，第十五至二十七章論歸納邏輯。《名學淺說》的影響遠勝於《穆勒名學》，它被作爲許多高校的教材。關於邏輯學引進的意義，正如哲學家馮友蘭說：「就我所能看出的而論，西方哲學對中國哲學的永久性貢獻，是邏輯分析方法……西方的哲學研究雖有那麼多不同的門類，而第一個吸引中國人注意的是邏輯。」〔註 11〕邏輯分析是哲學的方法論，它對科學研究亦最具方法論的意義。

關於西方科學思想方法論的創立者培根和笛卡爾學說的引進始於梁啓超1902 年發表的《近世文明初祖二大家之學說》，文中簡明地介紹了兩大家的哲學思想，而著重介紹了他們的科學思想方法論。他認爲：「爲數百年來學術界開一新國土者實惟培根與笛卡兒。」〔註 12〕這兩家關於科學方法論的著述的譯本於二十世紀三十年代之初開始在中國學術界流行。

弗蘭西斯·培根（Franeis Bacon, 1561～1626）是英國哲學家和現代實驗科學的眞正創始者。其《新工具》沈因明譯本於 1934 年由辛墾書店出版，次年關琪桐譯本由商務印書館出版。古希臘哲學家亞里士多德在論邏輯方法的《工具論》裡曾指出：演繹方法是以一般性前提出發，這可使在辯論時很有力量，而歸納是從個別出發，其結論則更令人相信。他是將歸納方法列爲三段論的一種推理形式，或者是作爲三段論的變形。培根吸收了近代實驗科學的經驗，重新闡釋了歸納法的科學意義。「培根的歸納法，正是從亞里士多德在《工具論》裡提出的這個科學的第一原理是如何獲得的問題開始的」〔註13〕。培根認爲困惑人們對自然和社會現象的認識有四類假象：一、出於人類種族、家族、宗派的認識者是爲族類假象；二、出於各人本性局限的認識者是爲洞穴假象；三、出於交際聯繫所形成的認識者是爲市場假象；四、出於哲學及各種教條的認識者是爲劇場假象。人們爲了不受這些假象的蒙蔽，培根認爲有一個簡單的方法：「我們必須把人們引導到特殊的東西本身，引導到

〔註11〕 馮友蘭《中國哲學簡史》（1947），北京大學出版社，1987 年，第 282～283 頁。
〔註12〕 《飲水室合集·文集》第二冊之十三。
〔註13〕 余麗嫦《培根及其哲學》，人民出版社，1987 年，第 257 頁。

特殊東西的系列和秩序；而人們在這一方面呢，則必須強制自己暫時把他們的概念撇在一邊，而開始使自己與事實熟悉起來。」〔註14〕當科學家進行研究，不僅要重視特殊東西的本身，而且要將若干的雜的特殊事例或現象進行排拒和排除的工作，這時便可採用真正的歸納法進入研究過程：確立享優先權的事例，形成歸納的一些支柱，對歸納的精訂，研究工作隨題目的性質而變化，發現一些具有優先權的性質，確定研究的界限，就人的聯繫來議論事物，考慮提出原理的等級。這種歸納絕不同於簡單的枚舉的歸納，其結果「不應僅在說明和發現一些所謂第一性原理，也應用於證明和發現較低的原理，中級的原理，實在說就是一切的原理」。〔註15〕自然科學的實驗即是以歸納為方法論的，因而它是科學的方法。1915年哈佛大學校長愛禮特（C・W・Eliot）在東方遊學後說：「我們西方人有一樣東西是東方人所沒有的，這就是歸納方法。西方近百年的進步完全得力于歸納方法的運用。」〔註16〕歸納方法對中國學者來說確為學術研究的新工具。

　　勒內・笛卡爾（Cescartes・Rene, 1596～1650）法國哲學家、科學家。其《方法論》原法文名《一種能提高我們的本性至最完善程度的通用科學方案，附〈屈光學〉、〈天象〉、〈幾何學〉；作者所能選來證明他提出的通過科學之最有趣材料皆闡明得使即使未曾學過的人都能懂得》，1637年出版時改名《論正確指導人的理性、探求科學中的真理的方法，附：〈屈光學〉〈天象〉〈幾何學〉——三者皆為這一方法的實驗》，簡稱《方法論》。《方法論》中譯本為彭基相譯，商務印書館1933年出版；《笛卡爾方法論》，關琪桐譯，商務印書館1935年出版。笛卡爾試圖告訴人們遵循科學的方法以便正確地指引理性而去追求真理。他在此著第二部份中列舉了導致一切科學中的真理的方法的四項基本原則：第一、只承認完全明晰清楚、不容懷疑的事物為真實；第二，將一切困難的問題分解為若干組成部份；第三，以較容易的推論至較困難的部份；第四，進行列舉、比較，尋求中項，同時考察困難的各個因素，不有任何的遺漏。法國哲學家夏爾・佩吉（1837～1914）認為笛卡爾在哲學上巨大影響的奧秘即在於他提出的探求真理的四個指導性原則。這對世界思維給予了革命性的變化，然而並不是說這個方法萬無一失，也不是說世界和笛卡爾本人

〔註14〕　（英）培根《新工具》，許寶騤譯，商務印書館，1984年，第17頁。
〔註15〕　《新工具》，許寶騤譯，第82頁。
〔註16〕　引自胡軍《分析哲學在中國》，首都師範大學出版社，1999年，第22頁。

遵循了它，而是它宣布了鬥爭的決心，宣告了一個前進運動。〔註17〕關於科學研究的過程，笛卡爾將它分為兩個階段：前一階段用演繹法，後一階段用歸納法。這是認識由直觀演繹而進入歸納——列舉，歸納則是直觀所不能達到的。他將這兩種方法統一於研究過程中，而特別強調列舉事實的重要意義。笛卡爾晚年在一封書信裡說：「幾何學家達到最困難證明時，使用那些簡單容易的推理系列，當時已使想像：人類認識的一切對象，都是這樣相互依存的，只要我們避免作出錯誤的推斷，遵循一事物至另一事物前後相繼的秩序，那就沒有什麼東西不可及，也沒有什麼東西隱而不露，不為我們發現。」〔註18〕

　　中國學者引入的西方近代邏輯分析方法和培根與笛卡爾的科學方法論的論著，在學術界產生了廣泛而深刻的影響：它們對於自然科學和社會科學的研究工作具有方法論的指導意義。國學運動新傾向的倡導者們在吸收西方文化時，也受到科學方法的嚴格訓練，但他們採用西方實證方法時卻有各自的選擇。他們採用美國實驗主義方法和德國實證主義史學方法，對國學研究起到了方法論的指導作用。

三

　　胡適是中國新文化運動的發起者之一，亦是國學運動新傾向的倡導者，他在美國留學時接受了實用主義——實驗主義，歸國後大力傳播，使它廣泛地在社會科學和國學研究中產生影響。二十世紀初年在美國興起的實用主義是西方近代實證主義的一個流派。美國著名的實用主義哲學家威廉·詹姆士（Willian James, 1842～1910）於 1906～1907 年在波士頓羅威爾研究所和紐約哥倫比亞大學發表系列講演，於 1907 年出版專著《實用主義》，中譯本由孟憲承譯，商務印書館 1924 年初版。詹姆士認為實用主義將理論視為僅是我們可以依賴的工具，人們借助理論的工具向前推進，它幫助人們改造自然。這樣使理論變活了，使每一種理論都可發生作用。實用主義的方法不是什麼特別的結果，而是一種不確定方向的態度。這個態度不是去看最先的事物、原則、範疇和假定必需的東西，而是去看最後的

〔註17〕引自（法）皮娛爾·弗雷德里斯《勒內·笛卡爾先生在他的時代》，管震湖譯，商務印書館，1997 年，第 196 頁。

〔註18〕（法）笛卡爾《探求真理的指導原則》，管震湖譯，商務印書館，1981 年，第 115 頁。

事物、收穫、效果和事實；因此這種哲學最關注實用效應。在科學研究中對實用效應的要求是求事實之眞，詹姆士說：「一個觀念的眞，不是附在內的一個定止的性質。一個觀念遇著眞，它成爲眞，事實使它眞。它的眞，是一件事情，一個過程，就是證實自己的過程。它的眞確，就是考驗自己爲眞確的過程。」〔註19〕實用主義源自西方自然科學和科學理性主義，崇尚自然科學，特別強調實驗的意義，又稱實驗主義。美國最傑出的哲學家約翰・杜威（John Dewey, 1959～1952）最注重實驗的方法，以「實驗主義」作爲最有應用價值的工具。實用主義在中國的影響主要是杜威的學說。1919年5月杜威應中國教育團體的邀請來華講學，在北京、遼寧、河北、山西、山東、江蘇、江西、湖北、湖南、浙江、福建、廣東等地作了百餘場學術講演，爲時兩年餘。在此過程中，胡適對實用主義進行大力宣傳，發表了系列論文。

杜威說：「科學是一種工具，一種方法，一套科學體系。與此同時，它是科學探索者所要達到的一種目的，因而在廣泛的意義上是一種手段和工具。」〔註20〕他認爲科學的程序是通過考察後作出這一批判所依據的其它判斷的可能性來確定有效性，同時通過考察作出此一判斷所允許的其它判斷的必要性來確定意義。科學的判斷就是經過這樣反複的驗證與比較而成爲定論的。爲求得判斷在邏輯上的合理意義，則每一個概念或敘述都須從別的概念和敘述而來，又須引到別的概念和敘述上去；各種概念和命題互相包含，互相支持：這即是「引出後面，證實前面」。胡適介紹杜威的實驗主義方法分爲兩種：

一、歷史的方法。從發生學的角度來看，任何事物都是一種歷史狀態，不是孤立的，而是存在著一定聯繫的。因此研究的對象僅是一個中段，它有發生的原因，有自己發生的效果。這如祖父──兒子──孫子的關係，兒子是中段，因而胡適比喻爲「祖孫的方法」。

二、實驗的方法。首先以具體的事實與境地爲對象進行研究，將一切學說、理論、知識都視爲等待證實的假設而非定論，將一切學說、理論、知識都進行試驗和實驗，只有經過實驗的證實才可以成爲定論。

〔註19〕 （美）干姆斯（詹姆士）《實用主義》，孟憲承譯，商務印書館，1924年，第134頁。
〔註20〕 （美）杜威《論科學與社會》，轉引自《新舊個人主義》，上海社會社學院出版社，1997年，第165頁。

　　杜威的實驗主義方法是很科學的方法，胡適說：「自從中國與西洋文化接觸以來，沒有一個外國學者在中國思想界的影響有杜威先生這樣大的……他只給了我們一個科學方法，使我們用這個方法去解我們自己的特別問題。他的哲學方法總名叫做實驗主義。」〔註21〕杜威關於科學研究方法的程序，胡適概括爲：一、疑難的境地；二、指定疑難之點究竟在什麼地方；三、假定種種解決疑難的方法；四、把每一種假定所涵的結果一一想出來，看那一個假定能夠解決這個困難；五、證實這種解決使人信用，或證明這種解決是謬誤。〔註22〕胡適將這種方法予以簡化，他說：「科學的方法，說來其實很簡單，只不過『尊重事實，尊重證據』。在應用上，科學的方法，只不過『大膽的假設，小心的求證』。」〔註23〕實驗的方法是最重視證據的，胡適論及對證據的態度時，以爲一切史料都是證據，但要辨析。他提出辨僞的原則是：這證據是什麼地方尋出的，什麼時候尋出的，什麼人尋出的，此人有做證人的資格嗎，他有作僞的可能嗎。〔註24〕他主張：「有一分證據，只可以說一分話；有三分證據，只可以說三分話。」〔註25〕胡適在國學運動中提出的以科學方法整理國故和在國學研究中採用的科學方法，即是他將美國實用主義引入中國的方法。在國學研究中，他取得最大成就並產生巨大影響是關於中國古代白話長篇小說的系列考證。胡適以新文化思想在學術界確立了新的國學觀念，以整理國故來切實開展國學運動。他關於中國古代長篇白話小說的系列考證，成爲聯繫新文化運動和整理國故的紐帶，運用科學方法取得了前所未有的成功。其考證有助於白話文學語言的建設，是整理國故的積極成果，亦是典型的國學研究論文；因此，他爲中國學術開拓一個新方向，打開了一條新道路。

　　在胡適的引導下顧頡剛從對古籍的辨僞進而考辨古史。《古史辨》第一冊於 1926 年由樸社出版，至 1941 年共出七冊，其中顧頡剛主編一、二、三、五冊，羅根澤主編第四、六冊，呂思勉和童書業主編第七冊，共匯集論文三百五十餘篇。作者有胡適、錢玄同、顧頡剛、丁文江、魏建功、容庚、傅斯年、

〔註21〕　胡適《杜威先生與中國》（1921），《胡適文集》（2），北京大學出版社，1998年，第 279 頁。
〔註22〕　胡適《實驗主義》（1919），《胡適文集》（2）第 23 頁。
〔註23〕　胡適《治學的方法與材料》（1928）《胡適文集》（4）第 105 頁。
〔註24〕　胡適《古史討論的讀後感》，《胡適文集》（3）第 86 頁。
〔註25〕　胡適《致程靖宇》，《胡適書信集》，北京大學出版社，1996 年，第 687 頁。

馬衡、繆鳳林、姚名達、周予同、馮友蘭、劉復、羅根澤、錢穆、梁啓超、
余嘉錫、高亨、唐鉞、劉盼遂、呂思勉、童書業、譚戒甫、唐蘭、郭沫若、
楊向奎、蒙文通、楊寬等數十位學者。他們之中有史學家、考古學家、經學
家、文學家、哲學家、文字學家、文獻學家，皆以疑古的態度討論古史而形
成一個陣容龐大的古史辨學派，推動了國學運動新傾向的發展。〔註26〕

　　顧頡剛發起的古史討論是整理國故工作的一個組成部份，他對古籍的辨
僞與古史的考辨皆發展了胡適提倡的科學方法。顧頡剛自述：

　　　　西洋的科學傳了進來，中國學者受到它的影響，對於治學的方
　　法有了根本的覺悟，要把中國古今的學術整理清楚，認識它們的歷
　　史價值。整理國故的呼聲始於（章）太炎先生，而上軌道的進行則
　　發創於適之（胡適）先生的具體計劃。我生當其項，親炙他們的言
　　論，又從學校的科學教育中略略認識到科學的面目，又性喜博覽而
　　對於古今學術有些知曉，所以能夠自覺地承受……我固然說不上有
　　什麼學問，但我敢說我有新方法了。〔註27〕

顧頡剛在少年求學時讀過動物和植物表解、綜合性理科教科書和礦物學講
義。在中學時從學習化學而知道要辨別一種東西的原質，需用他種原質去試
驗它的反應，然後從各種不同的反應上去判定它。在讀大學時讀了邏輯學教
科書，知道歸納方法可以獲取新知，又知道科學的基礎建立在假設，從假設
而求證。這不僅是顧頡剛認識科學方法的過程，也是中國新文化運動以來知
識分子認識和接受科學方法的普遍情形。1917 年顧頡剛在北京大學哲學系學
習，從聽胡適講授中國哲學史之後，接受了實驗主義的科學方法。他的理解
是：「我先把世界上的實物看成許多散亂的材料，再用這些零碎的科學方法實
施於各種散亂的材料上，然後就喜歡分析、分類、比較、試驗，尋求因果，
又敢於作歸納，立假設，搜集證成假設的證據而發表新主張。」〔註28〕顧頡
剛關於古史的考辨，主要是接受了胡適的實驗主義的歷史的方法。1920 年亞
東圖書館出版新式標點本《水滸傳》，胡適作了長序《〈水滸傳〉考證》，以此
試圖開啓研究古代白話小說的新方向。關於《水滸傳》的作者、版本、故事

〔註26〕謝桃坊《古史辨派在國學運動中的意義》，《文史哲》2009 年第 6 期。
〔註27〕顧頡剛《古史辨第一冊自序》，《古史辨》第一冊，樸社，1926 年，第 77～78
　　　　頁。
〔註28〕顧頡剛《古史辨第一冊自序》，《古史辨》第一冊，第 95 頁。

來源等問題，胡適作了細密的考證，顧頡剛聯想到研究中國戲劇故事可以采取這種科學方法，這即是「歷史演進的方法。」他說：「我深知我所用的方法（歷史演進的方法）必不足以解決全部的古史問題，但我亦深信我所用的方法自有其適當的領域，可以解決一部份的古史問題，這一部份的問題是不能用他種方法來解決的。」〔註29〕以歷史演進法去考辨古史，可以推翻中國自古以來將神話傳說作為信史的成說。顧頡剛對此有一個周密的計劃：一，考察偽史中的一件一件的事實是從哪裡來的，又是怎樣變遷的；二，將每種事實的各種說法條例出來，像法官審理案件一樣，使謊話無逃遁；三、尋找出造偽者的造偽規律。顧頡剛通過對古帝堯、舜、禹和伏羲、神農等傳說的考察，最後確實尋找到造偽的規律。他發現傳說中的古史是經過一層又一層的造偽，愈是時代晚出的造偽者將古史——例如古帝的出現次序和排列系統推到愈古遠的時代。因此他建立了一個假設：「古史是層累的造成的，發生的次序和排列的系統恰是一個反背。」〔註30〕這個假設在古史的討論中完全得到了證實。

這裡的「古史」是指中國殷商以前的歷史，或稱「上古史」。中國的歷史觀念在演進的過程中逐漸形成了「古史」的世系，即在夏、商、周三代之前尚有「三皇」、「五帝」存在。「三皇」之稱始見於《周禮·春官·外史》，其名則見於西漢初年孔安國的《尚書序》，指伏羲、神農和黃帝。「五帝」為黃帝、顓頊、帝嚳、堯、舜，見於西漢司馬遷《史記·五帝本紀》。這種擬構的古史世系自宋代以來即有許多學者表示懷疑，而晚清的學者崔述在《東壁遺書》裡對此進行了系統的考辨；然而傳統的歷史觀念仍然十分牢固。這傳說的古代世系是否為信史？它是新文化運動以來未遑解決的一個學術難題。自顧頡剛 1923 年發表《與錢玄同先生論古史書》，遂引發一場持續的大規模的學術討論，參加的學者有顧頡剛、錢玄同、胡適、劉掞藜、胡堇人、丁文江、張蔭麟、呂思勉、楊向奎、童書業、蒙文通、繆鳳林、錢穆、陳夢家等，共發表論文二十餘篇。學術界分為「信古」和「疑古」兩派，因這一問題涉及極廣博的學術層面和大量的古籍，是非常複雜而困難的，遠遠超出史學的範圍，亦非史學方法所能解決的。顧頡剛將「三皇」、「五帝」在典籍中出現的順序加以排列，發現「禹」出現於東周初年，東周末出現了「堯舜」，戰國到

〔註29〕顧頡剛《古史辨第三冊自序》，《古史辨》第三冊，第 9 頁。
〔註30〕顧頡剛《古史辨第一冊自序》，《古史辨》第一冊，第 52 頁。

西漢又在「堯」之前增加了許多古帝。這樣對古帝世系的考證工作是採取歷史的方法,然而關於古帝在典籍中的記載的文字非常古奧,如《詩經》中《魯頌‧閟宮》有關「禹」的記載,《論語》中談到的「堯」、「舜」,都需作繁瑣的訓詁考證。《說文解字》中關於「禹」、「堯」、「舜」、「夏」、「姬」、「姜」等字本義的訓釋與古帝的關係更需要辯證。此外大量的工作是辨偽,即討論古史所依據的典籍是否真實可靠,如果辨明所依據的為後世偽造的典籍,則「古帝」存在的根基便崩潰了。因而這次討論涉及大量的古籍的辨偽,例如《尚書》的著述時代,其《禹貢》、《堯典》、《皋陶謨》等篇是否後人作偽的,以及《世本》、《竹書紀年》、《墨子》、《周易》、《左傳》等的成書年代及真偽問題:這需要用文獻學方法來解決的。在辨偽之後尚需從社會學的視角對傳說與歷史作出性質的判斷。例如關於「禹」是否有神性,「禹」與「夏」有無關係,「堯」、「舜」、「禹」的關係是如何來的,等等。古史辨派經過考辨,他們認為西周時禹被視為天神,東周時被尊為人王,戰國以為夏后受舜禪。這樣不僅黃帝、顓頊、帝嚳屬於傳說的人物,堯、舜、禹也屬傳說了,他們是後世人為家族或民族的來源而虛構的,因而這一段「古史」僅是傳說而非歷史。關於《詩經》,它作為儒家經典似無可疑,但古史辨派以疑古的態度和科學的方法證實孔子並未刪述《六經》,當然也就未刪訂《詩經》,進而否定了漢代經師的「美刺」說,辨正了《詩序》對作品的附會,揭示了《詩序》附會史事的方法,考證了《商頌》的年代,對《國風》的許多詩篇作了重新的考釋,共發表了三十餘篇論文。胡適說:「我覺得用新的科學方法來研究古代的東西,確能得著很有趣的效果。一字的古音,一字的古義,都應該拿正當的方法去研究的。在今日研究古書,方法最要緊;同樣的方法可以收到同樣的效果。我今天講《詩經》,也是貢獻一點我個人研究古書的方法。」〔註31〕古史辨派討論《詩經》正是用的研究古書的方法。

　　總的看來,古史辨派以疑古的態度,採用科學的方法,進行辨偽工作,對傳統的學術予以破壞。為什麼要作這些破壞呢?周予同於 1926 年說:「辨偽的工作,在現在烏煙瘴氣的學術界,尤其是國學方面,我承認是必要的,而且是急需的……辨偽雖是國學常識,但也是第一步的工作。」〔註32〕這種辨偽的破壞,實質上是對國學運動中國粹觀念的顛覆,由此才可能從事新的學術建設。

〔註31〕胡適《談談詩經》,《古史辨》第三冊,第 577 頁。
〔註32〕周予同《顧著(古史辨)的讀後感》,《古史辨》第二冊,第 323～324 頁。

　　傅斯年於 1923 年 6 月離開英國到德國留學，學習比較語言學、邏輯學、
心理學、人類學和梵文；1924 年轉向史學，由於追求客觀的、科學的、嚴密
的學術傾向，遂選擇並接受了實證主義史學的蘭克學派。他歸國後於 1928 年
3 月受聘爲國立中央研究院歷史語言研究所籌備委員，11 月任歷史語言研究所
所長。此所最初的研究人員──包括特約研究員共三十人，抗日戰爭勝利後
發展爲六十人。在所內集中了一批著名的學者並培養了新一代學者，如胡適、
陳寅恪、徐中舒、劉復、陳垣、容庚、商承祚、顧頡剛、朱希祖、馬衡、容
肇祖、趙萬里、陳槃、李家瑞、勞幹、趙元任、羅常培、李方桂、林語堂、
沈兼士、楊時逢、丁聲樹、李濟、董作賓、梁思永、丁文江、翁文灝、石璋
如、岑仲勉、梁思成、芮逸夫、全漢昇、張政烺、董同龢、高去尋、夏鼐、
王崇武、周法高、逯欽立、王叔岷、楊志玖、何茲全、馬學良、嚴耕望等。
他們遵照傅斯年擬定的《歷史語言研究所工作之旨趣》進行學術研究，研究
成果主要發表於《國立中央研究院歷史語言研究所集刊》，它自 1928 年創刊，
迄於 1949 共出版二十本；此外還出版專著單刊和專刊多種。歷史語言所在組
織機構、擴充材料、研究範圍和治學精神等方面均有特點，但其基本性質是
屬於國學研究的，因而在國學運動中形成了歷史語言學派〔註 33〕。傅斯年主
張用自然科學方法來研究中國文獻與歷史的學術問題，因而「致中國歷史語
言研究之學於自然科學之境界中」是其堅定不移的理想。這源於他在德國時
接受實證主義史學蘭克學派「科學的史學」的影響。

　　利奧德波·馮·蘭克（Leo Polde Von Ranle, 1795～1886）是德國著名史
學家，爲西方近代實證主義史學的創始者。他在《拉丁與條頓民族史·導言》
（1842）裡聲稱：「歷史學問向來被認爲有評判過去、教育現在、以利將來的
職能，對於這個重任，本書不敢企望。它只是想說明事情的本來面目而已。
要做到如實直書，史料從何而來呢？作爲本書以及本書所涉及的主要內容的
基礎──史料，是回憶錄、日記、信函、外交報告、當事人的原始記錄。除
此之外，要引述其它類型的史料的話，則必須滿足以下條件，即是從上述第
一手數據中直接推演出來的，或與上述材料一樣具有第一手的性質。這些史
料的每一頁都必須經過嚴格考證。」〔註 34〕蘭克提倡以科學的客觀的態度研

〔註33〕謝桃坊《致中國歷史語言研究之學於自然科學之境界中──論傅斯年與歷史
　　　　語言學派在國學運動中的意義》，《社會科學戰線》2014 年第 9 期。
〔註34〕（德）蘭克《世界的秘密──關於歷史藝術與歷史科學的著作選》，〔美〕羅
　　　　格·文斯編，易蘭譯，復旦大學出版社，2012 年，第 79 頁。

究歷史，力求認識歷史事實的真相，注重史料的搜集與考證。他說：「我相信，一位以誠摯的精神與熱情來追求事實真相的研究者，當他研究權威可信的史料到一定程度之時，儘管而後的研究發現或誤會使我們對具體歷史細節更清楚，更確定，但後來的研究者們只是進一步強化了他研究的基本觀念而已——探索事實真相，這也是唯一的研究基本觀念。」〔註 35〕關於歷史著作中使用的史料，如果是抄襲來的，就要問是用什麼方式抄襲的，收集這些史料時用的是什麼樣的調查方法。從史料中發現的特殊個體或個別事實，這在史學研究中具有非常重要的意義，蘭克說：「歷史科學通過從研究探討個別的事實到對事件有宏觀的普遍的把握這一過程，就能使自身昇華成研究目前事件之間關係的客觀知識，而歷史科學則能夠以自己的方式，從對個別事實的探討研究，提升到對事件的一種普遍的看法，從而對事件之間的關係有客觀的瞭解。」〔註 36〕探索歷史事實的真實是歷史研究的目的，蘭克認為：「歷史研究中的每一步驟緊密結合在一起，相輔相成：對權威文獻的批判研究、公正無偏見的理解，以及客觀的敘述——其目的就是使整個歷史得以真實地顯現出來。」〔註 37〕蘭克以嚴密的科學方法研究歷史，在其影響下形成以史料考訂而如實反映歷史的為學傾向的蘭克學派，或稱實證主義史學派，他們將歷史學等同於史料學。法國學者姚蒙評述蘭克學派的實證主義性質說：「十九世紀是西方史學開始不斷學科化、科學化的世紀，德國蘭克學派代表了史學的實證化傾向，對當時的西方史學起了極大的推動作用。實證史學強調史學研究的客觀性和實證性，認為作為主體的研究者和作為研究對象的歷史之間不應存在依存關係：史學家的職責只在於敘述過去所發生的事，而這種敘述應該是真實的，不折不扣的。為了達到這一點，史學家首先應對史料進行嚴格的考訂，沒有史料便沒有歷史，而這裡的史料也就是文獻的代名詞。在這種實證史學的歷史寫作之中，不需要思辨的理論，因為按照嚴格考訂過的史料本身，人們自然而然就可以展示出歷史事件和歷史發展的因果鎖鏈。歷史學通過這樣實證研究，就可以達到完全的歷史客觀性並揭示出歷史的真理。」〔註 38〕傅斯年在德國留學時是受到當時蘭克學派影響的，他於 1943 年在《〈史料

〔註 35〕《世界歷史的秘密——關於歷史藝術與歷史科學的著作選》，第 97～98 頁。
〔註 36〕同上，第 139 頁。
〔註 37〕同上，第 327 頁。
〔註 38〕引自何兆武、陳敏能主編《當代西方史學理論》，上海社會科學院出版社，2003年，第 385 頁。

與史學〉發刊詞》裡特別提到西洋絕對的客觀史學家「軟克」（蘭克）〔註39〕他最喜愛讀的是蘭克學派的德國史學家伯倫漢（EynSt BernheiM, 1850～1942）的《史學方法論》，其中很多地方引述了蘭克的史學理論〔註40〕。1929年傅斯年在北京大學講史學方法導論即參考了伯倫漢的著作。他主持歷史語言研究所時提倡的科學方法即是其引進的西方實證主義史學方法，然而卻又有他自己的理解。傅斯年對科學方法的理解並不限於蘭克學派的方法，他認為：

> 所謂方法，無所謂新舊。所謂新方法，不在好高，不在驚遠。假定這個方法，用來可以得到新的知識，這就是好的方法。若是用來得不到新的知識，即不可靠，就不算是好的方法，也就不是新的方法。一個時代有一個時代的變遷，一個時代有一個時代的進步，在轉換的時候，常有新觀念新方法的產生。以方法為抽象的東西去講，本無所謂新舊之分了。〔註41〕

自然科學研究經過觀察、比較、歸納、假設、實驗而作出新的論斷，因而可以得到新的知識。傅斯年在《歷史語言研究所工作之旨趣》裡談到研究工作的目的在於推動歷史語言學的發展進步，而衡量研究工作的價值是三個標準：

一、凡直接研究材料便進步，凡間接研究前人所研究或前人創造的系統，而不繁豐細密的參照所包含的事實，便退步。這要求研究工作必須建立在材料的基礎上，題目是事實之匯聚，而事實之研究更產生個別題目，搜集和發現第一手資料是特別重要的。因此直接研究材料可以推進研究工作。

二、擴張所研究之材料便進步。這要求動手動腳到處尋找新材料，隨著材料的擴充而使研究的範圍拓展，開闢新的研究領域。

三、擴充研究時的工具便是進步。「工具」即是方法，凡地質、地理、考古、生物、氣象、天文等學的研究方法皆可採用為科學的方法，隨著研究工作的進展，而使方法不斷更新，不斷進步。可以借用西方一切自然科學研究的工具，以促進研究工作的進展。〔註42〕

以上三個標準可以概括為「到處找新材料」和「用新方法整理材料」。傅斯年提倡客觀的純學術的研究風尚，反對倫理的、神學的、社會學的研究，反對理論的疏通的事業，也反對研究工作與現實的社會政治聯繫。因

〔註39〕 《傅斯年全集》第三卷，第335頁。
〔註40〕 〔德〕伯倫漢《史學方法論》，陳韜譯，商務印書館，1937年。
〔註41〕 傅斯年《考古學的新方法》，《傅斯年全集》第三卷，第88頁。
〔註42〕 參見《傅斯年全集》第三卷，第5～7頁。

此他說：「假如有人問我整理史料的方法，我們要回答說：第一是比較不同的史料，第二是比較不同的史料，第三還是比較不同的史料……歷史事件雖然一件事只有一次，但一個事件既不盡只有一個記載，所以這個事件在或種情形下，可以比較而得其近眞；好幾件的事情，又每每有相互關係的地方，更可比較而得其實緖。」〔註43〕我們從他對史料的重視，可見到其所受蘭克學派的深刻的影響。國學研究是關注中國傳統文化中狹小的學術問題，如果研究對象是宏大的和理論性的問題，則必將歸屬其它的社會科學的各學科。傅斯年晚年在總結歷史語言研究所工作經驗時說：「最近百年來，文史的學問趨向於考證，誠然考證是一種方法，而不是一種目的，但人類的工作，目的和方法是很不容易分別的。考證學發達的結果，小題大做，可成上品，大題小做，便不入流。」〔註44〕這種小題大做的考證，不僅是歷史語言學派的治學特點，而且是古史辨派和其它國學新傾向的學者共同的治學特點。由此可以去認識國學研究的性質。《歷史語言研究所集刊》是有國際影響的大型連續出版的學術集刊，其大半以上的論文是考證性的，而且以新數據、新方法、新問題見長，以自然科學與中國考據學相結合的方法，對中國歷史與文獻的狹小學術問題作窄而深的研究。集刊在學術界獨樹一幟，並取得巨大成功，這是傅斯年「致中國歷史語言之學於自然科學之境界中」的宏圖的實現。

四

中國古代諸子百家的著作也注意辯論的方法，也存在合理的思維方式，而北宋以來的學者們則開始了重證據、重數據的求實求眞的學術風尙，至清代乾嘉時期的考據學更具有近代的科學精神。然而中國卻缺乏眞正意義的系統的哲學方法論，尤其缺乏近代自然科學的實驗方法。自晚清西學東漸以來，西方近代科學思想與方法的引進，使中國學術發生了巨大變化，而向著現代學術道路前進。二十世紀初年興起的國學運動，迅即由於新文化學者的投入而使以科學方法整理國故的新傾向成爲國學運動的主流。自此，國學成爲以科學方法研究中國傳統文化——文獻與歷史存在的狹小學術問題的新的綜合

〔註43〕傅斯年《史學方法導論·史料論略》，《傅斯年全集》第二卷，第308頁。
〔註44〕傅斯年《國立臺灣大學法學院〈社會科學論叢〉發刊詞》，《傅斯年全集》第三卷，第367頁。

性學科。國學研究的性質和對象決定了它不可能採用思辨的、演繹的、經學的、玄學的和神學的研究方法，而只能採用實證的科學方法。它既以中國傳統文化的學術問題爲研究對象，而且直接繼承和使用清代考據學方法，但在方法論上則吸收了西方近代自然科學方法——實證主義方法；又由於國學運動新傾向的發起者提倡實證主義的實用主義——實驗主義和實證主義史學方法，遂成爲國學研究的科學考證方法。這種科學方法非常適宜於國學家們的使用，尤其適合國學研究的純學術的傾向和求眞的精神。因此國學研究成爲二十世紀中國學術的一種新思潮。

西方近代實證主義哲學的創立者孔德曾明確地指出：「每一理論都需要以觀察到的事實爲基礎，這種說法當然沒錯，但是如下之點同樣毋庸置疑：『如果沒有某個理論做指導，我們的事實將是無關聯的、徒勞無益的……大部份說來我們甚至就知覺不到它們。』」〔註45〕孔德所強調的是理論以事實爲基礎，然而在實證的研究中並不會感到這些事實是無關聯的和徒勞無益的。實證主義的這種傾向曾在西方受到批評，法國的姚蒙指責蘭克學派說：「強調史料的齊全與完整，是史學方法論的一個重要基礎，但僅強調這一點顯然是不夠的。這不僅因爲史學家很難窮盡史料，很難眞正做到掌握全部的史料，還因爲事實上史學家並不可能使用全部的史料。史學家已逐步認識到，歷史寫作建立在對史料的選擇基礎上，也建立在對歷史事實選擇的基礎上，而如何去以科學的標準去判斷這一選擇，則是實證史學無法回答的。」〔註46〕中國哲學家賀麟批判實證主義說：「我們做事最先考慮的倒不是工具，而是理想和目的，先問應不應該，再次問有用無用。」〔註47〕葉青批評國學研究方法說：「從實際上看，沒有不憑藉任何理論的方法。運用方法的是頭腦，思維必然作用於其間。而思維作爲演繹性的，總要以先入爲主的觀念去推論未知。所以盲目的實證論乃是不以明確的高級的理論作指導，以致暗中陷入平庸的理論思維中而不自知的認識形式。」〔註48〕魏建功則質疑國學研究的結果：「國學能教人鑽不出頭，我始終這樣想。雖然顧剛先生很有些不謂然。因爲我不能解決這個治『國學』的人們中間的問題：『何年何月可以掃除因襲和謬妄的

〔註45〕〔奧〕魯道夫・哈勒《新實證主義》，韓林合譯，商務印書館，1998年，第30頁。
〔註46〕引自《當代西方史學理論》，第386頁。
〔註47〕賀麟《五十年來的中國哲學》，遼寧教育出版社，1989年，第66頁。
〔註48〕葉青《從方法上評老子考》，《古史辨》第六冊，第418頁。

大病？』」〔註 49〕以上的批評，可以概括爲實證科學方法的理論與方法的關係，材料與事實的選擇，實證結果的意義問題。

國學研究採用實證的科學方法是與其研究對象適應的，但這種方法是有自身局限的，它在其它某些學科不一定適用。新傾向的國學家們是有理論的，例如胡適的《北京大學國學季刊發刊宣言》，顧頡剛的《古史辨第一冊自序》，傅斯年的《歷史語言研究所工作之旨趣》，它們是國學運動新傾向、古史辨派和歷史語言學派的理論綱領。他們對中國傳統文化採取疑古的批判的態度，他們提倡客觀的純學術的實證的研究，以探求眞知爲目的。國學家們正是在這種新文化理論的引導下從事研究工作的，其研究的成果起到掃除學術思想的謬妄，揭示歷史的眞實，並爲其它各種學科提供事實的依據。他們研究某一問題，固然不可能獲得全部資料，但憑自己的理性與直覺去鑒別和選擇材料，如果所選擇的具有典型意義，則其它發現的數據便可證實這種選擇是正確的；當然如果所選擇的不具典型意義，則其它發現的材料便可證實這種選擇是錯誤的。我們從許多國學研究的結果來看，同一課題的考證可能出現相異的結論，甚至眾說紛紜，莫衷一是，似乎難以達成公認的結論。這種現象是極正常的學術現象，不僅存在於國學之中，它反映了人們探尋眞知的過程，而眞理必將會出現的。科學方法的重事實、重證據、求眞知的精神體現了人類文明進步，它所產生的力量是難以簡單估計的。胡適於 1919 年曾說：「我以爲我們做學問不當先存這個狹義的功利觀念。做學問的人當看自己性之所近，揀選所要做的學問，揀定之後，當存一個『爲眞理而求眞理』的態度。研究學術的人更當用『爲眞理而求眞理』的標準去批評各家的學術。學問是平等的。發明一個字的古義，與發現一顆恒星，都是一大功臣。」〔註 50〕這種治學態度在國學家中是頗具代表性的。他們正是擺脫功利的觀念，以科學實證的方法去逼近眞理的。

〔註 49〕魏建功《新史料與舊心理》，《古史辨》第一冊，第 260 頁。
〔註 50〕胡適《論國故學——答毛子水》，《胡適文集》（2），第 327 頁。

《國學集刊》發刊詞

　　中國近世國學運動的興起是以 1905 年上海國學會刊行《國粹學報》爲標誌的。民國元年（1912）元月四川省政府爲「研究國學，發揚國粹」，特設立國學院並創辦《四川國學雜誌》，1922 年時任四川通志局總纂宋育仁創辦《國學月刊》。由於抗日戰爭的爆發，中國政治與文化中心轉移西南，國學運動的中心亦相應向西南轉移，促使四川的國學研究向新文化傾向發展。1940 年華西協合大學成立中國文化研究所，出版國學研究性質的《中國文化研究所集刊》，同年在成都的齊魯大學國學研究所創辦《國學季刊》和《責善半月刊》；1941 年由國民政府支持顧頡剛在重慶主編國學研究性質的《文史雜誌》，同年中央研究院歷史語言研究所遷四川南溪李莊繼續出版國學研究性質的《歷史語言研究所集刊》；1946 年四川大學文學院中國文學系學生組建國學研究會，出版《國學會刊》。從上可見四川雖僻處西南，卻得國學運動思潮的風氣之先。1993 年北京大學中國傳統文化研究中心創辦大型學術集刊《國學研究》預示國學熱潮再度在我國興起，適應了弘揚中華優秀傳統文化的偉大號召。四川省社會科學院與四川省人民政府文史研究館爲承傳和發揚四川國學研究的光輝的學術傳統，開創國學研究的新局面，推進中國傳統文化研究，特籌辦大型學術集刊——《國學》。

　　國學是近世新興的一門關於中國傳統文化研究的綜合性學科。我們從對國學運動歷史的考察，可見到它並非是如國粹派學者所理解的以儒學價值爲核心的學問。王國維和劉師培以它爲中國學術，胡適以爲是對中國過去一切文化的研究，這皆過於空泛，勢必分解入其它的學科；顧頡剛以爲是對中國史料的研究，則取徑十分狹隘。蜀中學者劉咸炘曾指出國學是四部書（經史

子集）相連，不可劃疆而治，它與科學不同。葉楚傖在重慶時曾認爲文史研究──國學研究的對象是歷史上存在的文史批評公案。郭沫若早年將國學研究等同於考據，並提倡科學的考據。國學前輩的意見對我們認識國學的性質是很有啓發意義的。我們認爲，國學研究的對象是中國傳統文化的學術問題和中國文獻與歷史存在的狹小的學術問題。胡適關於《紅樓夢》版本及曹氏家族的考證，這不是文學研究的範圍，亦非文學研究方法可以解決的。梁啓超關於《老子》的作者和成書時代的懷疑所引起的討論，這不是哲學研究的範圍，亦非哲學研究方法可以解決的。顧頡剛關於上古史的懷疑而引發對「三皇」、「五帝」的考證，這不是史學研究的範圍，亦非史學方法可以解決的。這些皆是國學研究去解決的狹小的學術問題。此外，中國傳統文化中存在的許多重大的學術問題和文史批評的公案，例如中國上古史的斷代，中華民族的起源，儒家學說與中國政治的關係，天人合一說的本義與演變，陰陽五行學說與中國文化的關係，中華資本主義的萌芽，漢民族國家政權的民族政策，中國詩學與儒學的關係，中國絲綢之路的開通與西方經濟文化的交流，中國南海疆域的形成，儒家是否屬於宗教，西方文化對中國的影響，新發現的古代竹簡與帛書的系統考釋，西夏文書的考釋，新儒學的學術特徵，等等；這些皆是複雜而困難的學術問題，亦有待國學研究去解決。

　　歷史唯物主義是科學的世界觀和方法論，它是指導我們從事國學研究的基本觀點和方法，可以引領我們以科學的方法去尋求眞知，在研究工作中沿著合理的方向前進。科學方法是在近代實證主義哲學思潮影響下形成的自然科學研究方法，或稱實證方法。自胡適、顧頡剛和傅斯年在整理國故、研究國學時即提倡採用新的科學方法，他們還認爲中國乾嘉時代的考據學方法的實證精神是與科學方法相通的。我們主張繼承國學運動新傾向學者們使用的科學方法，使之隨著現代科學的進步而愈益完善，如傅斯年所期望的，達到「繁豐細密」的學術境地。國學運動新傾向的學者們對中國傳統文化基本上是採取「疑古」的態度，國粹派學者則採取「信古」的態度，近年學術界更傾向於「釋古」的態度。我們既不堅持「疑古」，亦不盲從「信古」，更不贊成缺乏獨立研究而僅憑他人成果遂去「釋古」。我們提倡以歷史唯物主義的觀點、科學的方法和尋求眞知的客觀態度去對待中國傳統文化。

　　我們不贊成國粹主義者從經世致用的願望出發，試圖以儒家政治道德觀念去發掘傳統文化的價值而期望改變世道民風。國學作爲中國傳統學術的一

種重要學問，它是整個中國學術的一個部份，在中國學術中有其合理的地位。我們沒有必要誇大它在中國現代學術和現代文化中的作用和意義。國學的作用和意義是有限的，只能是少數學者的專業工作。傅斯年以爲這種研究由少數學者辛勤地工作，在很小的範圍內可以表明國家對學術的崇尚。自近年國學熱潮再度興起，某些學者有意擴大國學的作用和意義，大力宣揚以儒家價值觀爲核心的傳統倫理道德，主張廣泛學習國學，還提倡讀經。這遠離了國學的性質，重蹈國粹派的故轍，將國學基礎知識與國學研究混爲一談，根本不屬於國學研究。中國應有新的思想，新的道德，新的社會核心價值觀念。國粹主義者所弘揚的國粹大都實爲國渣，走上了文化保守主義的道路。我們同意郭沫若的意見，他說：「我是以一個史學家的立場來闡明各家學說的眞相。我並不是以一個宣教師的態度企圖傳播信仰的教條。在現代要恢復古代的東西，無論所恢復的是那一家，事實上都是時代的錯誤……古代的學說也並不是全無可取，而可取的部份已融會在現代的進步思想方面了。」這也應是國學研究者對待中國傳統文化的態度。

中華民族在世界上因有悠久的歷史與豐富的文獻而感到自豪；其中有許多傳統文化的學術問題和文獻與歷史存在的狹小的學術問題，這需要由國學研究者進行艱苦的探討。國學研究是純學術性質，不具有功利性和實用性，其意義在於從中國傳統文化的研究中，尋求眞知，掃除謬妄和迷信，爲其它學科提供理論的和事實的依據，因而在某種意義上是國家和民族的學術命脈。我們弘揚中華優秀傳統文化，建立文化強國，在此過程中國學有其獨特的不可忽視的意義。國學運動新傾向的學者們曾希望漢學、中國學或東方學的正統在中國。這個宏偉的願望是不易實現的，它的實現即在於國學研究取得巨大的成就，這將從一個方面標誌中華民族文化的偉大復興。我們創辦《國學》集刊是爲了團結有志於國學研究的師友們，爲中華民族文化的偉大復興而貢獻出自己的力量。

（原刊《國學》集刊第一集 2014 年 12 月）

國學之眞的尋求
——論嚴復對中國傳統文化的批評

　　嚴復是中國近代具有廣泛學術影響的啓蒙思想家。他將西方新的政治學、哲學、社會學、經濟學、法學等著作譯介入中國，尤其是西方進化論的譯述對中國學術界的影響巨大，由此形成一時的新的社會思潮。1916 年西方英文雜誌《中國社會與政治科學學報》曾高度評價嚴復的成就：

>　　嚴復先生是一位有成就的學者，以其通曉英語學問而備受推崇，其深精的國學造詣就更不用說了。其初在福州船政學堂開始接受西學，繼派至英國格林尼次進修。回國後，他接連被任命爲北洋水師學堂總教習、會辦、總辦。1900 年受聘於學部，在北京從事翻譯，後接連出任安徽高等學堂監督、吳淞復旦公學校長、北京大學校長。……嚴復先生的譯著，文筆優美，在知識界廣爲流傳，影響深遠，成功地爲接受西方文化開闢了道路。〔註1〕

在中國近代向西方尋求眞理的知識分子中，嚴復應是最有實效和最著名的學者。學術界關於他的思想、譯著、中西文化比較等方面曾有許多論著，但較爲忽略他對中國傳統文化的態度，而這確是一個非常值得探討的問題。1859 年嚴復 7 歲入私塾，11 歲從黃少岩學習儒家經典，繼由黃孟修指導閱讀重要文化典籍，直至 14 歲父死而止。因此他在少年時代已有了關於中國文化的基礎知識。1867～1879 年的十餘年間，他致力於學習西方自然科學和海軍軍事技術；此後在北洋水師學堂的三十年間，於教學和行政之餘認眞泛覽了中國文化典籍。這

〔註1〕 孫應祥《嚴復年譜》，福建人民出版社，2003 年，第 476～477 頁。

表現在他以後的譯著的諸多按語中所作的中西文化比較的論述，並對《老子》、《莊子》和《古文辭類纂》作的精細的評語，以及發表的評論中國文化的系列論文。嚴復的國學造詣和精通西學是受到當時學者們稱許的。吳汝綸認為他：「博涉兼能文章，學問奄有東西數萬里之長，子雲（揚雄）筆札之功，（趙）充國四夷之學，美具難並，鍾於一手，求之往古，殆邈焉罕儔。」〔註2〕梁啓超說：「嚴氏於西學、中學皆為我國第一流人物。」〔註3〕賀麟談到嚴復譯著的中西文化比較的按語時說：「嚴氏類似此種之論調甚多，究竟有無附會之處姑且勿論，但至少可知其無數典忘祖之弊。一面介紹西學，一面仍不忘發揮國故。」〔註4〕可見他們注意到嚴復的淵博的國故基礎。由於嚴復是以西方近代社會科學的視角重新審視中國傳統文化，所以它在當時體現為進步的思想。這在我們現在看來，它仍有難掩的學術光輝。

一

1894 年 7 月中日甲午戰爭爆發，滿清政府採用西方近代軍事技術與編制建立的北洋水師在對日本的戰爭中徹底潰敗。嚴復是被培養的海軍技術人才，此次的喪師辱國給他帶來思想的巨大震動。他清楚地知道，北洋水師的失敗不是純因技術裝備的問題，而是因為中國政治制度的陳舊腐敗。自此他對中國傳統文化進行深刻的反思與批判。嚴復持西方近代先進的政治學說回顧中國政治思想，見到中國最大的弊病是好古忽今，不能清楚地認識現實局勢，難以應付世變。他於 1895 年說：「嘗謂中西事理，其最大不同而斷乎不可言者，莫大於中人之好古而忽今，西人之力今以勝古；中之人以一治一亂、一盛一衰為天行人事之自然，西之人以日進無疆，既勝不可復衰，既治不可復亂，為學術政化之極則。蓋我中國聖人之意，以為吾非不知宇宙之無盡藏，而人心之靈，苟日開瀹焉，其機巧智慧，可以馴致於不測也，而吾獨置之而不以為務焉。蓋生民之道，期於相安相養而已。」〔註5〕中國儒家的最高政治理想是恢復三代之治世，趨於復古保守，缺乏進取精神，故於現實只求相安

〔註2〕王栻《嚴復集》第五冊，中華書局，1986 年，第 1559 頁。
〔註3〕梁啓超《新民叢報匯編》第一冊（1920）《嚴復研究資料》，海峽文藝出版社，1990 年，第 267 頁。
〔註4〕賀麟《嚴復的翻譯》，《東方雜誌》1925 年 22 卷 21 號，見《論嚴復的嚴譯名著》，商務印書館編輯部編，1982 年，第 32 頁。
〔註5〕嚴復《論世變之極》，《嚴復集》第一冊，中華書局，1986 年，第 1 頁。

相養，因循苟且，因而執政者總是以「古術」來治理現實社會。嚴復認為中國可考的信史是從秦王朝開始的，其所建立的中央集權制度和郡縣制度，雖為當時和後世所非難，但實際上自漢代以來即承秦制而直至清王朝。他感慨地說：「風俗之移，性情之易，三四十年便已不同。薄物細故，隨之可念。況上下數千年，中更萬變，陵谷遷移，黑白倒置，不可勝言，而猶執古術以馭之，以千百年前之章程，範圍百世下之世變，以一二人之意見，強齊億兆輩之性情，雖以聖智，不能為謀，雖以下愚，知其不可。」〔註6〕中國封建制度的長期存在，其原因固然複雜，但與政治思想上的好古忽今是有一定關係的。以古術應付世變，以專制意見規範民眾，即使是下愚之人憑良知均可見到其不可能，但在專制政體下卻仍舊難改。嚴復因此追溯中國歷史，他深感「治世」甚少，而「亂世」卻多。遠古的歷史不可確考，春秋戰國時期，去古聖先賢的德澤不遠，人民的生活幸福嗎？這已是紛亂之世，人民自然不會幸福。此種情況猶如從唐代柳宗元在《封建論》裡描述的「草木榛榛，鹿豕狉狉」的群獸式的原始狀態，而要進入文明社會是非常困難的。封建專制的君主，總是「思囿乎其所已習，而心常冀乎其所不可期」〔註7〕。他們思想僵化，其所期望的治世是不可能實現的。在嚴復看來，中國的政治問題主要在於將政治與倫理道德合為一體，即是儒家強調的「德治」。他說：「中國古代政治思想之一大缺陷在於：從不敢理直氣壯言，為政之道一如治病救人之醫術，又如引導海船安全通過風暴之航海術，而與倫理判然有別。」〔註8〕如果政治與倫理道德混雜，則不易找出社會問題存在的真正原因，亦總結不出歷史的經驗教訓。中國古代如老子、孔子、孟子、司馬遷等聖賢，談論政治即與倫理道德雜而不分，而西方自 19 世紀已將政治從社會學中分離而成為獨立的學科，所以其理論體系是明白而易學習的。在社會政治學說方面，嚴復吸收並引入了英國近代的社會進化學說。「物競天擇」、「最適者存」，這是達爾文學說的基本觀念，它被引入解釋社會的生存競爭。人類社會的競爭皆是為了利益，利益相同者形成利益集團，強者、智者、行動快捷者在競爭中必然取得勝利。嚴復持進化論的觀點重新看待中國義利之辯的古老命題。儒家重義輕利，例如孟子說「仁義而已矣，何必曰利」（《孟子·梁惠王上》），董仲舒對

〔註6〕嚴復《論中國教化之退》，《嚴復集》第二冊，中華書局，1986 年，第 482 頁。
〔註7〕嚴復《法意》按語《嚴復集》第四冊，中華書局，1986 年，第 940 頁。
〔註8〕嚴復《中國古代政治結社小史》，孫應祥《嚴復年譜》，福建人民出版社，2003 年，第 479 頁。

策云：「正誼（義）不謀利，明道不計功。」（《漢書·董仲舒傳》）嚴復強調從國家利益來考慮義利問題，他說：「故天演之道，不以淺夫昏之利爲利矣，亦不以谿刻自敦濫施妄與者之義爲義，以其無所利也。庶幾義利合，民樂從善，而治化之進也不遠歟？」〔註9〕社會個人的私利私義，若離開利益群體是不可能獲得的，執政者在制定政策時必須考慮義與利的結合。北宋王安石變法曾被指責爲朝廷與民眾爭利，這只是表面現象。嚴復於《法意》作的按語云：「讀王介甫《度支副使廳壁題名記》，中謂吏不良，法不善，則財莫理；財莫理，則賤人私取之勢，以與人主爭黔首云云。是名理財，實以禁天下之發財。既禁發財，而又望天下之給足而安吾政，所謂多牴牾者也。」〔註10〕王安石新法中的多項措施是從民間取財，而未發展社會經濟，以致造成嚴重的社會矛盾。然而王安石變法在主觀上以「財利兵革爲先務」仍是正確的。南宋理學家朱熹批評說：「安石乃汲汲以財利兵革爲先務，引用凶邪，排擯忠直，躁迫強戾，使天下之人囂然喪其樂生之心，卒之群奸肆虐，流毒四海。」嚴復不同意朱熹的意見，他認爲：「治三代下國，試問不以財利兵革爲先務，當以何者爲先務耶？民生方困，而國時時有滅亡之憂，當此之時而云道德風俗，所議誠高矣，而果有效耶？」〔註11〕宋以來對王安石的批評仍是將政治與倫理道德混雜，見不到社會存在的眞正矛盾，並在重義輕利的觀念的支配下，忽視了使國家富強的有效措施。

　　嚴復在比較中西政治思想後，發現儒家所標榜的經世致用之學是不切實際的，他們的治國平天下的諸多言論皆是陳舊的套語，如正人心、厚風俗等等，他們的經世之術僅是禮教而已。儒者之術實爲學習禮制，以《周禮》而規範尊卑長幼，使社會合於禮的秩序，似乎便可治國了。嚴復極其反對儒家的政治學說。韓愈在《原道》裡主張：「君者出令者也，臣者行君之令而致之民者也；民者出粟米麻絲、作器皿、通貨財以事其上者也。」嚴復批評說：「苟自強，則六經且有不可用者，況乎秦以來之法制；如彼韓子，徒見秦以來之爲君。秦以來之爲君，正所謂大盜竊國者耳。」〔註12〕從歷史考察可見，若要國家強盛，是不能採用儒家政治學說的，而應採用法家的政治學說。嚴復

〔註 9〕 嚴復《原富》按語，《嚴復集》第四冊，中華書局，1986 年，第 859 頁。

〔註10〕 王栻《嚴復集》第四冊，中華書局，1986 年，第 1002 頁。

〔註11〕 嚴復《宋史·王安石傳》批語，《嚴復集》第四冊，中華書局，1986 年，第 1150 頁。

〔註12〕 嚴復《辟韓》，《嚴復集》第一冊，中華書局，1986 年，第 35～36 頁。

針對清末的現實而認爲:「是故居今而言救亡,學惟申、韓,庶幾可用,除卻綜名核實,豈有他途可行。賢者試觀歷史,無論中外古今,其稍獲強效,何一非任法者耶?管、商尙矣,他若趙奢、吳起、王猛、諸葛、漢宣、唐太,皆略知法意,而施亦隨之;至其它亡弱之君,大抵皆良儒者。」〔註13〕戰國時期申不害和韓非皆是法家,主張循名責實,以強化上下關係,成爲法家中刑名之學一派。歷史上治國有強效的管仲、商鞅、趙奢、吳起、王猛、諸葛亮、漢宣帝、唐太宗等都是採用法治而獲得成功的。從嚴復對中國古代政治思想的批評,可見他反對儒家的政治學說,關切現實政治問題,重視現實社會利益,主張以法治國。這體現了他吸收西方近代社會政治學說,形成了新的政治觀念。

二

在肯定法家學說的強效性和進化意義的前提下,嚴復對儒家和道家學說進行比較。儒家學說在發展過程中是有變易的,嚴復雖然反對儒家的政治思想,但又讚賞儒家的積極入世的態度。嚴復認爲孔子的人生態度是積極的。魯國的公山弗擾爲季氏宰,據費城叛變,召見孔子,孔子欲往。晉國佛肸爲趙氏中牟宰,據中牟叛變,召見孔子,孔子欲往。其弟子深恐孔子之往有浼於己,而孔子欲前去有助於處理事變,相信自己的堅白的品格。嚴復說:「吾人不善讀書,往往爲書所誤,是以以艱進易退爲君子,以隱淪高尙爲賢人,不知榮利固不足慕,而生爲此國之人,即各有爲國盡力之天職。往者孔子固未嘗以此教人,故公山、佛肸之召,皆欲往矣。而沮、溺之譏,孔子則云:『天下有道,某不與易。』孔子何嘗以消極爲主義耶?」〔註14〕中國魏晉以後,士大夫皆有強烈的退隱思想,一些被稱譽的君子賢人是以消極態度處世的。嚴復以爲作爲公民應以爲國盡力爲神聖的天職。孔子面對長沮、桀溺的譏諷,表示若在治世也會同隱者一樣生活,但在亂世,所以應王世有所作爲。聯繫晚清以來的社會現實,嚴復感嘆國事弄得不可收拾,這正因有許多消極的退隱者所造成的。中國歷史上一些受到否定評價的人物,例如西漢末年揚雄爲新朝大夫,五代馮道歷仕四朝十君,金國許衡入元爲集賢大學士兼國子祭酒;這同孔子一樣親見南子不爲非

〔註13〕嚴復《與熊純如書》,《嚴復集》第三冊,中華書局,1986年,第620頁。
〔註14〕同上,第649頁。

禮。他們皆爲一種弘大的使命所託，而不拘於小節。嚴復對這些人物是持肯定態度的，並且認爲所謂「大義」是不能僅從某方面主觀意見來理解的。在對待傳統文化時，或者讀古代經典著作時，關於它們所表達的價值觀念應有所選擇，從中吸取有益的東西。清初以來學者們皆批判陸九淵與王陽明的心學，指責其空疏而流於狂禪。然而嚴復認爲：「陸王之學，要亦未足救國，能別擇者，前人之書皆足助我；不能者皆成累也。《論語》、《孟子》固皆可讀。讀《孟子》固不必注，《論語》朱（熹）注亦不見有如何貽誤後生處。他注家辟宋尊漢，於道德益入夢中，於時事有何當乎？」〔註15〕清代學者將崇尙儒家義理的稱爲「宋學」，崇尙事實考據的稱爲「漢學」；乾嘉時期「辟宋尊漢」成爲一時學術思潮。嚴復拋棄宗派觀念，較客觀地看待儒學的發展，以有助於時事的意義而爲取捨。乾嘉學者們因重視考據而攻擊宋明理學，嚴復以爲周敦頤、程顥、程頤、張載、朱熹、王陽明、劉宗周等理學家，如果生活於晚清，於國家是有益的。他說：「其爲國也忠，其愛人也厚，其執節也剛，其嗜欲也淡。此數者，並當世之所短，而宏濟艱難時所必不可少之美德也。」〔註16〕如果晚清的士大夫們能具有這些理學家的美德，或者中國的興盛會很快的。顯然，一個國家的興盛不僅由於少數品德高尙的人物，但他們確能有助於提倡一種良好的世風。

人性的善惡問題在先秦諸子間即有爭議。嚴復譯述英國學者赫胥黎《天演論》云：「人既相聚以爲群，雖有倫紀法制行乎其中，然終無所逃於天行之虐。蓋人理雖異於禽獸，而孳乳寢多則同。生之事無涯，而奉養之事有涯，其未至於爭者，特早晚耳。」〔註17〕這表述了人類爲生存利益必然相爭的社會進化論觀點。由此可見，不能抽象地辯論人性的善惡。儒家亞聖孟子主張人性善，以爲：「人性之善也，猶水之就下也。人無有不善，水無有不下。」同時的告子則以爲：「人性之無分於善不善也，猶水之無分於東西也。」（《孟子·告子上》）荀子主張人性惡，他說：「人之性惡，其善者僞也。」（《荀子·性惡》）宋代理學創始者周敦頤認爲人性最初無分善惡：「二氣（陰陽）交感，化生萬物……形既生矣，神發知矣，五性（五行之氣）感動而善惡分，萬事出矣。」（《周子大全·太極圖說》）宋代理學家以

〔註15〕王栻《嚴復集》，中華書局，1986年，第三冊，第624頁。
〔註16〕嚴復《道學外傳余義》，《嚴復集》第二冊，中華書局，1986年，第486頁。
〔註17〕〔英〕赫胥黎《天演論》，《嚴復集》第五冊，中華書局，1986年，第1394頁。

人性之形成是受「理」、「氣」二者所致，而言性之善惡是就人所賦之氣質而言。嚴復說：「宋儒言天，常分理氣為兩物。程子有所謂氣質之性。氣質之性即告子所謂生之謂性，荀子所謂惡之性也。大抵先儒言性，專指氣而言則惡之，專指理而言則善之，合理氣而言者則相近之，善惡混之；三品之其不同如此。然惟天降衷有恒矣，而亦生民有欲，二者皆天所為。……若自本體而言，亦不能外天而言理也。」〔註18〕人的先天本性是不可能離開自然之性的，因此人的本性是無善惡的；如果人性趨於惡，則是由於生存競爭所必然產生的。嚴復認為：「吾國之論人也，善則無不善，惡則無不惡。而不知形氣之中，故無是物，莫不二者相參，而率有多寡。孟子亦人耳，雖聖賢又安得無過言哉？必並其過者而守之，此吾學之所以無進步，而其教常見於末流也。」〔註19〕人性本無所謂善惡，尤其是善惡的標準因人因時而不斷變化，並無絕對的善或惡。孟子主張人性善是一種片面的見解，後世儒者堅持人性善之說，不能從真正的理性判斷人性，於此可見中國學術的落後，而致長期無所進步。關於人性的辯論，嚴復引入社會進化學說，其中含蘊著進取的積極的意義。

道家對社會人生是從個人主義出發而採取退避的消極的態度，這是為嚴復所批判的。道家追求返樸歸真，離開社會，回到自然中以適本性，因此極端地反對物質文明而崇尚質樸的生活。嚴復從社會的進化乃人類必然之趨勢而批評說：「今夫質之趨文，純之入雜，由乾坤而馴至於未濟，亦自然之勢也。老氏還淳返樸之義，猶驅江河之水而使之在山，必不逮矣。夫物質而強之以文，老氏訾之是也；物文而返之使質，老氏之術非也。何則，雖前後二者為術之不同，而其違自然、拂道紀，則一而已矣。故今日之治，莫貴乎學尚自由。自由則物各得其所自致，而天擇之用存其最宜。」〔註20〕社會進化是遵循一定發展規律的，如果要主觀地超越歷史發展階段，試圖從古樸社會躍居文明社會，或欲從文明社會倒退至古樸社會，這兩者取向雖異，但均同樣是違反社會進化規律的。人類社會中的每個人都有自己的自由，然而都得服從物競天擇、適者生存的規律。這即是說在人類文明社會中，某些人可以選擇返樸歸真的生活，但畢竟是弱者不適於社會競爭的

〔註18〕嚴復《天演論》按語，《嚴復集》第五冊，中華書局，1986年，第1398頁。
〔註19〕嚴復《法意》按語，《嚴復集》第四冊，中華書局，1986年，第1003頁。
〔註20〕嚴復《老子》評語，《嚴復集》第四冊，中華書局，1986年，第1082頁。

消極選擇。道家主張絕聖棄智，欲使民眾如先民一樣不知不識，順帝之則。嚴復以爲這種倒行逆施同返樸歸眞一樣勢不可能，他說：「其所謂絕聖棄智者，亦做不到。世運之降，如岷峨之水，已下三峽，滔滔而流入荆揚之江，乃欲逆而挽之，使之在山，雖有神禹亦不能至。禹所能辦，毋亦疏之瀹之，使之歸海而無爲淫濫之患而已。此言治者不可不知也。」〔註 21〕此雖是對道家思想的批判，確可爲社會政治的借鑒：即復古主義是違背社會進化規律的。莊周從道家絕聖棄智的觀念攻擊儒家的仁義學說，甚至說「儒以詩禮發冢」，意謂儒家高談詩禮，卻啓發人們盜墓爲奸。蘇興解釋說：「苟無詩禮，何以爲奸？此莊子一偏之說，謂堯舜以仁義教民，其流至於人與人相食。」〔註 22〕嚴復批評云：「莊生言『儒者以詩禮發冢』，而羅蘭夫人亦云：『自由，自由，幾多罪惡假汝而行』。甚至愛國二字，其於今世最爲神聖，然英儒約翰孫有言：『愛國二字，有時爲窮凶極惡之鐵砲台。』可知談理倫人，一入死法，便無是處。」〔註 23〕莊周的攻擊仁義詩禮，如西方某些人攻擊自由、愛國一樣，都出自極端的偏激的個人情緒，是僵死的思維方法，而不是理性的客觀的判斷，所以是錯誤的。道家之主旨歸於個人的養生而期於長久。莊子之道亦是如此，他以爲有道者生任其自然，死而物化，去知與故，無天災，無物累，全身養性，循天之理。這是極端的個人主義，僅考慮自身的存在。戰國時魏人楊朱，其學說重在愛己，不以物累。他曾說：「古之人損一毫利天下不與也，悉天下奉一身不取也。人人不損一毫，人人不利天下，天下治矣。」（《列子‧楊朱》）嚴復以爲莊周雖不是楊朱，而其學說卻是眞正的「爲我」，他評云：「是故楊之爲道，雖極爲我，而不可訾以爲私。蓋彼親見人心之憤驕，而民於利之勤，雖以千年之禮法，祇以長僞而益亂，則莫若清靜無爲，脩往俟來，使萬物自炊累也。」〔註 24〕楊朱固然爲我，但道家比他更爲自私了。我們從嚴復對中國傳統文化中積極人生態度的肯定和對道家消極人生態度的批評，可見他具有獨立自由的思想，努力去發掘社會進步的合理的因素。

〔註21〕 嚴復《老子》評語，《嚴復集》第四冊，中華書局，1986 年，第 1124 頁。
〔註22〕 王先謙《莊子集解》卷七引蘇興語。
〔註23〕 嚴復《與熊純如書》，《嚴復集》第三冊，中華書局，1986 年，第 648 頁。
〔註24〕 嚴復《莊子》評語，《嚴復集》第四冊，中華書局，1986 年，第 1138 頁。

三

　　嚴復在本質上屬於維新主義者，其西學知識和翻譯才能受到清王朝的重視，並授予學界重任。當新文化運動興起之後，其維新主義思想已經不適於新的文化環境，而趨於保守落後了。這時他對中國傳統文化的態度亦發生很大的轉變。他曾批判過儒家的政治倫理思想，也曾肯定儒家的積極的入世精神，而更崇尚法家的學說。晚年他在提倡發揚中華民族文化精神時，又以儒家之道爲立國的根本和社會的極則了。1906 年嚴復開始重倡儒家之道，他說：「自堯舜禹湯文武，立民之極，至孔子而集大成，而天理人倫，以其垂訓者爲無以易；漢之諸儒，守闕抱殘，辛苦僅立，綿綿延延，至於有宋而道學興。雖其中不敢謂宇宙眞理，不無離合，然其所傳，大抵皆本數千年之閱歷而立之分例。爲國家者，與之同道，則治而昌；與之背馳，則亂而滅。」〔註25〕唐宋古文家以爲儒家聖人之道的承傳有一個系統，自堯舜禹湯文武周公孔子而形成，韓愈、歐陽修得以繼承發揚；宋代理學家則認爲自孔孟以後，只有周敦頤和程氏兄弟才眞正得到儒家聖人不傳之秘而重新建立了儒學道統。嚴復於儒家無宗派觀念，將漢儒和宋儒均納入孔子之後的道統，較爲全面地理解儒家之道。他以爲儒家之道爲天理與人倫立下極則，從數千年的歷史來看，凡國家合於儒家之道則昌盛，違背它則滅亡。這樣似乎中國最後一個王朝在即將崩潰時應以儒家之道救國了；然而這並未改變清王朝覆亡的命運。1913 年──民國二年，在袁世凱政府的支持下，一批文化保守主義者成立了孔教會，定孔教爲國教。嚴復非常清楚，中國的儒家不具備宗教的性質，亦無宗教的特徵。他尤其反對將孔子之道作爲今人的規範，因此極力反對孔教會。然而由於政治之牽率，他卻違背自己的意志而加入了孔教會。嚴復爲孔教會講經者之一，於中央教育會發表《讀經當積極提倡》的演說。他認爲：「中國之所以爲中國者，以經爲本之源。乃至世變大易，革故鼎新之秋，似可以盡反古矣，然其宗旨大義，亦必求之於經而有所合，而後反之人心而安，始有以號召天下。即如辛壬（1911～1912）以來之事，豈非《易傳》湯武順天應人與《禮運》大同、《孟子》民重君輕諸大義爲之依據，而後有民國之發現者耶？顧此猶自大者言之，至於民生風俗日用行事，其中彝訓格言，尤關至要。舉凡五

〔註25〕嚴復《論教育與國家之關係》，《嚴復集》第一冊，中華書局，1986 年，第 168 頁。

洲宗旨，所稱天而行之教誠哲學，徵諸歷史，深權利害之所折中，吾人求諸《六經》，則大抵皆聖人所早發者。」〔註26〕他提倡讀儒家經典的理由有三：（1）儒家學說是中國立國之根本，只有以經典之大義才能號召天下；（2）民國的建立，其革命的理論淵源，皆是依據儒家經典而發揚的；（3）民眾的社會日常生活皆依據儒家聖人之言以指導實踐。他甚至以爲世界哲學思想，均可從儒家經典中找到其最早的淵源。嚴復的這種見解已完全同於拒絕接受西學的文化保守主義的國粹派了：以儒學爲社會價值觀念的核心，以世界一切先進的東西都源自中國。1914 年 11 月嚴復繼在參議院提出「導揚中華民國立國精神」的議案，他認爲儒家所提倡的忠、孝、節、義是中華民族的特性，應作爲立國的精神。中國近代有不少接受西方文化的學者，他們在青年時代曾表現爲反對中國傳統文化的激進主義者，到晚年卻回歸儒家的價值觀，例如辜鴻銘、梁啓超、王國維、章太炎、陳寅恪等皆是如此。嚴復談到他的這種轉變說：「鄙人行年將近古稀，竊嘗究觀哲理，以爲耐久無弊，當是孔子之書。四子、五經，固是最富礦藏，惟須用新式機器發掘淘煉而已。」〔註27〕這似乎是他一生尋求真理的經驗之談。儒家經典是中國最富的礦藏，他主張使用新的先進方法去開採，去研究，希望從中發現國學之真。

晚清以來西學東漸之勢迅猛，在此過程中嚴復翻譯的西方哲學社會科學著作起到了巨大的推動作用。這引起中國學術界文化保守主義者的恐慌，遂有中西學之爭。張之洞提出的「中學爲體，西學爲用」的折衷意見爲當時學術界所接受。梁啓超說：「甲午喪師，舉國震動。年少氣盛之士疾首扼腕言『惟新變法』，而疆吏若李鴻章、張之洞輩亦稍有和之。而其流行語則有所謂『中學爲體，西學爲用』者；張之洞最樂道之，而舉國以爲至言。蓋當時之人絕不承認歐美人除能製造、能測量、能駕駛、能操練之外，更有其它學問，而在譯出西書中求之，亦確爲他種學問可見。」〔註28〕所謂「中學爲體」是以中國傳統的政治經濟結構下的儒家政治倫理思想爲根本，「西學爲用」是以西方的科學技術作爲發展經濟的實用工具。當時政界和學界的多數尚不知道西方的人文社會科學，或者拒絕接受西方思想，僅

〔註26〕嚴復《讀經當積極提倡》，《嚴復集》第二冊，中華書局，1986 年，第 331 頁。
〔註27〕嚴復《與熊純如書》，《嚴復集》第三冊，中華書局，1986 年，第 668 頁。
〔註28〕梁啓超《清代學術概論》，商務印書館，1944 年，第 58 頁。

接受西方科學技術以切於實用。這造成「體」與「用」的矛盾。傅斯年談到近代中國思想界之基本謬誤時說：「此本謬誤而行之，一方未脫除中國思想界混沌之劣質，一方勉強容納西洋學說而未消化。二義相蕩，勢必至不能自身成系統，但及恍忽迷離之境，未臻親切著明之域。」〔註 29〕以西學為用者將西方科學與技術混淆，如果政體符合科學理性原則，它與技術是體用一致的。晚清的政體是封建專制，沒有近代科學精神，因而在此種情況下以西學為用是觀念上的顛倒錯亂。1902 年嚴復即見到中西學之異，他說：「中西學之為異也，如其種人之面目然，不可勉強謂似也。故中學有中學之體用，西學有西學之體用，分之則並立，合之則兩亡。議者必欲合之而以為一物，且一體而用之，斯其文義違舛，故已名之而不可言矣，烏望言之而可行乎？」〔註 30〕所以嚴復堅決反對「中學為體，西學為用」，而主張中西學並立。1912 年他任北京大學校長時，在學制上貫徹了中西學分立的主張，將原來的經科與文科合併為國學。嚴復於 1912 年 7 月 7 日發佈《關於文科改良辦法》：

> 本校從前經、文原分兩科。經科只開《毛詩》、《周禮》、《左傳》三門；文科只開中國文學、中國史學二門。今已將經科併入文科。……至將來更定辦法則擬分哲學、文學、歷史、輿地各門。中國經學、周秦諸子、漢宋各家學說，本為純美之哲學，而歷史、輿地、文學亦必探源於經，此與經並於文辦法亦合。惟既為大學文科，則東西方哲學、中外之歷史、輿地、文學，理宜兼收並蓄，廣納眾流，以成其大；但辦頗不易，須所招學生於西文根底深厚，於中文亦無鄙夷。先訓之思，如是兼治，始有所益。〔註31〕

嚴復已提出將來文科按現代學科的分科計劃，在條件不成熟時，暫將經科與文科合併，以為專治中學——舊學之區，不雜入西學；這即是國學。他解釋說：「比者欲將大學經、文兩科合併為一，以為完全講舊學之區，用以保持吾國四、五千載聖聖相傳之綱紀彝倫道德文章於不墜，且又悟向所謂合一爐而治之者徒虛言耳，為之不已，其終且至於兩亡。故今立斯科，竊欲盡從吾舊，而勿雜以新；且必為其真，而勿蹈其偽，則向者書院、國子

〔註29〕《傅斯年全集》第一卷，湖南教育出版社，2003 年，第 27 頁。

〔註30〕嚴復《與外立報主人書》，《嚴復集》第三冊，中華書局，1986 年，第 559 頁。

〔註31〕孫應祥《嚴復年譜》，福建人民出版社，2003 年，第 398～399 頁。

之陳規，又不可不變，蓋所謂祈嚮之難，莫有踰此者。」〔註32〕文科之習國學是嚴復的開創。這雖是舊學之區，但絕不同於古代的書院、國子監或晚清的存古學堂的體制，而且要求學習中國傳統文化中眞實的合理的部份。在高等學校專設國學以研究傳統文化是很有必要的，所以稍後蔡元培任北京大學校長時仍使國學繼續存在，並對一些大學的學科和研究機構的設置產生了影響。

關於中學與西學的比較，誰最優勝，誰能有助於國家的強盛和發展，晚清以來一直存在崇尚西學和堅持中學的兩派。嚴復晚年基本上是國粹主義者，但其早年進步的思想仍然潛在，當比較中學與西學後，眞理在何處呢？他認爲：「果爲國粹，固將長存。西學不興，其爲存也隱；西學大興，其爲存也章。蓋中學之眞之發現，與西學之新之輸入，有比例爲消長者焉。不妄斯言，所以俟百世而不惑者也。」〔註33〕國學中有國粹，也有國渣。如果是眞正的國粹，它必然與中華民族共存。因此怎樣去發現中學之「眞」與西學之「新」是問題的關鍵。這二者互相影響，互爲消長；中學因有西學的挑戰而會愈益彰顯的。嚴復對自己的這種判斷是很有自信的。因此他雖處亂世，對中華民族根源盛大的國性民質堅信不疑，對中華民族的前途抱著積極樂觀的態度：「吾意他日將於拂亂險阻之餘，變動光明，從此發達進行，如斯賓塞所謂動、平、沖者，而成不騫不崩之國種，而其所以致然之故，必非乞靈於他種文明餘唾而後然也。其國民性質所受成於先聖先王數千年之陶熔漸漬者，有以爲之基也。須知四萬萬黃人，要爲天壤一大物，故其始動也，其爲進必緩，其呈形甚微，至於成行，乃不可禦。」〔註34〕嚴復相信中華民族固有的深厚傳統文化根基，不必乞求於他種文明，它必將有光明偉大的前途。當然這與中西學互爲消長，從中求得眞正的國粹是有密切關係的。嚴復對中國傳統文化的認識，存在由批判、別擇到回歸的過程。此體現了這位向西方尋求眞理的先進的知識分子的思想經歷；其中包含許多進步的合理的思想因素，至今猶有光輝並值得我們吸取。他晚年的思想轉變，與其社會政治處境有極大的關係，尤其是其社會進化觀念和維新變法思想在新文化運動之後已喪失了進步性時，他未尋找到適於社會發展的新的眞理。近年國學熱潮再度在我

〔註32〕嚴復《與熊純如書》，《嚴復集》第三冊，中華書局，1986年，第605頁。
〔註33〕嚴復《英文漢詁·巵言》，《嚴復集》第一冊，中華書局，1986年，第156頁。
〔註34〕嚴復《思古談》，《嚴復集》第二冊，中華書局，1986年，第324頁。

國興起，怎樣重新認識中國傳統文化的價值又成爲新的學術問題。嚴復的許多見解，對我們是很有啓發意義的。

（原刊《西華大學學報》2014 年第 1 期）

國學之統宗與國渣
——論章太炎晚年的國學觀念

　　章太炎是國學運動的前輩學者,「國故」即是他於 1910 年在日本出版《國故論衡》而提出的一個新的學術概念。1923 年 1 月胡適對此概念解釋說:「國學在我們的心眼裡,只是『國故學』的縮寫。中國的一切過去的文化歷史,都是我們的『國故』;研究這一切過去的歷史文化的學問,就是『國故學』;省稱為『國學』。『國故』這個名詞,最為妥當;因為它是一個中性的名詞,不含褒貶的意義。『國故』包含『國粹』,但它又包含『國渣』。我們若不解『國渣』,如何懂得『國粹』?」[註1]國粹派的學者們大致以為儒學或理學所體現的傳統文化思想是國學的菁華;他們主張通經致用,但卻未提出較為具體的政治倫理規範,因為他們畢竟是學者。章太炎曾長期從事國學的普及工作,以信古的態度和舊的方法進行國學研究,在晚年其國學觀念發生了巨大的變化。他於 1933 年 3 月從改良社會的願望出發,提出可以總括儒家政治倫理精神的,簡要而且可付諸社會實踐的四種(篇)儒家經典以作為倫理道德的行為準則——「國學之統宗」。他晚年在多次的演講中均不斷地闡述其新的國學觀念。「國學之統宗」在國學界——即使在國粹派中並未得到廣泛的認同,它在國學運動中是一個奇特而又不可忽視的現象。因它是國粹主義的極端,亦應是「國渣」的典型,所以很值得我們進行學術的探討與歷史的反思。

〔註 1〕　胡適《北京大學國學季刊發刊宣言》,《胡適文集》(3),北京大學出版社,1998
　　　　年,第 7～9 頁。

一

　　自 1908 年 3 月起，章太炎在日本為中國留學生講國學基礎知識，此後他又在北平、上海等地系統地講國學。他並未提倡儒術，也未提倡讀經，僅從學術的角度論及經學，將儒家列入諸子之中。他所理解的國學實為中國傳統學術，治國學的基礎是學習傳統學術中的小學、經學、史學、諸子學和文學的重要典籍，瞭解它們的學術源流。章太炎屬於國學運動之初的國粹學派，極為提倡國粹。他說：「為甚提倡國粹？不是要人尊信孔教，只是要人愛惜我們漢種的歷史。這個歷史就是廣義說的，其中可分為三項：一是語言文字，二是典章制度，三是人物事跡。近來有一種歐化主義的人，總說中國人比西洋人所差甚遠，所以自甘暴棄，說中國必定滅亡，黃種必定剿絕。因為他們不曉得中國的長處，見到別無可愛，就把愛國愛種的心，一日衰薄一日。若他曉得，我想就是全無心肝的人，那愛國愛種的心，必定風發泉湧，不可遏抑的。」〔註2〕他理解的國粹是中國的歷史、語言、文學等整個的傳統文化，從愛國的立場保存國粹，漢民族便可復興。他的國學普及工作的意義即在於通過系統學習國學基礎知識，以承傳中國文化，弘揚國粹。然而章太炎深習儒家經學，所受儒家經世致用的觀念牢固，不可避免地在治學與人生道路上徘徊於求是與致用之間。1920 年他將治學分為「求是」與「致用」兩種途徑，以為：「求是之學高深而不切實用，致用之學淺顯而易求，被愈精微則愈無用矣，致用之學則在與社會相適合，無所用其高也。」〔註3〕這時他對求是與致用二者未作優劣的判斷，但反映出已感到求是之學無實用的價值，在學術思想上處於矛盾的狀態。顧頡剛曾於 1913 年在北平聽過章太炎講國學，到 1926 年即發現章太炎的學術思想正在發生轉變：「他薄致用而重求是，這個主義我始終信守，但他自己卻勝不過正統觀念的壓迫而屢屢動搖這個基本信念。」〔註4〕章太炎求是的學術信念的根本轉變是在他 1931 年六十四歲之後的晚年。此年 9 月 18 日日本軍襲取東北瀋陽，炮轟東北大營，繼而進陷吉林，侵佔東北。國民政府採取「避免事態擴大，絕對不抵抗」的態度，這激起章太炎無比的義憤。他以強烈的愛國主義精神於 1932 年 1 月 13 日與熊希齡、馬相伯等通

〔註2〕 章太炎《在東京留學生歡迎會上之演講》（1906），章念馳編訂《章太炎演講集》，上海人民出版社，2011 年，第 5～6 頁。
〔註3〕 章太炎《在長沙大演講中演講求是無致用》，《章太炎演講集》第 214 頁。
〔註4〕 顧頡剛《古史辨第一冊自序》，《顧頡剛選集》，天津人民出版社，1988 年，第 26 頁。

電「聯合全民總動員收復失地」，繼與友人在上海成立中華民國國難救濟會。
1 月 19 日他與張一麐、沈鈞儒聯合發出通電「請國民救援遼西」。2 月 23 日
他由上海赴北平見張學良，代東南民眾呼籲出兵，督促政府抗日。〔註5〕當章
太炎面臨中華民族國難發生之際，3 月 24 日在燕京大學演講《論今日切要之
學》時，主張將「求是」與「致用」二者結合為「今日切要之學」，它即是歷
史。他以為懂得歷史，便能明白東三省自古是中國的領土，不是「附庸之國」
的性質。他最後說：「當今世界在較任何時期為嚴重的時候，歷史上之陳跡，
即為愛國心之源泉，致用時之棋譜。其繫於一國之興亡為用尤鉅，故史志乃
今日切要之學也。」〔註6〕歷史，尤其是東北史的研究，固然為當時切要之學，
但它仍屬於求是之學，尚非致用之學。由切要之學的考慮，章太炎終於在 1933
年轉向中國傳統文化武庫中尋求致用之道，重新提倡儒家倫理道德學說，其
說學內容發生根本的變化。他說：「余往昔在北京、日本等處，亦曾講學，所
講與今日學校中講無殊，但較為精細而已。今昔時代不同，今日之講學，不
如往昔矣。第一祇須教人不將舊道德盡廢，若欲學者冥心獨往，過求高深，
則尚非其時，故今日之講學，與往昔稍異其趣。惟講學貴有宗旨，教人不將
舊道德盡廢者，亦教人『如何為人』之宗旨而已。」〔註7〕因此 1933 年 3 月
14 日章太炎在無錫國專演講時提出了「國學之統宗」，以為倫理道德之準則。
他說：「今欲改良社會，不宜單講理學，坐而言，要在起而能行。周、孔之道，
不外修己治人，其要歸於六經，必以約持之道，為之統宗。……余以為今日
而講國學，《孝經》、《大學》、《儒行》、《喪服》，實萬流之匯歸也。不但坐而
言，要在起而行矣。」〔註8〕在《國學之統宗》的演講前後，分別演講《經義
與治事》、《〈大學〉大義》、《〈儒行〉要旨》、《講學大旨與〈孝經〉要義》、《〈喪
服〉概論》、《〈孝經〉、〈大學〉、〈儒行〉、〈喪服〉餘論》、《論讀經有利而無弊》、
《再釋讀經之異議》等。他將所標舉的儒家四種（篇）經典稱為「四經」，意
欲以之取代南宋朱熹推廣的《四書》——《大學》、《中庸》、《論語》、《孟子》。
他以為此「四經」，「其原文合之不過一萬字，以之講誦，以之躬行，修己治
人之道，大抵在是矣。」〔註9〕它們集中了儒家經典的要義，簡明易學，具有

〔註 5〕 湯志鈞《章太炎年譜長編》，中華書局，1979 年，第 912～919 頁。
〔註 6〕 《章太炎演講集》第 303 頁。
〔註 7〕 章太炎《講學大旨及〈孝經〉要義》，《章太炎演講集》第 369 頁。
〔註 8〕 章太炎《國學之統宗》，《章太炎演講集》第 343 頁。
〔註 9〕 同上，第 348 頁。

切實的道德實踐的指導意義，由此可以改良社會，重倡儒家倫理道德；這是國學的本源，亦即國粹了。因此「國學之統宗」成爲了眞正的致用之學，體現了章太炎晚年的國學信念。關於《孝經》、《大學》、《儒行》和《喪服》，它們在修己治人實踐中的意義，章太炎有較詳的學理的闡述。然而它們是否可以成爲「國學之統宗」，這須作具體的考察與分析。

二

　　《孝經》是秦漢間儒者擬託孔子向其弟子曾參陳述孝道之作，講天子、諸侯、卿大夫、士、庶人之孝道及孝行等問題，共存十八章。唐代開成間（836～840），《孝經》始正式列入儒家經典，至宋代以後爲《十三經》之一。《孝經》在「開宗明義」裡談及孝道的重要意義云：「夫孝，德之本也，教之所由生也」，「夫孝、始於事親，中於事君，終於立身」。唐代皇帝李隆基極力提倡孝道，其《孝經序》云：「朕聞上古其風樸略，雖因心之孝已萌，而資敬之禮猶簡。及乎仁義既有，親譽並著，聖人知孝之可以教人也，故因嚴以教敬，因親以教愛，於順移忠之道昭矣，立身揚名之義彰矣。」〔註10〕他從統治者的眼光見到提倡孝與忠君的關係，並看重國家提倡以孝治國的政治教化作用。《孝經》雖擬孔子之言論，但確與之重孝道有關。《論語‧學而》：「其爲人也孝弟（悌），而好犯上者鮮矣；不好犯上，而好作亂者未之有也。君子務本，本立而道生。孝弟也者，其爲仁之本與？」善事父母爲孝，善事兄長爲弟（悌）。孔子以爲凡是能做到孝弟之人是不會犯上作亂的，因此它是「仁」之本源。當孔子談到「孝弟」爲「仁之本」時是以不肯定語氣表述的，所以宋代理學家程頤解釋說：「謂之行仁之本則可，謂之仁之本則不可。蓋仁是性也，孝弟是用也。性中只有個仁、義、禮、智四者而已，曷常有孝弟來。」〔註11〕宋代理學家並不特別提倡孝道的，否定了孝弟爲人之本。章太炎批判宋儒的見解，堅持孝弟爲仁之本，以爲《孝經》是「六經總論」，是個人道德的根本，具有「百姓昭民，協和萬邦」的政治意義。關於孝道的「應世」作用，章太炎說：「凡讀《孝經》，須參考《大戴禮‧王言篇》，蓋二書並是孔子對曾子之言。《孝經》言修身不及政治，《王言》專言政治，其言七

〔註10〕 阮元編校《十三經注疏》，中華書局，1980 年，第 2540 頁。
〔註11〕 朱熹《論語集注》卷一引程頤語，《四書章句集注》，中華書局，1983 年，第 48 頁。

教可以守國，三至可以征伐，皆是爲政之要……吾謂《孝經》一書，雖不言政治，而其精微處，亦歸結政治。」〔註12〕《王言》爲漢代儒者戴德撰著《大戴禮記》之一篇，亦擬託孔子答曾子問。其中談到以德治天下云：「道者所以明德也，德者所以尊道也。是故非德不尊，非道不明，雖有國焉，不孝不服，不可以取千里；雖有博地眾民，不以其道治之，不可以霸天下。是故昔者明王，內修七教，外行三至。七教修焉可以守，三至行焉可以征。」〔註13〕所謂七教是敬老、順齒、樂施、親賢、好德、惡貪、強果。所謂三至是至禮不讓、至賞不費、至樂無聲。章太炎相信，《孝經》和《王言》都是孔子之言，若遵從而付諸社會實踐即可改良社會。爲此他指責世風：「今日世風丕變，……，一輩新進青年亦往往非孝。豈知孝者人之天性，天性如此，即盡力壓制，亦不能使其滅絕。惟被輩所持理由輒藉口於『反對封建』，由反對封建而反對宗法，遂致反對孝行。」〔註14〕這是對中國新文化運動以來的反封建思潮而言的。孔子在論孝道時即有一些不合理的東西，例如「父母在不遠遊，遊必有方」、「身體髮膚不敢毀傷」、「三年不改於父之道」等等。《孝經》則更強調孝道與忠君和孝治的必然聯繫，以致古代法律中「不孝」被列入「十惡」大罪之一。這樣，孝道成爲人倫的基礎，服從於尊卑上下的禮制，由此有利於封建社會秩序的維護；所以古代統治者以「孝治天下」標榜，然而他們卻並不一定遵守。中國新文化運動時期，吳虞曾多次表示反對封建的孝道，例如他說：「中國偏於倫理一方，而法律亦根據一方之倫理以爲規定，於是爲人子者無權利之可言，惟負無窮之義務。而家庭之沉鬱黑暗，十室而九，人民之精神志趣，半皆消磨淪落極熱嚴酷深刻習慣之中，無復有激昂發越之慨。其社會安能發達，其國家安能強盛乎！」〔註15〕我們如果肯定父母與子女之間存在天然的親情，慈孝的關係是很自然的，也應是合情合理的，那麼是用不著用外在的社會的倫理的原則給予強制性的規定。儒家的孝道觀念是從禮教出發，使孝道服務於統治者的政治需要，於是在忠孝的桎梏下使人性遭到嚴重的壓抑。中國新文化運動在反對封建思想時，也反對儒家的孝道，國民政府的法律中亦取消了「不孝」之罪；這均是中國現代社會

〔註12〕章太炎《〈孝經〉、〈大學〉、〈儒行〉、〈喪服〉餘論》，《章太炎演講集》第 377 頁。

〔註13〕《大戴禮記》卷一，《四庫全書》本。

〔註14〕章太炎《講學大旨與〈孝經〉要義》，《章太炎演講集》第 372 頁。

〔註15〕吳虞《家庭苦趣》（1910），《吳虞集》，四川人民出版社，1985 年，第 20 頁。

文明進步的體現。章太炎以《孝經》爲人倫極則，意在現代社會恢復舊的孝道，以抵制新文化思想。

　　《大學》爲《禮記》之一篇，因擬託曾子述孔子之言，以爲作者是曾子，但實爲秦漢之際儒者所作。此篇較系統地表述爲學之次第，作爲學子入德之門徑，體現了儒家的政治理想。儒者以爲「明德」、「親民」、「至善」是大學之三綱。這是一個使個人道德昭明而達到至高道德完善的過程，實爲統治者的德治理想。實現此理想須經過格物、致知、誠意、正心、修身、齊家、治國、平天下的序列階段。章太太以爲：「《大學》者，平天下之原則也，從『仁義』起，至『平天下』止，一切學問，皆包括其中。治國學者，應知其總匯在此。」〔註16〕關於「明明德」，章太炎解釋說：「不過『爲人君，止於仁；爲人臣，止於敬；爲人子，止於孝；爲人父，止於慈；與國人交，止於信』而已。所謂親民，即是此也。」〔註17〕這樣，「明明德」即是社會倫理關係中尊卑貴賤各等級的應守的禮法。章太炎又補充說：「讀《大學》不過得其綱領而已。《學記》所言何以爲學，何以爲教，言之甚詳。……我謂不讀《學記》，無以爲教，抑無以爲學也。」〔註18〕《學記》亦是《禮記》之一篇，其論及「大學之道」云：「一年視離經辨志，二年視敬業樂群，五年視博習親師，七年視論學取友，謂之小成。九年知類通達，強立而不反，謂之大成。夫然後足以化民易俗。近者說服，而遠者懷之。」這是漢代儒者關於通過學習而達到「化民」的設想。章太炎將《大學》與《學記》聯繫起來，以提倡爲「化民」而學。儒者的「明德」、「修身」、「治國」、「平天下」、「化民」、「致善」等等皆是從善良的單純的道德願望出發，以爲便可實現德治而平天下了；它僅是一種空幻的主觀想像的推衍，在中國的歷史上從來未得以實現。宋代理學家很清楚這一點，所以他們只關注個人的道德修養，而無治國平天下的妄想。章太炎希望通過儒家德治而化民的願望，亦是不可能實現的。儒家的倫理道德是與封建社會制度相適應的，當辛亥革命之後，封建制度已經廢除，舊的倫理道德勢必爲新的所代替，學習科學，吸收新知，亦取代了舊的爲學次第了。

　　《儒行》爲《禮記》之一篇，擬設孔子答魯哀公問儒者行爲，實爲漢儒

〔註16〕章太炎《國學之統宗》，《章太炎演講集》第346頁。
〔註17〕章太炎《〈大學〉大義》，《章太炎演講集》第332頁。
〔註18〕《章太炎演講集》第377頁。

所著。其中論述儒者之自立、容貌、立義、特行、剛毅、忠信、安貧、憂思、博學、舉賢、聞善、潔身、志操、尊讓、安命等道德修養與行為。它們固然體現了儒者獨立特行、剛毅高潔的品格，而又流露宿命、明哲保身、迂闊、高隱、任俠的傾向，較為全面地反映了儒者複雜的人格。例如「粥粥若無能」，「引重罪不程其力」，「過失可微辨而不可面數」，「毀方而瓦合」，「同弗與，異弗非」，「上不臣天子，下不臣諸侯」，「不敢言仁」等等，皆與孔子和孟子所表達的儒行原則有相異之處。故章太炎以為它們「未必皆合聖人之道」，但又以為：「欲求國勢之強，民氣之尊，非提倡《儒行》不可也。」〔註19〕在十七種儒行中應提倡什麼呢？章太炎特別推崇「尚氣節」和「任俠」兩種儒行。他以為中國若有百分之一的尚氣節者「足以禦外侮矣」，而尚勇的「任俠」者則與民族之存亡有關，但對尚勇者又必須加以遏制，因恐其滋生暴亂。〔註20〕章太炎固然對民族危機的社會現實深表憂慮，從愛國的願望而提倡氣節與尚勇，然而若要國強民尊是絕不可能依賴少數氣節高尚者或任俠者即可實現的，而是要從根本上改變社會政治經濟結構以使民族的復興。因此他所提倡的儒行既背離真正的儒家之道，也不可能改變社會現實政治的，純屬個人的奇特的想像。

　　《喪服》是《儀禮》之一篇，為漢代經師設問以解答古代居喪時所應穿的衣服。古代規定居喪期間有五種衣服，即斬衰、齊衰、大功、小功、緦麻，稱為「五服」。斬衰：用粗麻布製成的喪服，左右和下邊不縫，子、未嫁女對父母，媳對公婆，承重孫對祖父母，妻對夫，都服斬衰三年。齊衰：以粗麻布做成，因其縫邊縫齊，故稱齊衰，為繼母服齊衰三年，為祖父母、妻、庶母服齊衰一年，為曾祖父母服齊衰五月，為高祖父母服齊衰三月。大功：服期九月，其服用熟麻布做成；為堂兄弟、未婚堂兄妹、已婚姑、姊妹、姪女、眾孫、眾子婦、姪婦之喪服大功；已婚女為伯父、叔父、兄弟、侄、未婚姊妹、姪女等亦服大功。小功：用較粗的熟麻布做成，服期五月，為祖之兄弟、父之從兄弟、身之再從兄弟服。緦麻：用疏織細麻布做成，居喪三月；凡疏遠親屬的高祖父母、曾伯叔祖父母、族伯叔父母、外祖父母、岳父母、中表兄弟、婿、外孫之喪服緦麻。唐代根據《儀禮》由儒臣制訂《開元禮》，杜佑《通典》所存《開元禮類纂》實為《開元禮》之簡化。杜佑云：「謹案：斯禮

〔註19〕《章太炎演講集》第347頁。
〔註20〕《章太炎演講集》第378～379頁。

開元二十年撰畢，自後儀法續有改變，並具沿革篇，是爲國家修纂。今則悉依舊文，不輒有刪改，本百五十卷，類例成三十五卷，冀尋閱易覽者幸察焉。」《通典》卷一三四存開元所訂「五服制度」。章太炎試圖恢復古代喪服制度，以保存古禮，他以爲其重要意義在於：「在今日未亡將亡，而吾輩極需保存者，厥惟《儀禮》中之《喪服》。此事於人情厚薄，至有關係，中華之異於他族亦即在此。」〔註21〕中國古代喪服制度，歷代有所變化，章太炎主張根據《開元禮》之規定，他說：「國家昏亂，禮教幾於墜地，然一二新學小生之言，固未能盡變民俗，如喪服一事，自禮俗以至於今茲，二三千年未有能廢者也。今雖衰麻室廬之制，不能一一如古，大體猶頗有存者。……《清禮》既不可遵行，而輕議禮者又多破碎。擇善從之，宜取其稍完美者，莫尙於《開元禮》矣。」〔註22〕宋代朱熹已經見到禮制是隨時代變化的，他說：「禮有經，有變。經者，常也；變者，常之變化。……先儒以《儀禮》爲禮經，然《儀禮》中亦自有變，變禮中亦有經，不可一律者也。《禮記》聖人說禮及學者問答處，多是說禮之變。」關於喪服制度，朱熹說：「今更無此制，聽民之所爲。」〔註23〕宋儒已強調禮制的變化，於喪服之制，只能由民眾隨時而爲，這是不可能強求的。中國在二十世紀三十年代，民間也存在喪葬禮俗，已經簡略了。章太炎提倡唐代喪服之禮，以別親疏貴賤之等級，這是絕對不可能的，因它已隨封建制度的廢除而喪失其存在的合理性了。

三

《孝經》、《大學》、《儒行》、《喪服》雖爲儒家經典，但它們皆出自秦漢時期儒者所著。章太炎以爲它們是儒學之精粹部份，而且可以指導人們的道德實踐，故是「國學之統宗」，被他稱爲「四經」。〔註24〕1935 年——章太炎去世前一年，自四月起他在蘇州創辦章氏星期講習會，關於讀經問題，他連續作了兩次演講。他提倡讀經的目的是與《國學之統宗》申述的儒家「修己治人」一致的，所以他說：「儒家之學，不外修己治人，而經籍所載，無一非修己治人之事。」〔註25〕章太炎爲改變社會現實而提倡讀經，他說：「今日讀

〔註21〕章太炎《國學之統宗》，《章太炎演講集》第 343 頁。
〔註22〕章太炎《喪服概論》，《章太炎演講集》第 374 頁。
〔註23〕黎靖德編《朱子語類》卷八十五。
〔註24〕《章太炎年譜長編》第 923 頁。
〔註25〕章太炎《讀經有利而無弊》、《章太炎演講集》第 407 頁。

經之要，又過往昔者，在昔異族文化低於吾華，故其入主中原漸爲吾化。今則封豕長蛇之逞其毒者，乃千百倍於往日，如我學人，廢經不習，忘民族之大閑，則必淪胥以盡，終爲奴虜而矣。有志之士，安得不深長思哉！」〔註26〕西學的東漸與新學的興起，在章太炎看來有如「封豕長蛇」，其毒害遠勝於中國歷史上少數民族入主中原；爲了挽救國家民族的危亡，似乎只有讀經了。他以爲由此「可以處社會，可以理國家，民族於以獨立，風氣於以正，一切頑固之弊，不革而自袪。」〔註27〕這樣，眞是「有利而無弊」了。章太炎之所以論述讀經問題，是針對國學運動新傾向的代表人物傅斯年和胡適反對在中小學校讀經的意見而發的。1935年4月7日傅斯年在《大公報》發表《論學校讀經》，以爲中國歷史上偉大的朝代都不是靠經術得天下，造國家的，經學興於衰世；當年的經學大都是用作門面裝點的，迂腐不堪的缺點很多；我們今日要根據儒家經典來改造時代哲學是辦不到的了。傅斯年在文章的結尾說：「六經中的社會不同於近代，因而六經中若干立義不適用於民國，整個用它訓練青年，不定出什麼怪樣子更是不消的了。以世界之大，近代文明之富，偏覺得人文之精神萃於中國先秦，眞正陋極了。」〔註28〕胡適繼而發表《讀經平議》，支持傅斯年的意見。他提出兩點見解：「我們絕對的反對小學校讀經」，「中學教本中不妨選讀古經傳中容易瞭解的文字」。〔註29〕章太炎反駁傅斯年和胡適的意見，繼作《再釋讀經之異議》。他說：「讀經之要，前晚詳言之矣，而世人復有不明大義，多方非難者。夫正說不彰，異議乃滋，深恐歧說恣行，有誤後進，不得已復爲此講。」他著重「駁國家開創之初無須經學，經學興於衰世，且講經者多爲不端之謬」和「斥胡適以經訓不甚了然，謂我們今日還不配讀經之鄙」。〔註30〕章太炎雖然在反駁中講了些道理而爲自己辯護，但如他提倡談經的道理一樣，僅是民族文化保守主義者對新文化思潮的無力的抗爭而已。章太炎推出「四經」以爲國學之統宗，提倡孝道、修身、儒行、喪服，它們皆是秦漢學者擬古撰制的東西，不能代表儒家聖人孔子和孟子的見解，其極端復古的傾向與新文化運動以來的時代文化精神相悖。這個「統宗」既得不到國粹派學者的認可，又受到新文化學者的嚴屬批評，因

〔註26〕章太炎《讀經有利而無弊》、《章太炎演講集》第408頁。

〔註27〕同上，第411頁。

〔註28〕歐陽哲生主編《傅斯年全集》(5)，湖南教育出版社，2003年，第47頁。

〔註29〕《胡適文集》(1)，第760頁。

〔註30〕《章太炎演講集》第419頁。

而在學界實際上並無影響。國粹派學者何健在 1936 年說:「我們今日研究國學,要抱著『致用而讀經』的目的,處處都把經書應用到應事接物上,才能算得通經,也才能算確實提倡國學。」〔註31〕他所說的「經」不是「四經」,而是傳統的儒家經典。陸懋德繼而說:「吾國舊有的國學,本是有體有用之學。昔人所謂『窮經致用』,所謂『經義治事』指此而言,此實爲正統的國學。」〔註32〕他所說的「經」,也是傳統儒家經典,而非「四經」。由此可見國粹派學者並不認爲「四經」是儒家經典的精粹部份,雖然他們都主張通經致用。在章太炎晚年講國學由求是到致用的轉變之前,國學運動的新的純學術的傾向已成爲國學的主流。尚在 1919 年國學新思潮興起之初,胡適即主張國學從社會政治、倫理道德和儒學中分離出來,以便在現代學術意義上獲得發展。他說:「『國故學』的性質,不外乎要懂得國故。這是人類求知的天性的要求的。若說是『應時勢之需』便是古人『通經而治平』的夢想了。……我以爲我們做學問,不當先存在這個狹義的功利觀念。做學問的人當看自己性之所近,揀個要做的學問,揀定之後,當存一個『爲眞理而求眞理』的態度。研究學術史的人更當用『爲求眞理而求眞理』的標準去批評各家的學術。」〔註33〕這確立了國學研究的純學術性質。1926 年顧頡剛堅決申明國學研究是絕無社會應用價值的,而且也不希望將國學普及於一班的民眾。他說:「我們要屏棄勢利的成見,用平等的眼光去觀察所研究的事物。我們對政治、道德,以及一切人事不作一些主張,但我們卻要把它們作爲研究的對象。我們研究的目的,只是要說明一件事實,絕不是要把研究的結果送與社會應用。」〔註34〕社會政治和倫理道德當它們作爲學術問題時,可能成爲國學研究的對象,國學研究的目的卻不是爲政治和倫理道德服務的,沒有致用的功能。傅斯所於 1928 年創立中國歷史語言學,它是國學運動的一個流派。他主張對史料的繁豐細密的科學的研究,反對疏通,力求把材料整理而使事實明顯。他說:「歷史學和語言學之發達自然於教育上也有相當的關係,但這都不見得即是什麼經國之大業不朽之盛事,只要十幾個書院的學究肯把他們的一生消耗到這些

〔註31〕何健《要用最新的科學方法來研究國學》,《國光雜誌》第 17 期,1936 年 5 月。

〔註32〕陸懋德《論國學之正統》,《責善半月刊》第 2 卷 22 期,1942 年 2 月。

〔註33〕胡適《論國故學——答毛子水》,《胡適文集》(2),第 327 頁。

〔註34〕顧頡剛《北京大學國學門周刊發刊詞》,《中國新文學大系·史料索引》,上海良友圖書公司,1936 年,第 175 頁。

不生利的事物上，也就足以點綴國家之崇尚學術了──這一行的學術。」〔註 35〕我們可以將國學運動新傾向概括爲純學術的傾向，它是用近代西方科學的實證方法與中國傳統考據學的方法相結合，以研究中國文獻與歷史上存在的若干狹小的學術問題，其研究成果可爲各學科提供事實的依據。自國學運動新傾向成爲國學的主流之後，雖有國粹派表示反對，仍然將國學等同於儒學，仍然主張通經致用，並希望以儒家倫理道德去改良世道民心，或者如章太炎提倡的「修己治人」，但均無力改變國學的主流傾向。

關於「修己治人」這是中國古代儒者及清末以來國粹主義者的政治理想，不僅章太炎如此，只是他將其內容弄得狹隘和簡單而已。修己爲了進德。儒家所說的「德」，大致是「溫、良、恭、儉、讓」的「五德」，漢儒又概括爲「仁、義、禮、智、信」的「五常」，或「孝、弟、忠、信」的「四德」。這些是人們在社會關係中自然表現的普遍的德性，用不著儒家加以特別提倡的，例如帛書道家《老子甲本》卷後古佚書即有「仁、義、禮、智」的「四行」之說：《管子・牧民》又以「禮、義、廉、恥」爲國之「四維」。自古以來普通民衆未讀過儒家經典的，他們憑自己的良知也在社會關係中體現出仁、義、忠、孝等樸素的德行，並對它們的含義有民間的理解。他們理解的「義」是民間的義氣，可以替天行道的；他們理解的「忠」是忠於事和忠於朋友。他們也懂得爲人須尊老愛幼，遵行禮節，講究信用。中華民族這些普遍的德行已成爲傳統文化精神的組成部份而被承傳。然而每個時代的統治者卻又賦予這些道德概念以特定的統治意識和內容，以使之成爲維護社會秩序的工具，並成爲強制性的社會原則而令民衆服從。儒家在提倡「五德」或「五常」時是將它們納入了「德治」和「禮教」的政治規範之中，以實現統治者「治人」的目的。因此儒家的「修己」是在外在的行爲上表現爲道德的楷模，宣揚道德信條以幫助統治階級並成爲其中的一員而去「治人」。在封建社會專制的背景下，標榜「德治」和「禮教」便使若干道德品行服從於封建倫理綱常，忠君、敬長，以尊卑貴賤區分社會等級，以封建統治者的利益爲大義。因此民衆沒有平等自由的權利，只有讓統治者生殺予奪，成爲沒有個性的服從宗法的愚民。然而我們如果考察歷史諸多帝王、賢者、聖人、士大夫、儒者的具體的私人生活與社會生活的眞實，便可發現他們並不遵守或不完全遵守他們所宣揚的儒家道德。現代新儒家熊十力對中國傳統思想深有研究，他

〔註35〕傅斯年《歷史語言研究所工作之旨趣》，《傅斯年全集》（3），第10頁。

即認爲：「古代封建社會之言禮也，以別尊卑、定上下爲其中心思想。卑而下者，以安分爲志，絕對服從其尊而上者。雖其思想行動等方面，受無理之抑制，亦以爲分所當然，安之若素，而無所謂自由與獨立。及人類進化，脫去封建之餘習，則其制禮也，本獨立、自由、平等諸原則。人人各盡其知能、才力、各得分願。」〔註 36〕章太炎是在中國現代文明的社會背景下，仍然抱著虛幻的「修己治人」的願望，並使之作爲國學之統宗，欲使國學脫離學術的軌道而去擔負重大的社會使命。

國學運動自二十世紀初年興起以來，大致國粹派承襲了儒家「經世致用」或「經義治事」的傳統，而新思潮派則繼承了清代乾嘉學派的考據學傳統，又吸收了西方近代科學思想與方法。新思潮派以疑古的態度討論古史、考證文化與歷史事實，發掘新的資料，開拓新的學術境界，以科學考證方法去解決文獻與歷史上存在的若干學術問題；他們對傳統文化是採取批判態度的。〔註 37〕胡適在 1927 年即談到整理國故與「打鬼」、「捉妖」，認爲在「爛紙堆」裡有無數的鬼怪妖魔，可以迷人害人，因而國學研究即是要人們看清它們的本來面目。他說：「用精密的方法，考出古文化的眞相；用明白曉暢的文字報告出來，叫有眼的都可以看見，有腦筋的都可以明白。這是化黑暗爲光明，化神奇爲臭腐，化玄妙爲平常，化神聖爲凡庸，這才是『重新估定一切價值』。它的功用可以解放人心，可以保護人們不受鬼怪迷惑。」〔註 38〕當時的國學研究，確實在一定程度上起到了解放思想的啓蒙作用。1946 年許地山批評國粹主義者說：「評定一個地方底文化高低不在看那裏底社會能夠保存多少樣國粹，只要看他們保留了多少外國的與本國的國渣便可知道……要清除文化渣滓不能以情感或意氣用事，須用冷靜的頭腦去仔細評量我們民族底文化遺產。」〔註 39〕章太炎的「國學之統宗」應是屬於國渣的。自 1993 年以北京大學中國傳統文化研究中心主辦的《國學研究》創刊，標誌國學熱潮再度在中國學術界興起，雖然繼承了國學新傾向的傳統，但國粹思潮卻更爲活躍，並顯示出較強的趨勢，如以儒學爲國學研究的核心，提倡普遍的讀經，並以恢

〔註36〕 熊十力《十力語要》，中華書局，1996 年，第 283 頁。
〔註37〕 謝桃坊《國學運動新傾向述評》，《學術界》2012 年 2 期；《關於國學性質與價值的認識》，《藝衡》第七輯，中國文聯出版社，2012 年 9 月。
〔註38〕 胡適《整理國故與打鬼》，《胡適文集》（4），第 117 頁。
〔註39〕 許地山《國粹與國學》，《北京大學百年國學文粹》（哲學卷），北京大學出版社，1998 年，第 161～168 頁。

復儒家倫理道德抵制現代思想意識，賦予國學的社會政治使命。因此，我們回顧章太炎晚年的國學觀念以及其「國學之統宗」是頗有現實學術意義的。

（原刊《天府新論》2014年第2期）

學術的獨立與自由問題
——重讀王國維紀念碑銘

在北京的清華大學幽靜的清華園裡，現在仍立著王國維紀念碑。它是在王國維自沉昆明湖之後兩週年——1929 年由國立清華大學研究院師生敬立的。學子們每經此地時總會懷著對一代國學大師的崇敬與惋惜的心情，而又總會爲在 20 世紀中國學術史上具有特殊地位的陳寅恪先生所寫的碑銘所感動與激勵。碑銘中稱讚的「獨立之精神，自由之思想」，這是第一次表達了近世啓蒙思想運動以來中國學者關於學術的獨立與自由的理想，成爲正直學者的追求與人格的象徵。早在 1905 年，王國維即論述學術獨立的意義，他說：「夫哲學家與美術家之所志者眞理也。眞理者，天下萬世之眞理，而非一時之眞理也。」因而追求眞理是學者的天職，他希望「今後之哲學、美術家毋忘其天職而失其獨立之位置則幸矣」〔註1〕。他評論學術界時，主張將學術研究視爲目的，而非國家、民族和宗教的手段；這樣學術才能獨立，而「學術之發達，存乎其獨立而已」〔註2〕。在陳寅恪看來，王國維以自殺方式表現的獨立與自由是偉大而永恆的。這亦是陳寅恪的思想與主張。1953 年 12 月，他在《對科學院的答複》裡申明：「我的思想，我的主張完全見於我所寫的王國維紀念碑中。……我認爲研究學術最主要的是要具有自由的意志和獨立的精神。」〔註3〕近年談論陳寅恪已成爲一種「高雅的時尚」，其「獨立之精神，自由之思想」

〔註 1〕 王國維《論哲學家與美術家之天職》，《王國維遺書》第五冊，上海古籍書店，1983 年。
〔註 2〕 王國維《論近年之學術界》，《王國維遺書》第五冊。
〔註 3〕 陸健東《陳寅恪的最後二十年》第 111～112 頁，三聯書店，1995 年。

則是一個重要的話題。當我們重讀王國維紀念碑銘時自然會陷入種種的沉思：怎樣理解學術的獨立的意義，學術眞能獨立嗎，王國維和陳寅恪關於學術獨立的理想實現了嗎？

　　1907 年是王國維在學術思想上最困惑之際。他清楚地知道什麼是眞理，什麼是繆誤，也見到個人才性在理智與情感方面的矛盾，於是決定從哲學轉入文學領域，繼而又從文學轉到文字學、音韵學、中國古史、西北歷史地理的研究。他對學術研究對象和方法的選擇是以個人學術興趣爲轉移的，體現了獨立的精神與自由的思想。陳寅恪早年以治唐史知名，繼於 1950 年刊行《元白詩箋證稿》開創以詩證史的比較方法，走向文史結合的研究道路。在他人生的最後二十年（1949～1969），雖然雙目失明而仍頑強地完成了關於彈詞《再生緣》的長篇論文和關於清初名妓柳如是傳記的巨著。這兩項研究是冷僻而與時代思潮相違的，它們的完成足以體現陳寅恪的獨立精神和自由思想。這是我們將兩位大師的學術研究孤立地看待而作出的結論，而事實上並不完全如此。學者關於學術獨立自由的追求屬於個人理想，希望在實現的過程中體現學者的本質力量而通向眞理的彼岸。在此過程中主體必然和外在的學術環境和社會條件發生種種聯繫，會遭遇意想不到的困難。主體正是在與外部條件的鬥爭中展示人格力量的。學者追求學術的獨立自由必然受到時代學術思想與社會政治制約的，因而不存在絕對獨立的精神和絕對自由的思想。

　　王國維和陳寅恪不幸都主要活動於社會文化巨變的時代。王國維在新文化運動和陳寅恪在新中國成立後都面臨著對新與舊兩種學術思想的選擇；學者是無法逃避時代潮流的。王國維曾感嘆說：「外界之勢力之影響於學術豈不大哉！」〔註4〕他當時處於中學與西學的激烈論爭之中，他主張中西化合，所以能從世界文化的高度來看待中西學之爭。王國維早年傾向於吸收西方哲學，成爲叔本華哲學在中國的崇奉者和傳播者。他雖然能正確認識中學與西學的關係，而且提倡新學，但在辛亥革命之後卻轉向了舊學。他發現當時新學以科技爲主或與政治聯姻而偏重實用與功利，眞正有學術興趣的閉戶著書的學者猶如鳳毛麟角；因此認爲：「不如深研見棄之舊學者，吾人能斷其出於好學之眞意故也。」〔註5〕王國維轉入傳統的文字學、音韻學、古史、西北史地的研究，使其學術潛能得到極佳的發揮，在這一大片純學術的園地裡取得

〔註 4〕 王國維《論近年之學術界》，《王國維遺書》第五冊。
〔註 5〕 王國維《教育小言十則》，《王國維遺書》第五冊。

空前的成就，爲舉世所矚目。王國維之所以取得輝煌的成就是運用了新材料和新方法，而且吸取外來的觀念與固有之材料互相參證。這正是陳寅恪《王靜庵先生遺書序》裡所總結的，而且以爲凡此皆足轉移一個時代的學術風氣，而可昭示來者之軌則〔註6〕。王國維的成功是在於新內容的發掘與新方法的使用，而這一切均站在學術潮流浪尖之上的。陳寅恪是主張學者參預潮流的，1930年他爲《敦煌劫餘錄》作序說：「一時代之學術，必有其新材料與新問題。取用此材料，以研究問題，則爲此時代之新潮流。治學之士，得預此潮流者，謂之預流。」〔註7〕這忽略了新的學術思想在學術潮流中的主導作用。新材料的發現固然可以引起新問題，但如果沒有新的學術思想與新的表現方式便不可能有新的文化闡釋，很可能仍在固有的圈子裡徘徊。陳寅恪早年的《隋唐制度淵源略論稿》和《唐代政治史述論稿》，嘗試以社會學、經濟學和文化學的觀點研究歷史，形成新的結構，開闢了新的途徑，體現了新的學術潮流。然而當其以詩證史——實爲以史解詩之後，在選題上增強了個人興趣，在論述中帶著濃重的個人情感，遂使研究成果偏離了學術規範。在《元白詩箋證稿》裡，他說：「縱覽史乘，凡士大夫階級之轉移升降往往與道德標準及社會風習之變遷有關。……此轉移升降之士大夫階級之人，有賢不肖拙巧之分別，而其賢者拙者，常感到痛苦，終於消滅而後已。」〔註8〕陳寅恪最後二十年的著述，旨在探索社會巨變過程中沒落的士大夫賢者的精神痛苦，這在《柳如是別傳》裡表現得最爲明顯：「披尋錢（謙益）柳（如是）之篇什於殘闕毀禁之餘，往往窺見其孤懷遺恨，有可以令人感泣不能自己者焉。」〔註9〕從發掘明末清初名妓柳如是之孤懷遺恨，而欲以見「獨立之精神，自由之思想」，它已超越了學術的意義，而成爲中華文化性格的一種追求。然而這僅可解釋爲遺老精神而已，並非中華民族的精神本質。我們可見，王國維拒絕接受新文化思想，但在學術研究中關注新發現的問題，採用先進的方法，適應了學術潮流；陳寅恪拒絕接受馬克思主義，偏偏近代人文思想，退回到傳統的文化觀念中，採用了繁瑣考證的方法，遠離了學術潮流。

〔註6〕陳寅恪《王靜庵先生遺書序》，《金明館叢稿》二編第219頁，上海古籍出版社，1980年。

〔註7〕《金明館叢稿》二編第236頁。

〔註8〕陳寅恪《元白詩箋證稿》第82頁，上海古籍出版社，1978年。

〔註9〕陳寅恪《柳如是別傳》第3頁，上海古籍書店，1980年。

關於王國維的死因，陳寅恪在碑銘裡說：「先生以一死見其獨立自由之意志，非所論於一人之恩怨，一姓之興亡。」這排除了王國維之死與羅振玉之恩怨有關，也否定了其爲清王室殉難之說，似乎是爲了學術之獨立自由而捨生取義了。陳寅恪可能出於對同事兼好友的愛護而曲爲解說，或從個人觀念作了錯誤的理解，未見到事件的政治原因。王國維是一位純粹的學者，然而並未擺脫政治的牽連。學術與國家的關係，王國維認爲：「夫就哲學家言之，因無待於國家之保護。哲學家而仰國家之保護，哲學家之大辱也。」〔註10〕他堅信學術是獨立的，可以爲國家爭得榮譽；如果學者仰仗於國家政權的保護，則說明學術未得到應有的尊重，這應是學者的耻辱。然而以爲學術無現實政權的保護也可以獨立自由地發展，這無疑是書生之見。學術在亂世因缺乏必要的安定環境與物質條件而不能發達，在某種統治思想處於獨尊而瘋狂肆虐時，學術會受到浩劫而摧殘；只有社會昌明，政治寬鬆，文化開放的盛世，學術才可能獨立自由地發展。王國維不幸處於亂世，爲求得做學問的條件而不得不在經濟上依賴於人，在政治上是糊塗而錯誤的，對於社會現實並無清醒的認識，爲中國學者留下了沉痛的教訓。顧頡剛先生哀悼云：「倘使中國早有了研究學問的機關，凡是有志研究的人到裡邊去，可以恣意地滿足他的知識欲，而又無衣食之憂，那麼靜安先生何必去靠羅氏，更何必因羅氏之故而成爲遺老。如今他用了幾十年的努力，在史學上貢獻了許多成績，爲中國在國際間掙得了僅有的榮譽，到頭來只有自居反革命的地位而先伏其罪。」〔註11〕在處理政治關係方面，陳寅恪比王國維清醒得多；在爭取社會條件方面，陳寅恪比王國維優越得多。新中國建立之初，陳寅恪表示：「我要爲學術爭自由。我自從作王國維紀念碑文時，即持學術自由之宗旨，歷二十餘年而不變。」〔註12〕爲此他堅決主張必須脫掉「俗諦之桎梏」。他是將政治視爲「俗諦之桎梏」的，以爲否則「即不能發揚眞理，即不能研究學術」。他在新中國的二十年間獲准不參加政治學習，未接受思想改造，繼以深邃的歷史認識在「大鳴大放」中保持沉默，可以選擇得力助手，在經濟困難時期享受特殊的優厚待遇。政府因其曾是清華研究院導師，懂得梵文、藏文、蒙古文、阿拉伯文、中

〔註10〕王國維《奏定經科大學文科大學章程書後》，《王國維遺書》第五冊。
〔註11〕顧頡剛《悼王靜安先生》，《文學周報》第五卷1～2期合刊，1927年8月7日。
〔註12〕《陳寅恪最後的二十年》第102頁。

亞古文字等十餘種語言文字的歷史家，而且在解放前夕沒有跟隨國民黨去
臺灣，屬於愛國人士：爲此從中央到地方政府和學校均給予特殊的禮遇和
優待，以保證他在雙目失明後仍能自由地從事學術研究工作。陳寅恪故敢
於大膽地表示「不宗奉馬列主義，並不參加學習政治」，對政治現實保持較
遠的距離，在精神苦痛的狀況下完成自己的名山事業。這真似堅持了學術
的獨立，體現了自由的意志，展示了卓絕的人格力量。然而這一切是因爲
有了政府對他的特殊寬容，提供了良好的條件。可是到了「文化大革命」
時，陳寅恪也在政治風暴中遭到批判、凌辱、抄家和驅逐的厄運。學術的
獨立是學者的理想，但它不可能脫離政治，亦不可能沒有一定的社會條件。
中國新文化運動以來，人們對傳統文化懷疑和批評，崇尚個人的自由和理
性，從而動搖了個人和民族的根本信仰。當時出現兩種傾向，即否定信仰
和情感的理智主義和偏離理性而流於感傷放誕的浪漫主義。王國維和陳寅
恪大致可以代表這兩種傾向。王國維對於學術的價值有非常深刻的認識，
他在 1911 年的《國學叢刊》云：「故深湛幽渺之思，學者有所不避焉；迂
遠繁瑣之譏，學者有所不辭焉。事物無大小，無遠近，苟思之得甚真，記
之得其實，極其會歸，皆有裨於人類之生存福址。」〔註13〕他早年寫作《紅
樓夢評論》和《人間詞話》時尚有濃重的個人情感與偏見，1911 年東渡日
本以後進入了新的學術境界；此後的研究是純學術興趣的，嚴格遵循科學
的方法進行理性的探索。然而他卻沒有從知識與閱歷之中形成自己的學術
信念，以作爲思想和行爲的指導，以使理性與感性統一，故缺乏學者的使
命感而在諸種矛盾間感到絕望。陳寅恪的最後二十年本應有更大成就的，
因感傷的情緒，以致在學術研究中放任情感，而又陷入支離破碎的繁瑣考
證。王國維的學術影響是其高水平的學術論著，而陳寅恪的影響是所倡導
的「歷史文化觀」。他爲許多學術名著寫的序言裡都表述了獨特的文化思
想，在《王觀堂先生挽詞並序》裡表達得尤爲突出：

> 凡一種文化值衰落之時，爲此文化所化之人，必感苦痛，其表
> 現此文化之程量愈宏，則其受之苦痛亦愈甚；迨既達極深之度，殆
> 非出於自殺無以求一己之心安而義盡也。吾國文化之定義，具於《白
> 虎通》三綱六紀之說，其意義爲抽象理想最高之境。〔註14〕

〔註13〕王國維《國學叢刊序》，《觀堂集林》卷四，《王國維遺書》第四冊。
〔註14〕陳寅恪《王觀堂先生挽詞並序》，《學術》第 64 期，1928 年 7 月。

《白虎通》是東漢學者班固集儒者之議而成書的。其中確立的「三綱」是「君爲臣綱，父爲子綱，夫爲妻綱」；「六紀」，「謂諸父、兄弟、族人、諸舅、師長、朋友」。此說成爲中國封建社會倫理關係的準則。陳寅恪即以「三綱六紀」爲傳統文化的高境，它成爲抽象理想的道義而表現在社會政治經濟之中；因此歷史的巨變實意味著對舊文化精神的破壞，則保持傳統文化遂成爲其使命了。這種「歷史文化觀」在陳寅恪晚年的《論再生緣》和《柳如是別傳》裡也能見到的。陳寅恪四十餘年的學術生涯裡貫串著其強烈的獨特的歷史文化觀；無論我們對它的評價如何，其精神是令人感動和欽敬的。我們回顧歷史人物時，當其鮮明地表現出崇高的使命感，可以認定他是有信仰的。陳寅恪是有信仰的，那是對古老的華夏文化充滿理想和信心。中國古代以儒家爲主體的學者大都是有信仰的，而且總是將學術與儒家政治理想相聯繫；那種追求純學術的學者是從清代乾嘉時期漸漸興起的。從現代學術觀點來看，嚴格意義上的學者應是憑藉自己純粹的理性去不斷發展專門的知識，以創造的精神將本學科推向前進。這是學者偉大的使命，它是由學者純粹的學術信仰而產生的。由此看來，王國維以自殺方式中斷學術事業，表明他沒有學術的使命感；陳寅恪的文化觀念中則缺少了純粹的學術追求。他們雖然在中國現代學術史上是兩座豐碑，而令我們感到遺憾的是他們未能建立真正的學術信仰。「獨立之精神，自由之思想」，只有成爲純粹學術信仰的一個組成部份時，才會是學者在完成使命的過程中體現出的本質力量。中國新時期以來已臻於昌明盛世，我們的時代爲學者實現「獨立之精神，自由之思想」提供了良好的文化環境與社會條件。然而急功近利的浮躁心理，非典型的學術腐敗機制和以經濟作爲學科價值的標準，這又嚴重地制約著學術的獨立與發展。每個時代的人們都會遇到新的問題，真是如此。我們重讀王國維紀念碑銘，爲王國維和陳寅恪追求「獨立之精神，自由之思想」而感佩，也可能意識到：我們的時代要成爲真正的學者，其前進的道路仍然是崎嶇而曲折的。

清華大學王觀堂紀念碑銘

士之讀書治學，蓋將以脫心志於俗諦之桎梏，真理固得以發揚。思想而不自由，毋寧死耳；斯古今仁聖同殉之精義，夫豈庸鄙之敢望。先生一以死見其獨立自由之意志，非所論於一人之恩怨，一姓

之興亡。表哲人之奇節，訴眞宰之茫茫。來世不可知者也，先生之著述，或有時而不章。先生之學說，或有時而可商。惟此獨立之精神，自由之思想，歷千萬世，與天壤而同久，共三光而永光。

──陳寅恪《金明館叢稿》二編第 218 頁，上海古籍出版社，1980 年。

（原刊《學術界》2006 年第 1 期）

治國學的途徑與整理國故
——回顧梁啓超與胡適在東南大學的講演

一

在二十世紀初年國學運動興起之際，南京國立東南大學的意義是不容忽視的，特別是著名國學大師梁啓超和胡適在此關於國學的講演對國學新思潮的開展產生了非常重要的影響。現在當國學研究再度興起時，我們重溫這兩位國學大師的講演，他們的意見仍然會給予我們許多啓迪。

1922 年秋，南京東南大學國文系同學受到當時國學新思潮的影響，深感國學淪夷，希望群力以挽救，於是聯繫本校文科同學商議成立國學研究會，國文系諸位教授極爲讚成並願意指導，全校各科同學紛紛參加。10 月 13 日，召開國學研究成立大會，由李萬育任主席。研究會下設經學、小學、史學、諸子學、詩文學五部進行研究工作。爲指導國學研究的開展，研究會特聘請校內外學者到會講演，迄於 1923 年初已作了十次講演，結爲《國學研究會講演錄》第一集，由商務印書館印行。這十次講演的題目爲：

吳梅：《詞與曲之區別》。

顧實：《治小學之目的與方法》。

梁啓超：《屈原之研究》。

陳延傑：《近代詩學之趨勢》。

江亢虎：《歐洲戰爭與中國文化》。

陳中凡：《秦漢間之儒術與儒教》。

陳去病：《論詩人應有之本領》。

柳詒徵：《漢學與宋學》。

江亢虎：《中國古哲學家之社會思想》。

梁啓超：《治國學的兩條大路》。〔註1〕

以上所講多爲國學研究專題，僅梁啓超的《治國學的兩條大路》最具國學研究的理論指導意義。梁啓超是於 1922 年 10 月赴南京東南大學講學的，每日下午講《中國政治思想史》，後整理爲《先秦政治思想史》。此外於 1922 年 11 月 3 日爲東南大學文哲會講演《屈原研究》，10 日爲史地學會講演《歷史統計學》，1923 年 1 月 9 日爲東南大學國學研究會講演《治國學的兩條大路》，13 日作《東南大學課畢告別辭》。〔註2〕

東南大學國學研究會主辦的《國學叢刊》於 1923 年創刊，以「整理國學，增進文化」爲宗旨，每季出版，發表關於國學論著的通論、專著以及詩文。1924 年 1 月國學研究會邀請胡適爲國學研究班講演『再談談整理國故』，講稿載於 1924 年 2 月 25 日《晨報・副刊》。國學研究會成立之前，1921 年 7 月 31 日胡適曾應邀爲東南大學及南京高師暑期學校講演《研究國故的方法》，講稿載 1921 年 8 月 4 日上海《民國日報・覺悟》副刊，又載 1921 年 8 月 25 日《東方雜誌》第十八卷第十六期。〔註3〕胡適前後兩次講演均是整理國故的問題，他在後一次講演裡說：「鄙人前年曾在貴校的暑期學校講演過一次整理國故，故今天的題目名曰『再談談整理國故』。那是我重在破壞方面提倡疑古，今天要談的卻偏於建設方面了。」〔註4〕這兩次講演是有內在邏輯聯繫的。

梁啓超和胡適在東南大學國學研究會的講演，是講國學研究的方法論問題，是他們研究國學的經驗總結，這在當時是最爲學術界所關注的。

〔註 1〕 東南大學國學研究會編《國學叢刊》創刊號，1923 年 3 月；《國學研究會講演錄》第一集，商務印書館 1923 年出版，見《新文學大系・史料索引》，上海良友圖書印刷公司，1936 年，第 282 頁。

〔註 2〕 丁文江、趙豐田編《梁啓超年譜長編》，上海人民出版社，1983 年，第 949～979 頁。

〔註 3〕 曹伯言、季維龍編《胡適年譜》，安徽教育出版社，1986 年，第 209～289 頁。

〔註 4〕 歐陽哲生編《胡適文集》（12），北京大學出版社，1998 年，第 94 頁。

二

　　梁啓超於 1920 年 3 月 5 日從歐洲回到了上海。他通過考察歐洲各國，對西方文化價值的認識發生了很大的變化，而且其人生態度也發生了很大的變化。他深感中國文化精神具有積極意義，於是決定遠離政治，從事學術著述和講學，希望以全力投入教育事業以培植國民的實際基礎。自從離開政治舞臺之後，梁啓超的學術研究實際上是屬於國學研究，曾寫有《國學小史稿》，但在編集《最近講演集》時，可能自以爲尚不成熟而棄卻了。〔註5〕在到東南大學講學之前，梁啓超出版了兩部重要的國學專著：《清代學術概論》、《中國歷史研究法》分別於 1921 年 1 月和 1922 年 1 月由商務印書館出版，此兩著應是治國學者必讀之書。前者概略地總結了清代學者整理與研究中國歷史與古籍的成就，它應是後世研究國學的出發點；後者從綜合的歷史觀念講述研究中國文獻與歷史的基本方法，也是研究國學的基本方法。雖然梁啓超後來於 1925 年在清華學校國學研究院擔任導師並講國學，但是我們縱觀其全部學術論著，只有他在東南大學所講的《治國學的兩條大路》是專門的直接的關於治國學途徑的論述。它最完整地表達了梁啓超的國學觀念，因而此次講演在國學運動史上具有特別重要的意義。

　　關於治國學的兩個途徑，梁啓超以爲：一是文獻的學問，一是德性的學問。這二者的研究對象與方法是完全不同的。文獻的學問是國學研究的本體，梁啓超在論述時其邏輯結構是：文獻的學問應用客觀的科學的方法去研究，對象是中國浩繁的史料──包括歷史、六經、諸子、詩文、小說等。研究的範圍是文字學、社會狀態學、古典考釋學和藝術鑒評學，要求達到求眞、求博、求通的標準。在國學運動初期，學術界對國學的性質、研究對象和方法尚在探討之中。梁啓超的意見是接近國學實質的，但在觀念上還不夠清晰，而且因其長於史學，以致特別強調史學的重要，出現將史學與國學淆混的傾向。如以治國學的目的「第一條路便是近人所講的『整理國故』，這部份的事業最浩博最繁難而且最有趣的便是歷史」，而他所提倡的科學方法即是其所著「《歷史研究法》和兩個月前在本校（東南大學）所講的《歷史統計法》裡頭」。〔註6〕關於「文獻的學問」，梁啓超的本意是指對文獻的研究，這與文獻學是

〔註 5〕 梁啓超《飲冰室合集・文集》之三十九第 48 頁，中華書局 1989 年重印本。
〔註 6〕 梁啓超《治國學的兩條大路》，《飲冰室合集・文集》之三十九，第 110～111 頁。

關於認識、運用和處理文獻的方法之學是不同的，他卻又將二者淆混。他在談「文獻的學問」的範圍時變爲談文獻學的範圍，所舉的四項之中的文字學、社會狀態學和藝術鑒評學，它們雖然要使用文獻，但卻非文獻的學問。儘管梁啓超存在上述學理上的一些缺憾，然而其講演中卻有對國學理論的重大貢獻：

（一）國學研究的對象是什麼，梁啓超以爲治國學的首要途徑是用客觀的科學方法以研究文獻，這即是當時胡適提倡的「整理國故」。這裡文獻包括了中國進入文明社會以來的經學、史學、諸子、詩文、小說筆記、金石刻文等用文字記錄的「文化產品」。它是「我們的祖宗遺予我們的文獻寶藏，誠然足以傲世界各國而無愧色」。〔註7〕我們可以概括爲：國學研究的對象即是中國的歷史文獻。

（二）怎樣去研究中國的歷史文獻，梁啓超嘗試提出「古典考釋學」，他說：

> 我們因爲文化太古，書籍太多，所以眞僞雜陳，很難別擇；或者文義艱深，難以索解。我們治國學的人，爲節省後人精力，而且令學問容易普及起見，應該負一種責任，將所有重要古典，都重新審定一番，解釋一番。〔註8〕

這實即對古典的考證。梁啓超在談到文獻的學問要做到「求眞」時，他提出了「新考證學」，此可視爲對「古典考釋學」的補充解釋。「新考證學」區別於清代乾嘉學派的考據學，它在名義上比「古典考釋學」更爲確切。梁啓超解釋說：

> 凡研究一種客觀的事實，須先要知它「的確如此」，才能判斷它爲什麼如此。文獻部份的學問，多屬過去陳跡，以訛傳訛，失其眞相者甚多。我們總要用很謹嚴的態度，仔細別擇，把許多僞書和訛事剔去，把前人的誤解修正，才可以看出眞面目來。這種工作前清「乾嘉諸老」也曾努力做過一番，有名的清代正統學派之考證學便是。〔註9〕

關於從學者個人的角度來治國學，梁啓超以爲這應根據個人的喜好與學養去分擔二三門做「窄而深」的研究，而且要拼著用一二十年的工夫，才可能作

〔註7〕梁啓超《治國學的兩條大路》，《飲冰室合集·文集》之三十九，第114頁。
〔註8〕同上，第112頁。
〔註9〕同上，第113頁。

得有點眉目。因此關於古代典籍的考證只能作窄而深的研究:「窄」則題目狹小,「深」則研究深入,而且要求「從極狹的範圍內生出極博來」。這樣所研究的應是歷史文獻的狹小問題,但卻體現出極博的學識。梁啟超於 1920 年著的《墨經校釋》和 1922 年著的《大乘起信論考證》即是如此。

（三）用什麼方法去進行考證,梁啟超特別強調要用客觀的科學方法。他對東南大學的同學說,這種科學方法已在《中國歷史研究法》和《歷史統計學》裡談過了。統計方法得出的數據是科學研究的一種依據或準備工作。關於科學方法,梁啟超在《中國歷史研究法》裡說:

> 歷史上事實,非皆能如此其簡單而易決,往往有明知其事極不可信,而苦無明確之反證以折之者。吾儕對於此類史料,第一步只宜消極的發表懷疑態度,以免真相之蔽;第二步遇有旁生的觸發,則不妨換一方向從事研究,立假說以待後來之再審定。〔註10〕

此過程是:提出懷疑,換方向思考,設立假說,審定假說。這種方法較之「大膽的假設,小心的求證」,顯然可以避免大前提引發的錯誤而失去客觀謹慎的態度。梁啟超不主張單純地去從事考證,主張用考證所得的事實運用思想去進行批評。他說:「夫吾儕修史,本非徒欲知此事而止,既知之後,尚須對此事運吾思想,騁吾批評。雖然思想批評必須建設於事實的基礎之上而非然者,其思想將為枉用,其批評將為虛發。」〔註11〕這樣的科學方法正是歐洲十九世紀以來新史學——歷史語言考證學派所使用的,它促進了新史學的進步。

我們可以將梁啟超關於治國學的途徑歸納為:用客觀的科學方法以考證歷史文獻。這是一個文獻的學問,亦即整理國故的事業。他的這種意見較當時章太炎、劉師培、王國維和胡適等國學大師對國學的理解是更為全面和更貼近國學的特質,〔註12〕故很值得我們重視。

關於治國學的另一條途徑,梁啟超指出它乃應用內省的和躬行的方法去研究,是屬於德性的學問。他說:「近來國人對於知識方面很是注意,整理國故的名詞我們也聽得純熟。誠然整理國故我們是認為急務,不過若是謂整理國故外,遂別無學問,那卻不然。」〔註13〕他以為中華文獻寶藏最突出之點

〔註10〕 梁啟超《中國歷史研究法》,商務印書館,1922 年 1 月初版,第 118 頁。
〔註11〕 同上,第 158 頁。
〔註12〕 謝桃坊《國學辨證》,《學術界》2007 年第 6 期。
〔註13〕 《飲冰室合集‧文集》之三十九,第 114 頁。

是含蘊的人生哲學，這不是知識的問題，亦非求真的問題，而是通過主體的
內省併付諸社會實踐的，即「知行合一」的德性之學。此學源於儒家，第二
個源泉是佛教。梁啓超從先儒和佛教中吸取了他認為合理的內核，以為儒家
偏於現世，佛教偏於出世，但它們的共同目的是願「世人精神方面完全自由」。
他解釋說：

> 現在自由二字，誤解者不知多少，其實人類外界的束縛，他力
> 的壓迫，終有方法解除，最怕的是「心為行役」，自己做自己的奴隸。
> 儒、佛都用許多的話來教人，想叫把精神方面的束縛解放淨盡，頂
> 天立地，成一個真正自由的人。〔註14〕

梁啓超捨棄了儒家為統治階級服務的倫理道德，超越了佛教的空虛寂滅的消
極態度，從中尋獲到具有積極意義的人生價值觀念。當學者以精神完全自由
的人生哲理光照去治國學，這「才算盡了人生的責任」。在《東南大學課畢告
別辭》裡，梁啓超著重發揮了「求精神生活的絕對自由」之說。他認為這是
東方的主要精神，為達到此境界以濟「精神飢荒」的方法是：一、裁抑物質
生活，保持精神生活的圓滿；二、先立高尚美滿的人生觀。〔註15〕如果有了
這樣的精神來研究學問，則必然會成功的。在當時，具有新思潮的國學家們
都是主張研究國學的目的是求真，國學是一種純粹的學術，它不必負擔提高
國民道德和改變世道民心的社會使命。梁啓超卻將德性的學問視為治國學的
根本途徑之一，這是與其它許多國學家的觀念相異的。梁啓超以為治國學即
整理國故，那麼「德性的學問」與「整理國故」的關係是怎樣的呢？在他看
來「德性的學問」是「整理國故」以外的一種學問。這樣從邏輯關係來看，
則「德性的學問」不屬於國學範疇，其內省性質與躬行方法皆與國學完全對
立。由此，梁啓超已陷入邏輯的矛盾與錯誤，因而「德性的學問」不能成為
治國學的途徑。雖然如此，梁啓超卻提出了一個學術信仰問題。國學家若同
清代乾嘉的考據家那樣，僅從事支離破碎的窄而深的文獻與歷史事實的考
證，而未將所學的知識及所治的學問轉化為學術信仰，從而建立人生的信念，
這樣的國學家因缺乏思想之光，必然影響其學術成就，也不能去發現具有重
大學術意義的課題。此外，如羅振玉、葉德輝、王國維、章太炎等國學家甚
至在晚年陷入文化保守主義的觀念之中，以致嚴重地損害了他們的學術成

〔註14〕《飲冰室合集‧文集》之三十九，第119頁。
〔註15〕同上，之四十，第12～13頁。

就。因此梁啓超所提倡的「求精神生活的絕對自由」，以期建立崇高宏大的學術信仰，卻又是每位國學家治國學的一條不可缺少的重要途徑。

三

在國學運動初期，胡適是最早提倡國學新思潮者。二十世紀初年學者們理解的國學實即儒家的經學，他們視儒家的政治倫理之學爲「國粹」，以弘揚國粹來抵制西學和新學。新文化的學者們對國粹主義思潮是持反對態度的，但卻引起了他們認眞考慮在提倡新文化思想時應怎樣對待中國傳統文化的問題。〔註16〕1917 年 7 月 10 日胡適自海外歸國，旋即應蔡元培之聘任北京大學教授，講授中國哲學、英國文學和亞洲文學名著。他於 1919 年 10 月 30 日《新潮》第二卷第一號發表《論國故學──答毛子水》的短文，回答了對國學質疑的意見。胡適以爲國學是超功利觀念的，是「爲眞理而求眞理」的純粹學術，而學者也應抱著「爲眞理而求眞理」的態度。〔註17〕此年 12 月 1 日他於《新青年》第七卷第一號發表《新思潮的意義》，在國學運動中第一次提出「整理國故」的號召。關於整理古籍的步驟，胡適以爲要作系統的整理，尋出每種學術思想的發展過程及影響，用科學的方法作精確的考證，在此基礎上進行綜合的研究。〔註18〕

這僅是整理國故的一個初步的意見，尙待完善。1921 年 7 月胡適在東南大學講演《研究國故的方法》時，其整理國故的概念與思路才較爲清晰。他第一次對「國故」的概念作了說明：

> 「國故」底名詞，比「國粹」好得多。自從章太炎著了一本《國故論衡》之後，這「國故」底名詞於是成立。如果講是「國粹」，就有人講是「國渣」，「國故」（National Past）這個名詞是中立的。我們要明了現社會底情況，就得去研究國故。古人講，知道過去才能知道現在。國故專講過去國家的文化。〔註19〕

章太炎的《國故論衡》是於 1910 年由日本秀光社排印出版的，他理解的「國

〔註16〕謝桃坊《爲中國學術謀解放──胡適開啓國學研究新方向》，《天府新論》2008 年第 6 期。

〔註17〕《胡適文集》（2），第 327 頁。

〔註18〕同上，第 557 頁。

〔註19〕《胡適文集》（12），第 91 頁。

故」是以儒術爲核心的「國粹」。胡適特別將「國故」與「國粹」予以區別，
表示了對國學觀念的新的認識。怎樣研究國故，胡適提出四種方法：一、歷
史的觀念；二、疑古的態度；三、系統的研究；四、整理。關於歷史的觀念，
胡適在 1923 年 2 月 25 日《東方雜誌》第二十卷第四號發表的《一個最低限
度的國學書目·序言》裡作了較詳的說明，即將古籍視爲歷史。關於系統的
研究，這是有待整理國故之後的理論性的綜合研究，即著成各種專門學術史。
關於整理國故，他僅提出在形式上爲古籍加標點符號並分段落，在內容上加
以新的注釋。胡適的講演共約兩千字，對以上三點只概略地談到，並未展開。
他著重講疑古的態度，有意破壞國粹主義的觀念。疑古的態度是國學新思潮
的一個重要標誌，它由胡適第一次鮮明地提出來。他主張對於傳統文化的整
體——歷史文化典籍持「寧可疑而錯，不可信而錯」。因而：一、疑古書的眞
僞；二、疑古籍被那山東老學究弄僞的地方。胡適解釋說：

> 我們疑古底目的，是在得其「眞」，就是疑錯了，亦沒有什麼要
> 緊。我們知道，那一個科學家是沒有錯誤的。假使信而錯，那就上
> 當不淺了。自己固然一味迷信，情願做古人底奴隸，但是還要引旁
> 人進入迷途呢！我們一方面研究，一方面就要懷疑，庶能不上老當
> 呢！〔註20〕

胡適此次講演重新闡釋了「國故」的概念，對研究國故有了明確的計劃與方
向。其中疑古的態度對國學運動的進一步發展起到了非常重大的指導作用，
直接影響到顧頡剛以疑古爲特色的古史辨派的興起，導致古史辨派成爲國學
運動中的一個重要流派。〔註21〕1923 年 1 月在北京大學的《國學季刊》創刊
號上，胡適發表《〈國學季刊〉發刊宣言》，這是其《研究國故的方法》的發
揮。他再次解釋了「國故」的概念，並爲國學下了新的定義，對國學研究的
進行作了全面的論述。關於整理國故，他提出了一種整理方式：一、索引式
的整理，即對重要的卷帙浩繁的典籍編製索引，以便檢索；二、結賬式的整
理，即對典籍的集注集釋；三、專史式的整理，即著成各學科的、斷代的、
學派的、個人的專門學術史。〔註22〕這是胡適在《新思潮的意義》裡所談到
的系統的整理國故的具體解釋，但尚不是很完滿的。所以 1924 年 1 月在東南

〔註20〕《胡適文集》（12），第 92 頁。
〔註21〕謝桃坊《古史辨派在國學運動中的意義》，《文史哲》2009 年第 6 期。
〔註22〕《胡適文集》（3），第 11～15 頁。

大學國學研究班講演時，他再次專就整理國故的方式作了全面的論述。此次胡適談到整理國故的意義說：

> 現在一般老先生們看見新文化流行，讀古書的人少，總是嘆息說：「西風東漸，國粹將淪亡矣。」但是把古書翻開一看，錯誤舛僞，佶屈聱牙，所在皆是，欲責一般青年皆能讀之，實屬不可能，即使「國粹淪亡」，亦非青年之過，乃老先生們不整理之過。〔註23〕

此時怎樣整理國故的問題，胡適在認識上更爲成熟和全面了。他在《〈國學季刊〉發刊宣言》裡概括了整理國故的三種方式，在此次講演裡均簡略述及，又特別增添了「讀本式的整理」，並將它作爲首要方式而著重講論。「讀本式的整理」與其它三種方式不同，它屬於普及性的，讀者對象爲一般的青年。這種讀本式的整理要求具備五個方面：一、校讎，提供正確的文本；二、訓詁，對語言文字和事典的注解；三、標點；四、分段；五、介紹，對作者及典籍的歷史背景的介紹與批評。整理國故的四種方式，胡適認爲都是容易做到的，希望具有中材的和具有國學常識的人都參加整理工作。胡適先後在東南大學的兩次講演，它們之間是有內在邏輯關係的，可以表示如下：

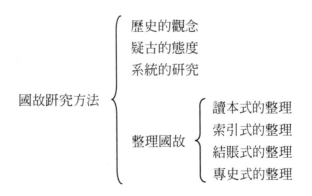

胡適所說的「研究國教」即是「國學研究」，而「整理國故」則是整個國學研究系統的一個部份。如果將整理國故與國學研究等同，則是混淆了兩個不同的學術層面。我們從胡適關於國學論述的考察，可見到他最初在《論國故學──答毛子水》時，對國學的認識是很淺表的；在《新思潮的意義》裡提出整理國故的口號，卻並不具體。胡適在東南大學的兩次講演雖然頗爲簡短，卻十分精粹，將它們合觀則很完整地表述了他研究國學和整理國故的計劃和

基本觀點，可以說這是具有總結意義的講演。它與《〈國學季刊〉發刊宣言》均在國學運動中發生了重大影響，促進了國學運動向新的道路的發展。

　　二十世紀初年，北平的高等學校是新文化運動的發源地，亦在這裡產生了國學新思潮，處於時代學術思想的激流。當時南方以南京爲中心的學術界則趨於守舊，並且抵制新文化。南京的東南大學是南方國學運動的重鎮，較早地成立了國學研究會。指導教師陳中凡、顧實、吳梅、陳去病、柳詒徵從推動國學研究的角度考慮，特先後邀請北方國學大師梁啓超和王國維來作學術講演，進行學術交流，由此帶來了新的思想和方法，大大推動了東南大學的國學研究。梁啓超在東南大學首次系統地闡述了他的國學觀念，以爲治國學的途徑是用客觀的科學方法以考證歷史文獻，並設想建立「新考證學」；同時他要求治國學者應有精神的絕對自由和堅定的學術信念。胡適在東南大學則系統而全面地講述了研究國故和整理國故的方法，總結了對國學運動的認識，特別倡導研究國學應持疑古的態度和歷史的觀念。梁啓超的講演是新的課題，考慮尚不成熟，卻提供了新穎的深刻的學術見解。胡適的講演是重複的課題，但使其論題得以完善，對國學運動具有切實的指導意義。我們合觀這兩位國學大師的講演，可見他們就治國學的途徑與方法作了非常重要論述，其中含有關於國學理論的極爲珍貴的意見。現在這兩位前輩大師的意見仍然具有學術的光輝，值得我們認眞的學習與發揚。

（原刊《江蘇文史研究》2010 年第 3 期）

論劉咸炘的國學觀念與學術思想

　　在中國近世學術史上，劉咸炘是一位罕見的天才，亦是長期湮沒的國學大師。1896 年劉咸炘出生於成都，少小就學於劉氏家塾，承傳家學，發奮著述。1918 年爲成都劉氏尚友書塾塾師。此書塾規模頗大，「專究國學」；劉咸炘爲各級學生講授國學，並於 1925 年創辦國學雜誌《尚友書塾季報》。1926年張瀾任成都大學校長，廣聘著名學者任教，劉咸炘受聘爲中文系教員。他自述云：「余年三十而足不出百里，向所與遊者，惟姻黨及父兄門下。丙寅（1926）出教國學，始得新交數人。」〔註1〕在成都大學中文系他與吳虞、李劼人、吳芳吉、劉復、盧前、彭芸生、唐迪風相識。1932 年劉咸炘去世，僅三十六歲，但著述達二百餘種，計四百餘卷，五百餘萬字；遺著匯編爲《推十書》，集其經學、哲學、史學、文學、諸子學、目錄學、校讎學的重要論著。劉咸炘一生潛心治學，淡泊名利，僻處西南一隅，未進入學術主流，又因其早逝及著述流傳不廣，以致在學術界影響甚微。近年國學熱潮再度興起，四川學術界開始重視其國學研究的成就並整理出版其著述，使其在四川國學運動中的意義逐漸顯著。茲擬試就其國學觀念與學術思想進行初步的探討。

一

　　蜀學在中國學術史上曾經是輝煌的，自漢代以來出現過眾多著名的文學家、史學家、理學家、雜家，以及一些通貫淵博的學者，但自明末清初以來因長期的戰亂而摧毀了四川的經濟與文化，所以繁榮的清代學術中，

〔註1〕劉咸炘《唐迪風傳》，《推十書》，成都古籍書店影印本，1996 年，第 2125 頁。

蜀學幾乎無一席之位。這種情況在清末才漸漸發生變化，以廖平爲代表的今文經學派在四川興起並對近世學術思想有著較大的影響。雖然如此，蜀學與其它地域比較仍是落後的。劉咸炘在二十世紀二十年代即深感「成都學風衰薾已極，欲望其如燕京、金陵、清華，尚不可能」。〔註 2〕這種情況的原因，他以爲：「蜀中學人無多，而有不能容異己之病。先輩不能屈尊後進，又多侮老。學風衰寂，職此之由。加以遊談者多，而勤力者鮮，視典籍爲玩好，變學究爲名士，以東塗西抹爲捷，以究源竟委爲迂。」〔註 3〕我們從學術淵源考察，可見四川學術的衰寂，主要是傳統學術的斷裂和現代學術尚未建立所致，故出現政治家和名士較多，而眞正的學者極少的現象。當劉咸炘進入四川學術界時，前輩學者廖平已是經學思想變化的後期，表明今文經學的終結；比劉氏年長兩歲的蒙文通正從傳統經學走向史學而形成其學術個性之時。劉咸炘的治學道路既非傳統的，亦非純現代的，試圖在舊學與新學之間找到一條通達眞理之路，在廣博的知識結構的基礎上建立一個宏偉而精深的體系。

劉咸炘的學術淵源頗爲特殊，他承傳了祖父劉沅的經學，崇尚章學誠的史學，又吸收了西方學術。劉沅（1768～1855）字止唐，號槐軒，世居四川雙流縣，乾隆五十七年（1792）中試舉人，嘉慶十二年（1807）遷居成都，講學以終。他對經學深有研究，著有《四書恒解》、《詩經恒解》、《易經恒解》、《春秋恒解》、《莊子恒解》等，均收入《槐軒全書》。其學究天人之際，探討天道與性命之理。劉咸炘少年時代從父兄學習而繼承了槐軒之學。槐軒先生長於義理之學，私淑史學理論家章學誠；這對劉咸炘亦有影響，故在其青年時代即志於史學。他對章氏之學有深入理解，認爲：「先生之學，以校讐爲本，宗劉氏父子，大要不過以六藝統諸子。六藝記實事，諸子說虛理，史即經之流，集乃子之流；此一義也。記實者在先，說虛者在後，古學在官，後變師授；此又一義也。由此而推，則以合統分，以公統私，乃先生之大識通義。」〔註 4〕這從方法論的意義高度概括了章學誠的史學特點。劉咸炘自述學術淵源說：

〔註 2〕 劉咸炘《與蒙文通書》，《推十書》，成都古籍書店影印本，1996 年，第 2209 頁。

〔註 3〕 同上，第 2207 頁。

〔註 4〕 劉咸炘《文史通義識語》卷上，《推十書》，成都古籍書店影印本，1996 年，第 696 頁。

　　吾之學，《論語》所謂學文也。學文者知之學也，所知者事之理
也，所從出者家學。祖考槐軒先生私淑章實齋先生也。槐軒言道，
實齋言器。槐軒之言，總於辨先天與後天；實齋之言，總於辨統與
類。凡事物之理，無過同與異，知者知此而已。先天與統同也，後
天與類異也。槐軒明先天而略於後天；實齋不知先天，雖亦言統，
止明類而已，又止詳文史之本體，而略文史之所載；所載廣矣，皆
人事之異也。吾所究即在此。故槐軒言同，吾言異；槐軒言一，吾
言兩；槐軒言先天，吾言後天；槐軒言本，吾言末而已。〔註5〕

劉咸炘雖出自槐軒之學與實齋之學，卻能從哲學的高度見到二者的區別與缺
陷，從而經過探討形成自己的學術觀點。他之所以有如此的哲學思辨是得力
於所接受的西學。西學東漸第一次翻譯高潮始於 1843 年新教傳教士在上海開
設的墨海書局，王韜與傳教士合譯西方自然科學書籍；1867 年江南製造局成
立翻譯館，1869 年上海同文館併入江南製造局，大量翻譯科技書籍。西方的
社會科學的輸入在清末，嚴復翻譯的八大名著給中國學術界引進了新學。王
國維於 1905 年論及中國學術思想說：「嚴氏之學風非哲學的，而寧科學的也。
此其所以不能感動吾國之思想界也。近三四年法國十八世紀之自然主義由日
本之介紹而入於中國，一時學海波濤沸渭矣。」〔註6〕成都雖然地處西南，但
市區有中華書局、商務印書館、開明書店等多家分店；這為劉咸炘吸收西學
和新學提供了條件。他能夠得西方哲學社會科學書籍，還能及時讀到《國粹
學報》、《東方雜誌》、《學衡》、《甲寅》、《民鐸》和《燕京學報》；因此他治國
學不同於抱殘守闕的國粹主義者。在教學中曾給學生開列了西學與新學的參
考書目五十餘種，它們皆是他曾讀過的。他認為：

　　旁參書者，採西方專科，申系統之說，以助吾發明整理也。昔
印度之學傳入中華，南朝趙宋諸公皆取資焉，以明學理，增加名詞，
緒正本末。以今況古，勢正相同。此非求攻錯於他山，乃是取釜鐵
於陶冶。義理之學需資哲學、心理、倫理三科；事實之學需資社會、
經濟、政治三科；皆後一稍輕，前二較重。〔註7〕

〔註 5〕劉咸炘《自述》，《推十書》，成都古籍書店影印本，1996 年，第 2124 頁。
〔註 6〕王國維《論近年之學術界》，《王國維遺書》（第五冊），上海：上海古籍書店，
　　　　1983 年。
〔註 7〕劉咸炘《淺書》，《推十書》，成都古籍書店影印本，1996 年，第 2329 頁。

劉咸炘將西學作為陶冶的一種原料，旁採以資參證，由此構成其學術的一種淵源。其治學道路是以史學理論為基礎，進而探究先秦諸子哲學，而在價值判斷方面取儒家與道家相結合的觀念。他的主要著作構成一個完整的體系：《中書》取儒家《中庸》之義，治學守中；《左書》探討儒家、道家和理學家的理論；《右書》論述倫理道德，包括禮制、政治；《內書》論自我修養，知行關係；《外書》為中學與西學的比較；《淺書》是教育與教學論。劉咸炘經過如此系統的探討試圖解決認識論的若干矛盾對立的範疇，以求對立的同一。他於1922年概括學理的十對範疇為：「陰陽」、「虛實」、「源流」、「始終」、「古今」、「來往」、「南北」、「東西」、「同異」、「公私」。他欲使之合一，「推十合一，執兩用中」，故其整個著述名為《推十書》〔註8〕。他自述心得說：「力學以來，發悟日多，議論日繁，積久貫通，視曩所得，皆滿屋散錢，一鱗一爪也。初撰左右篇，已發兩端之義，而他篇所舉相對之論，猶多散見。天、地、人，三道一貫之形，亦未全通，今悉記之，乃豁然知莊生所謂天地之純，古人之大體矣。兩之大綱，以具左右篇，即堪所序，故不別論。大氐合則為聖道（儒家）之中；分觀而不偏執，則為道家之精。」〔註9〕中國近世國學運動存在兩種治學傾向：一是以章太炎和廖平為代表的經學家，將國學理解為儒學，提倡儒行或託古改制；一是以胡適和顧頡剛為代表的新文化學者，將國學視為純學術，不考慮其現實意義，只注重其學術價值。劉咸炘建立的學術體系具有哲學家的追求，以此統率其關於史學、儒學、道家、理學、學術史、文學、考據學等的研究，所以他並非是探討形而上學的哲學家，而是一位國學研究者。他試圖開拓一條新的道路。

二

國學家們都是中國傳統文化的守護者，他們面臨西學東漸的迅猛之勢，力圖弘揚傳統文化，增強民族自信，艱苦地探討中國學術問題。他們對於國學的認識不盡相同，治學道路亦有很大差異，但都必須解決：研究中國學術有什麼意義，怎樣對待儒學與中國學術的關係，怎樣評價晚清以來重新發起的古文經學與今文經學之爭。劉咸炘治國學不可能避開這些問題，他有自己獨特的理解和認識。

〔註 8〕 劉咸炘《兩紀》，《推十書》，成都古籍書店影印本，1996年，第692頁。
〔註 9〕 同上，第691頁。

　　國學是什麼？章太炎認為是「以討論儒術為主，取讀經而會隸之」，胡適以為是「用歷史眼光來整理一切過去文化的歷史」，顧頡剛以為「是研究歷史科學中的中國的一部份，也就是用科學的方法去研究中國歷史的材料」，錢穆以為「其用意在使學者得識二千年來本國學術思想流傳變遷之大勢」〔註10〕。劉咸炘在講授國學時認為：

> 欲求成學，必須自讀，蓋國學本與科學不同。科學程序、性質，均固定分明，亦以來自西洋，國人能讀其書者稀，不能廣覽深究，惟憑轉販，故依次講授，本畢功完。吾國學，則四部相連，多不可劃疆而治；且陳編具在，待我窮研，即云淺嘗，四部常識，已非一端，數大經史，亦不可一窺其略。〔註11〕

這第一次指出了國學的綜合性質，它與西方現代學科的專門性質是相異的，學習的方法也是不同的。他理解的國學是以中國的經、史、子、集四部書為對象的傳統文化的研究，因而治學主張從博入手。國學研究的對象若理解為是關於中國文獻與歷史中存在的若干狹小而困難的學術問題，則我們研究每一問題，都必須具備關於中國四部書的知識，是不可能劃疆而治的。1918 年劉咸炘主講尚友書塾時，向學生開列基本的國學書目九十餘種，計有《周易》、《老子》、《莊子》、《素問》、《詩經》、《楚辭》、《七十家賦鈔》、《十八家詩鈔》、《周禮》、《管子》、《通典》、《儀禮》、《禮記》、《荀子》、《白虎通義》、《韓非子》、《左傳》、《資治通鑑》、《國語》、《史記》、《漢書》、《後漢書》、《文史通義》、《四書》、《呂氏春秋》、《淮南子》、《爾雅》、《廣雅》、《說文解字》、《音論》、《讀書雜誌》、《經義述聞》、《經傳釋詞》、《古書疑義舉例》、《文選》、《文心雕龍》等〔註12〕。1923 年胡適在《清華周刊》發表《一個最低限度的國學書目》，梁啟超繼在《清華周刊》發表《國學入門書及其讀法》。我們將這三種書目比較，劉咸炘所列書目較少，四部書兼顧，沒有門戶之見，甚為實用，反映了他所理解的國學基礎知識。國學的課題大都是採用傳統的考據學方法研究的。關於考據問題，劉咸炘談到治史，將「考證事實」列為首位。關於考證與史學的關係，劉咸炘認為：「考證在成書之先，然不成書，則止是零碎事跡，不得為史。」〔註13〕這一見解可以啟發我們對國學性質與方法的認識。

〔註10〕謝桃坊《國學辨證》，《學術界》，2007 年，第 6 期。
〔註11〕劉咸炘《幼教論綱》，《推十書》，成都古籍書店影印本，1996 年，第 2365 頁。
〔註12〕劉咸炘《書原答問》，《推十書》，成都古籍書店影印本，1996 年，第 2313 頁。
〔註13〕劉咸炘《治史緒論》，《推十書》，成都古籍書店影印本，1996 年，第 2386 頁。

中國文獻與歷史上存在狹小的學術考證問題，它們雖然分屬某學科的研究範圍，但卻非某學科的研究方法可以解決的，而這些成果又難歸入某學科；它僅是某專門學科研究的準備和事實依據而已；這正如「考證事實」與「史學」的關係一樣。劉咸炘的國學觀念中含蘊著合理的因素與智慧的閃光，值得我們認眞體會。

　　劉咸炘關於爲學目的是強調個人的修養與社會實踐。他說：「學者，人之生活法也。故杜威謂日常生活爲廣義之教育。無事非學，無人不學。其正不正之辨，即在是人非人，人之生活非物之生活也……學聖人以全其性。」〔註14〕這非就學術層面而言的。關於學術研究的意義，他說：

> 今日爲學所研究之範圍，即吾國先聖賢哲所研究之範圍，可以一言該之曰：人事而已。……吾前言，吾學止一史學，與今人言社會科學所指實同，橫爲社會，縱則爲史，各舉一端，不如直名爲人事。……所謂以事明理也。價值因人而生者也。求事實乃所以求價值，求價值又爲應付之預備，則由學而到術矣。〔註15〕

劉咸炘研究的是中國古代的社會科學，注重學術的事與理，並以爲學術須有應付社會實踐的作用才具備價值。他擺脫了儒家的修齊治平的觀念，亦超越了純學術的態度，探求著學術存在的社會意義。中國傳統的經世致用觀念是按照古聖先賢的遺訓以期改良社會倫理道德而產生現實作用。劉咸炘則是以理性的思辨和歷史的探討對中國學術進行全面研究之後，以尋求學術的現實價值；其學術思想與現代新儒學家有某些相似之處，但他卻非新儒學家。

　　經學是自漢代以來兩千餘年中國統治思想的理論基礎，是中國傳統文化的主流。中國古代學者皓首窮經，視「六經」爲神聖，學術思想爲之禁梏。清代乾嘉學者章學誠在《文史通義・易教》裡明確提出「六經皆史」之說。此說倡自明代的王守仁，由章學誠的闡發而在中國學術思想史上產生了劃時代的影響。〔註16〕劉咸炘私淑章氏，接受並修正了其說。他認爲：

〔註14〕　劉咸炘《中書・一事論》，《推十書》，成都古籍書店影印本，1996 年，第 13 頁。

〔註15〕　劉咸炘《淺書續錄》卷上，《推十書》，成都古籍書店影印本，1996 年，第 2355 頁。

〔註16〕　葉瑛《文史通義校注》，中華書局，1983 年，第 3～4 頁。

　　謂六經皆史，爲政典、爲典章制度者，章君窮於詞之詞也，不
　如直謂之正書。《詩》、《書》、《禮》、《樂》，謂之四術，《易象》、《春
　秋》、《周禮》斯在此，固皆當時所尊，以爲正本者也，即不經孔子
　之載，雖無經名，而已可名爲經矣。無論經之名爲孔子以前所已有，
　或爲儒者尊之之詞，要其所以爲經，固不因聖裁。章君謂六經初不
　爲尊稱是也，而又謂義取經綸爲萬世法則稍褊耳。〔註17〕

他雖讚同六經爲史，然以於義尙有不當之處，而對取經綸天下而爲萬世法之
義，則以爲是偏頗的。六經是中國古代經典，並不因儒家聖人的裁定而珍貴；
這否定了六經爲儒家之經典，它應當是史。劉咸炘解釋說：「理著於事，以事
明理。過去之事留一影子即史也。故謂之藏往知來，《易》之象即影子也。《易》
是虛擬，《書》、《詩》、《禮》、《春秋》乃實記，皆明理，皆可言虛；皆依事，
皆可言實。惟治經乃合明理之意。史該在經中。」〔註18〕六經之理著於事中，
此即「六經皆史」之義。他由此引申，以爲六經學術流別不同，分屬各學，
所以專治一經，不能稱爲「經學」。傳統治經學以小學爲途徑，從事訓詁考證，
附會凡例，這並未得經之旨，所以也不能稱爲「經學」。六經既非儒家經典，
也不具世法典型，其神聖性質消失了。劉咸炘在教學時並不要求學子普遍讀
經。他認爲：「諸經有切近不切近之別。《四書》、《孝經》及《禮記》中精要
之篇，爲人之大義，自當熟讀。《毛詩》之先授者，以其有韻易記，且誦詩舞
勺，陶冶童心，本古小學之法也。至如《尚書》知遠，本古大學之教；《周官》
士禮，本非誦讀之文；《易象》、《春秋》，孔門亦不盡通；且《盤》、《誥》聲
牙，《儀》文細碎，卦爻象頤，成誦已難；左丘之《傳》，同於馬、班，更何
須遍誦。」〔註19〕這從教學實際出發，指出普遍讀經是沒有必要的。國粹主
義者治國學，以治經爲主，力圖掀起讀經熱潮，因而劉咸炘重申「六經皆史」，
否定經學，反對讀經，這在當時四川是有助於學術思想解放的。在劉咸炘學
術系統中，六經僅是其研究對象之一，它是包含在史之中的，而治學方法則
取道家的思辨。他說：

　　吾常言，吾之學其對象，可一言以蔽之曰史；其方法，可一言
　以蔽之曰道家。何故捨經而言史，捨儒而言道，此不可不說。吾儕

〔註17〕劉咸炘《校讐述林》卷一，《推十書》，成都古籍書店影印本，1996年，第1647頁。
〔註18〕劉咸炘《論學韵語》，《推十書》，成都古籍書店影印本，1996年，第2318頁。
〔註19〕劉咸炘《幼學教綱》，《推十書》，成都古籍書店影印本，1996年，第2364頁。

> 所業，乃學文之學，非《論語》首章所謂學也。此學以明事理爲的，
> 觀事理必於史。此史是廣義，非但指紀傳編年，經亦在內，學之言
> 理，乃從史出。〔註20〕

這是其道家史觀。因此他治學選擇了很特殊的途徑。

漢代所傳儒家經典有先秦古文字書寫的和秦以來今文字書寫的兩種，文字、篇數及傳授師法均有異，由此形成「古文」和「今文」兩大學派。清代學術的發展在乾嘉學派之後今文經學派逐漸興起，在晚清而形成學術主潮。國學前輩中廖平是今文經學大師，章太炎則是古文經學大師。清末因今文經學家王闓運在成都尊經書院講學，以致四川今文經學極盛。章太炎極力攻擊今文經學，並以爲國學的發展深受其害。他說：「今國學所以不振者三：一曰毗陵之學（莊存與），反對古文傳記也；二曰南海康氏（有爲）之徒，以史書爲帳薄也；三曰新學之徒，以一切舊籍爲不足觀也。有是三者，禍幾於秦皇焚書矣。」〔註21〕他竟以爲今文經學的興盛是國學的劫運，如同秦始皇焚書一樣嚴重。廖平治今文經學的成就很高，這是章太炎頗爲肯定的，但又對其學說加以概括之後逐一批評。劉咸炘治國學不重複經學家的故轍，因而能超然於今古經學，對之作客觀的評價，尤其以爲章太炎是古文經學的極端，廖平則是今文經學的極端。他雖然崇尚「六經皆史」之說，卻並非古文經學派，故表示：

> 吾宗章實齋六經皆史之說，於經學今古文兩派皆不主之。古文
> 家之極若章太炎，今文家之極若廖季平，吾以爲太過。……今文家
> 以實齋爲己敵，而極攻六經皆史之說。吾主實齋，似若古文者，實
> 不然也；特於今文家之言，則多不敢信耳。〔註22〕

因四川當時今文經學特盛，劉咸炘並無門戶之見，追溯晚清今文經學的發展，從學理上給予很公允的批評。他指出今文經學家也用訓詁考訂的方法，但畢竟不同於乾嘉學派的考據學，他們「貴微言大義，亦用考訂而不專於瑣屑，尋義例以貫通，索幽僻以推擴；其亦用資考據，而其變則實因避難求易，改實爲虛，與宋儒貌異心同」。這是晚清今文經學不同於古代今文經學之處，因

〔註20〕 劉咸炘《道家史觀說》，《推十書》，成都古籍書店影印本，1996 年，第 32 頁。

〔註21〕 章太炎《制言發刊宣言》，《章太炎全集》（五），上海：上海人民出版社，1985
年，第 159 頁。

〔註22〕 劉咸炘《經今文學論》，《推十書》，成都古籍書店影印本，1996 年，第 109
頁。

其受到乾嘉學派影響所致。他不像章太炎那樣帶著偏見而對之徹底否定，以爲：「如莊存與、宋翔鳳、龔自珍、魏源，固不得全謂虛誕，且根據緯書，於鬼神之旨間有所得，於前儒習固不敢言者，昌言不忌，亦頗精審。惟空說易傳，奇談無極。其弊直視六經如隱語，又無宋儒力行之意，故弊尤深，害尤大也。」〔註23〕此評雖然合於學理，但尚未見到今文經學對學術思想和社會思想所引起的重大變化的意義。劉咸炘的《經今文學論》是一篇精深的論文，評論了蜀中國學前輩廖平的學術思想，對今古經學之爭的關鍵問題如關於今古文經典、孔子的評價、孔子是否作經、劉歆僞造經典、治學方法等，在肯定廖平《今古學考》的前提下尖銳地進行了批評。例如今文經學家最講求經典的微言大義，劉氏說：

> 若言之理，則兩家互有得失，未見孰全優而全劣也。廖氏《今
> 古學考》曰：「因革損益，止是制度，義理則百世可知，故今古之爭，
> 止在制度，不在義理，以義理今古所同也。」此論是也。兩漢經學
> 家微言大義亦自無多，以吾觀之，其精深卓犖足以紹孔門而超諸子
> 者，宋儒乃能發明之，而今文家反不措意，彼固以爲不當空言義理
> 也。夫於古事邪，則今文家所證明者孔子以前皆怪力亂神也；於孔
> 子之學邪，則所證明者爲粗略之政論，神秘之讖語。諸公之成績如
> 是耳。〔註24〕

今文經學家所倡的發明微言大義，實不如宋代理學家，其發明者皆尚古荒誕的東西，其經世致用則流爲粗俗的政論。這是廖平、康有爲等今文經學家的根本錮疾。劉咸炘的評論是尖銳而深刻的，至今對我們認識今文經學派的思想仍有指導的意義。因他深明今古文經學之弊端，故能在學術思想與方法上實現超越。

三

民國時期國學前輩對於西學有兩種態度：一是如鄧實、劉師培、章太炎、黃節、廖平等力圖保存國粹以抵制西學，他們並不認眞閱讀西方書籍；一是如梁啟超、胡適等接受並介紹西學，研究國學則採取傳統的考據學方法。當

〔註23〕劉咸炘《學略·經略》，《推十書》，成都古籍書店影印本，1996 年，第 2269 頁。
〔註24〕劉咸炘《左書》卷二，《推十書》，成都古籍書店影印本，1996 年，第 111 頁。

時學術界出現西學與中學，新學與舊學之爭。劉咸炘認眞研讀過西學，視野廣闊，故能在更高的學術意義上來認識。他說：「學之習尙風氣有變，而學之範圍標準無變。眩風氣而忘標準，學者所以多偏爭也。當學風之代嬗，新者於舊者，必間執其弊而攻之，其弊甚著也，所執甚信也。舊者不得不敗而衰，然而舊者固亦有其不可磨滅者，雖衰而不絕也。」〔註25〕從世界學術史來看，劉減炘對新學與舊學關係的認識概括了學術思想發展變化的規律。在此基礎上，他對西學是採取「陶冶」的態度，因而探討中國學術思想時善於較客觀地進行中學與西學的比較研究。他認爲：

> 西人之學以哲學爲最高，而其義本爲愛智，起於驚疑，流爲詭辯，其後雖蕃衍諸科，無所不究，然大抵重外而忽內，重物理而輕人事；故求眞之學則精，而求善之學則淺。倫理一科，僅分哲學之一席，其弊然也。西人謂中人有術而無學，不知彼正患其重學輕術。〔註26〕

西方重自然科學，中國重倫理道德，這是中西學的差異。他進而推究西方重在「治物」，故討論量與質的問題；中國重在「治心」，故討論事物的本與末的問題。劉咸炘以其「中」的觀念力圖在中西各種對立的哲學範疇中求得統一，以爲中學之旨在本質上是求「通一」的：「一」與「多」，「同」與「異」，「動」與「靜」，「無」與「有」，「量」與「質」，「本」與「末」，它們都是相對的，但在絕對的意義上是「通而爲一」的。這體現出其陶冶中西學的儒家中庸與道家自然的結合。關於中西學本體論之異，劉咸炘比較後以爲：

> 道家宗旨曰自然。自然者，莫使無故之謂也；此乃中華唯一之本體論。歐洲哲學之本體論，多於現象之後追究其最終之主使與所以使現象如此者是何原因。目的、機械之爭由是而起。中華聖哲則無此爭，其視現象惟曰即是如此，本來如此而已，即所謂自然，更無主使，亦無原因。雖有無與道之名，即指一氣，不過一切現象總體，非別有一物。〔註27〕

〔註25〕劉咸炘《讀書簡要說》，《推十書》，成都古籍書店影印本，1996 年，第 1041 頁。

〔註26〕劉咸炘《撰德論》，《推十書》，成都古籍書店影印本，1996 年，第 559 頁。

〔註27〕劉咸炘《莊子釋滯》，《推十書》，成都古籍書店影印本，1996 年，第 1100 頁。

這裡劉咸炘的道家思想表現得最爲突出。他雖然見到中西本體論的差異，但過份強調道家本體論的學理意義，因而未見到它導致中國學術思想缺乏細密分析和精深探究，故在春秋戰國百家爭鳴之後長期處於停滯不前的狀況，尤其在近代以來中西學發展的差距愈益增大了。劉咸炘承認中學存在「諸科雜陳，不詳事物」的現象，遭到「專門不精」的譏評，但堅持以爲中國先哲是求「本」捨「末」，重在「治心」，不重「物質」；因而西方學術用科學方法所得是以物質養身，自誇征服自然，而實受自然支配；所以西學的成就並未超越中學。從學理來看，劉咸炘的見解有某些合理的因素，可是他忽略了西方社會在近代以來因物質文明和國力強盛已進入世界先進之列，而中國則遠遠落後了。劉減炘未從中西學的比較中獲取有益的東西，而是加強了對中國傳統文化價值的信念。然而固守中華傳統文化絕不意味著就可能實現民族文化復興的。中西學比較的結果，使劉咸炘民族主義的立場更爲堅定，這最明顯地表現在對西方近化法治之論和自由平等之論的批判與否定。

　　「人治」即德治，以倫理道德爲社會最高價值標準，並以之作爲治國的主導思想，似乎只要提高人民的道德水平，社會秩序便會良好，社會便會進步，國家政權便會鞏固；這是中國儒家和道家都主張的「人治」。劉咸炘很清楚，儒家的人治是與封建制度相適應的，道家的人治僅適於小國寡民的狹小社會範圍；如果國家統一，社會矛盾複雜，爲求得國家的安定與社會的發展，不得不用法治。他是崇向儒家和道家思想的，爲此甚感困惑：「至於今而群日通，西人標其社會之名而頌慶之，以爲進化，故棄人治而如弁髦。然其社會果進步耶？法制果可恃耶？」〔註 28〕法治是現代社會發展的必然選擇，亦在西方社會取得明顯的效果，但劉咸炘仍表示懷疑。晚清以來西方法學思想輸入，嚴復譯埃·詹斯克思《社會通詮》（即《政治史》）和孟德斯鳩《法意》（即《法律的精神》均於 1904 年出版，引起了學術界對中國傳統人治的批評，提倡向西方學習。劉咸炘以爲：

　　　　守靜知足，乃吾華人之特性，迥異於西譯者，今東西學者皆能
　　知之。自漢以降，聖道實未大明，治術陽儒而陰法，民風則陽儒而
　　陰道。民性如是，故刑名功利之說，終不能大行。今時人欲變華以
　　從西，不知今日西方熱病極深，方以此爲妙藥。〔註 29〕

〔註 28〕劉咸炘《不熟錄》卷二，《推十書》，成都古籍書店影印本，1996 年，第 1199 頁。
〔註 29〕劉咸炘《增廣賢文序》，《推十書》，成都古籍書店影印本，1996 年，第 150 頁。

這是他在《增廣賢文序》裡說的。《增廣賢文》引起劉咸炘的特別重視，發現它以格言的形式只說事勢，包括了儒家和道家思想，體現出「守靜知足」的國民性的特點。因此中國古代執政者與民眾對於儒家的政治倫理皆是陽奉陰違的，所以法治不能眞正施行。第一次世界大戰後，西歐各國殘酷的現實，曾令西方哲人和中國向西方尋求眞理者對西方的物質文明和文化精神深感失望，試圖從東方尋找到一種文化精神。劉咸炘亦因此讚美中國「守靜知足」的國民性，愈益堅定其在情感上反對法治。自 1899 年嚴復譯約翰‧斯圖亞特‧穆勒《群己權界論》（《自由論》）刊行，新文化運動之後西方平等自由之說更對中國產生巨大社會影響，成爲反對封建思想的武器。劉咸炘對此亦表示反對，他說：「自由平等之說倡，而人倫孝悌之說棄如弁髦。平等之說固已廢階級，自由之說且欲廢家庭。」〔註 30〕他以維護儒家禮法和封建等級制的態度而反對平等自由之說，由此可見其守護中國傳統文化的民族主義精神。這樣，在肯定中國傳統文化價值的合理性的前提下，劉咸炘進而表示反對歐洲中心主義。他說：

> 彼西洋人於中國事實本不詳悉，所據以成公例者僅西方之事，即使旁徵奧、非、美諸洲及西亞一隅，亦不過大地三分之二耳。凡其所謂人類公例者，人類一部份之公例耳。所謂世界史者，世界大半之史耳；所謂上古史者，奧、非、美諸洲蠻族之史耳。此所謂不完全之歸納也。故最近西人漸知華事，或傳聞故籍，或發掘遺藏，前之公例常有修改，而吾華人乃作奏不去葛龔〔註 31〕，沿襲他人而不知變，反鄙棄舊典，強以中國事附會之。〔註 32〕

這以邏輯推理說明西方學術的許多公例的片面性，批評了世界學術史上的歐洲中心主義，指出某些漢學家已在改變對中國的看法，而國內一些學者仍然主張西化，遺棄中國傳統文化。我們縱觀劉咸炘對西學的態度，他不是如國粹主義者那樣因維護傳統文化以拒斥西學，而是通過閱讀大量的漢譯西學典籍而對西學有較深瞭解，將它與中國傳統文化進行比較，敏銳地求得二者的

〔註30〕劉咸炘《內書‧群治》，《推十書》，成都古籍書店影印本，1996 年，第 427 頁。

〔註31〕葛龔，東漢人《後漢書》卷八十有傳。有請龔代作奏文，其人抄寫時而寫龔名以上。時人謂之曰：「作奏雖工，宜去葛龔。」

〔註32〕劉咸炘《進與退》，《推十書》，成都古籍書店影印本，1996 年，第 633 頁。

差異。這樣中國學術在比較中更為顯著，但經過比較，劉咸炘從學理上說明中國學術的優長，加強了對中國文化的信念。

我們從劉咸炘特殊的學術淵源及所建立的學術思想體系，從他關於中國學術意義的認識和由道家史觀出發對儒學的獨立見解，從他關於中西學的比較所體現的民族主義態度，這都表明他在國學研究中異於民國初年老一輩的國學家。國學家中無論具國粹思想或具新文化思想的，他們都沒有自覺地去建構一個思想體系。劉咸炘在廣博的中國傳統文化的基礎上，參考了西學而自覺地建立了一個宏偉的體系。關於國學研究的價值，劉咸炘認為在於「以事明理」，指導人們的社會實踐，期望以之改進社會道德，因此他不是持純學術態度的。研究方法在國學中是很重要的，新的考據方法在二十世紀二十年代以後逐漸成國學研究的基本方法。劉咸炘長於史學與思辨相結合的方法，故著述以史學本體研究和理性探索為特點；雖然他也有若干考證文章，但皆屬資料匯集以示源流，而非嚴密的文史考證。中國的國學運動明顯地存在舊學與新學兩種傾向。章太炎和廖平等屬於舊學，他們採用文言的表述方式和治經的方法。胡適和顧頡剛等屬於新學，他們採用現代白語的表述方式和新的考證方法。劉咸炘儘管有一些新的學術思想，但基本觀念和方法仍屬舊學的範圍。從上述幾方面可以說明：劉咸炘在國學研究中獨闢蹊徑，探索著一條新的道路，在舊學的範圍內作了最大的努力。他的國學觀念包含有重要的合理的因素；他對中國學術的特點與價值的認識，於我們仍有啟迪意義；其思辨與學理所臻之高度，仍值得我們學習。從劉咸炘學術的廣博精深及其豐碩成就來看，他實不愧為蜀中的國學大師。

（原刊《西華大學學報》2008 年第 2 期）

胡適的國學觀念與其白話小說考證

　　自 1920 年 7 月胡適完成《〈水滸傳〉考證》後，陸續進行了關於《水滸續集兩種》、《紅樓夢》、《三國演義》、《西遊記》、《鏡花緣》、《三俠五義》、《儒林外史》、《兒女英雄傳》、《海上花列傳》、《官場現形記》、《醒世姻緣》等中國長篇白話小說的考證。它們隨著上海亞東圖書館採用新式標點印行這些小說而廣爲流傳，並收入《胡適文存》而爲學術界所矚目。1942 年，胡適將其重要的小說考證論文編爲《中國章回小說考證》由上海實業印書館出版。此後他還於 1945 年 7 月寫成《記但明倫道光壬寅刊的〈聊齋誌異新評〉》，1947 年 10 月發表《記金聖嘆刻本〈水滸傳〉裡避諱的謹嚴》，並在逝世前兩年（1960～1961 年）發表了《所謂「曹雪芹小像」的謎》、《影印乾隆甲戌本〈脂硯齋重評石頭記〉緣起》和《跋乾隆甲戌本〈脂硯齋重評石頭記〉影印本》。胡適關於白話小說考證的論文、札記和書信總計約五十餘萬字，是其整個學術著作中較爲重要而且最有價值的部份。胡適晚年總結自己的治學經驗時說：「我可以引爲自慰的，就是我做二十多年的小說考證，也替中國文學史家與研究中國文學史的人擴充了無數的新材料。只拿找材料做標準來批評，我二十幾年來以科學的方法考證舊小說，也替中國文學史上擴充了無數的新證據。」〔註1〕胡適對中國現代學術許多領域曾發生過巨大而深遠的影響，他爲什麼要用漫長的時間和大量的精力去從事白話小說考證，它們在其學術體系中絕非偶然的現象，而是與其所發起的新文學運動和提倡的整理國故運動存在深層的聯繫；其所用的科學方法，至今看來尚值得我們借鑒。我們回顧與討論這些

〔註 1〕　胡適《治學方法》，1952 年 12 月 6 日在臺灣大學的講演，載於《胡適文集》
　　　　　（12），北京大學出版社，1998 年，第 161 頁。

問題，將會發現新的國學觀念與方法的引導，促使胡適在中國白話小說研究方面取得卓越的成就。這有助於對我國當前的國學熱潮進行深刻的歷史反思。

一

　　1915 年 9 月 15 日以《新青年》雜誌的創刊為標誌而發起的中國新文化運動有兩個內容：一是提倡現代新思想和新道德的思想革命，一是提倡白話文學的文學革命。胡適在文學革命運動中起到了發起和推動的巨大作用，他在 1961 年回顧這場運動時說：「這一運動———一般稱為文學革命，但是我個人願意叫他做『中國的文藝復興』——是我與我的朋友在 1915、1916 與 1917 年在美國大學的宿舍中所發起的。直到 1917 年，這一運動才在中國發展。」〔註 2〕當時胡適在美國留學，接受西方現代文化的過程中發現中國文學確有改革的必要，而且必須從文學語言進行改革。中國自《詩經》以來的三千年內積纍了極豐厚的文學遺產，其中的大多數作品是用典雅古奧的文言寫作的，僅有少數作品——宋以來流行於都市的通俗文學作品才是用經過提煉的口語寫作的。1915 年 5 月，胡適形成了活文學的觀念，以為宋人的語錄、元人雜劇、章回小說等通俗作品明白如話，暢快淋漓，自由達意，仍然能為現在的讀者理解，因而是「活文學」〔註 3〕。1917 年 1 月，胡適在《新青年》發表《文學改良芻議》，是這場文學革命的宣言，其「白話文學」的觀念已經成熟〔註 4〕。他認為中國的書面語言與口語相背馳，即書面的文言表述與現實的口語相脫離的現象是由來已久。從佛教傳入東土後，佛經的翻譯多用白話，至宋人講學以白話為語錄；此後白話文學興起，白話成為文學語言，產生了優秀的白話長篇小說《水滸傳》和《西遊記》。他對這兩部小說特別推崇。1918 年 5 月，胡適在《新青年》發表《建設的文學革命論》，他將中國白話長篇小說《水滸傳》、《西遊記》、《儒林外史》和《紅樓夢》作為「活文學」，認為它們是白話文學的典範，並且肯定：「我們今日所用的『標準白話』都是這幾部白話文學定下來的。」〔註 5〕

〔註 2〕 胡適《四十年來的文學革命》，《胡適文集》（12），北京大學出版社，1998 年，第 87 頁。

〔註 3〕 胡適《談話文學》，《胡適古典文學研究論集》，上海古籍出版社，1988，第 1 頁。

〔註 4〕 胡適《胡適文集》（2），北京大學出版社，1998 年，第 14 頁。

〔註 5〕 同上，第 48 頁。

當時新文化運動的先驅者陳獨秀、錢玄同、劉半農、傅斯年、胡適都提倡白話文學，顯然胡適的主張是最有實效和影響的。

為什麼要提倡白話，1935 年蔡元培總結文學革命的歷史經驗時，將它與歐洲文藝復興進行比較。鑒於歐洲文藝復興是把民族方言利用為新文學的工具，從而創造各自國語的新文學，因此中國文藝復興也是以白話文學革命為條件的。蔡元培描述了新文化運動由思想革命而進至文學革命的歷史，他以為這是一種發展的必然趨勢：「這因為文學是傳導思想的工具。」〔註 6〕他欲表明新的思想必須用新的文學語言——白話來傳導。當時提倡白話文的意義，我們在很長一段時期內對它的認識是不足的。語言是同人類的思維相聯繫的，是思想的直接現實。中國書面的文言與現實的口語脫離，必然導致語言與思維的脫離，不能直接反映思想的現實。這種形式與內容的分離和歐洲中世紀通行的書面語言拉丁文與現實中使用的各民族俗語的情況相同。歐洲在文藝復興之後普遍在文學中使用民族語言而形成國語，由此使西方人進入近代文明的思維方式。公元十五世紀，意大利語文學大師瓦拉指出經院哲學家那種含混不清的構詞法與生造的術語，無助於人們對現實世界的認識。他以為語言是人類文化發展的重要尺度，它是社會公眾的創造，因而在十五世紀的歐洲要再造古典文化風格是不可能的〔註 7〕。胡適分析了中國文言的退化，以為它的達意表情的功能已很低，詞語簡單而不能詳細寫實，不適於廣大民眾的教育，不能用於社會共同生活的交流。自元代以來白話文學的發展顯示出的兩大功用，即口語成為寫定的文學，它的作品通行於中國社會廣大地域〔註 8〕。因此白話文已成代替文言為書面語言的必然趨勢。然而在提倡白話文學時，新文化學者們遇到了一個很有爭議的問題：以什麼為標準？傅斯年認為「新文學就是白話文學；只有白話能做進取的事業」；做白話文的根據和憑藉是採用口語——「留心自己的說話，留心聽別人的說話」，由此形成的文學語言必須直接用「西洋的詞法」，形成一種「歐化國語的文學」〔註 9〕。

〔註 6〕蔡元培《中國新文學大系總序》，《中國新文學大系・建設理論集》，上海良友圖書公司，1935 年，第 9 頁。

〔註 7〕徐波《文藝復興時期法國民族文學研究》，四川人民出版社，2006 年，第 41 頁。

〔註 8〕胡適《國語文法概論》，《胡適文集》（2），北京大學出版社，1998 年，第 332 頁。

〔註 9〕傅斯年《怎樣做白話文》，《中國新文學大系・建設理論集》，上海良友圖書公司，第 217～227 頁。

傅斯年忽略了中國自宋以來已經形成一種白話文學的傳統，而且有了許多白話長篇小說作爲文學語言的典範。如果捨去它們而直接向現實口語學習並以歐化方式表現，這會讓習作白話文的初學者感到難以適從的。所謂「白話」，它是指中國在宋以來口語的基礎上經過提煉形成的文學書面語言。胡適的最大功績是從中國白話文學傳統中找到了新文學——白話文學標準。凡是標準的國語，必須是「文學的國語」。偉大的文學家們用他們的作品確立了國語的標準，以之可以統一全國的語言。胡適主張「不要管標準的有無，先從白話文學下手，先用白話文來努力創造有價值有生命的文學」；他從自己的經驗認爲：「《水滸》、《紅樓》、《西遊》、《儒林外史》一類的小說早已給了我們許多的白話教本，我們可以從這些小說裡學到寫白話文的技能……那些小說是我們的白話教師，是我們的國語模範文。」〔註10〕這是胡適提倡白話文學的歷史依據，是他學習白話文學的成功經驗。如果不能確立白話文學的標準，新文學運動的發展可能不會很順利的，也不可能具有文學語言的民族風格。雖然新文學的發展並不排除向歐洲文學語言的學習，但僅是借鑒而已。

從傳統的文學史觀來看，小說託體甚卑，以致長期被排斥於正統文學之外。它們文學價值的發現，最初是因爲西方的文學史家。俄國瓦西里耶夫於 1880 年出版的《中國文學簡史》裡論及了《金瓶梅》。英國翟理斯於 1900 年出版的《中國文學史》簡要介紹了中國的小說和戲劇。中國到 1914 年王夢曾的《中國文學史》由商務印書館出版，始有關於小說的簡述。因許多重要的小說向來被文學史家所忽視，又因資料的貧之與歷史線索的模糊，以及刊行這些小說的書坊的草率從事，致使關於它們的作者、版本、歷史背景等留下不少困難的學術問題。胡適當時以《水滸傳》等白話長篇小說作爲白話文學的標準，爲了推廣它們，在上海亞東圖書館的支持下，自 1920 年開始出版系列的新式標點本白話小說。在出版這些小說時很有必要向讀者作關於作者、版本及歷史背景的介紹，於是便不可避免地涉及許多困難的學術問題。解決這些問題卻又非新文學運動所應完成的任務，而應是當時國學運動中整理國故的內容之一。胡適恰好既是新文學運動的發起者，是整理國故的號召者，這使他從整理國故的視角去認眞地進行白話小說的系列考證。

〔註10〕 胡適《中國新文學運動小史》，《胡適文集》（1），北京大學出版社，1998年，第 129～130 頁。

二

　　晚清以來，西學東漸之勢的日益迅猛和新學的快速發展，衝擊並破壞著中國的傳統文化。這時一些文化保守主義學者爲抵制西學和新學而提出「保存國粹」的口號。所謂的「國粹」應指中國傳統文化的菁華部份，但國粹主義者卻因思想觀念的守舊，以致理解的「國粹」裡包含著大量的「國渣」。1903年冬，鄧實等在上海成立國學保存會。1905 年 2 月，國學保存會刊行《國粹學報》，主要撰稿人有鄧實、劉師培、章太炎、黃節、王國維、羅振玉、王闓運、廖平、孫詒讓、黃侃、馬其昶、鄭孝胥等五十餘人。這標誌了國學思潮的興起。1906 年在日本的中國留學生組成國學講習會，由章太炎主講。1912年元月四川成立國學院，2 月杭州成立國學會。新文化的學者們對國粹主義是表示反對的，《新青年》第四卷第四號（1918 年 4 月 15 日）發表了陳獨秀的《中國學術與國粹》，對「盲目之國粹論者守缺抱殘」的態度進行了嚴厲的批評〔註 11〕。這引發了胡適認真思考在提倡新文化時應怎樣對待中國傳統文化的問題。1919 年 2 月 1 日出版的《新青年》第七卷第一號裡發表了胡適的《新思潮的意義》。他將新思潮的根本意義理解爲是一種對文化的新態度，即「評判的態度」，因而提出「研究問題，輸入學理，整理國故，再造文化」的主張。他認爲對中國的舊學術思想的積極主張是「整理國故」。在「整理國故」工作中他特別倡導「要用科學的方法，作精確的考證」〔註 12〕。國粹主義者是將國學等同於儒學的，他們保存國粹即是提倡普遍的讀經，試圖以此達到改變世道民心的宏大的社會目的。胡適給予國學以新的定義，他說：「國學在我們的心眼裡，只是『國故學』的縮寫。中國的一切過去的文化史，都是我們的『國故』；研究這一切過去的歷史文化的學問就是『國故學』，省稱爲『國學』。」〔註 13〕他將國學理解爲研究中國傳統文化的學問，賦予國學以純學術的性質。他同時提出了擴大國學研究的範圍，進行系統整理國故的工作。整理國故的意義在於使國學運動的開展有具體的內容，可以貫徹科學的精神，推進國學研究的深入。國學即是對過去中國一切的歷史文化的研究，它包含了中國傳統的「四部書」──經史子集的典籍。1923 年 2 月，胡適在《東方雜誌》

〔註11〕 張寶明、王中江《回眸〈新青年〉‧哲學思潮卷》，河南文藝出版社，1998 年，第 324～325 頁。

〔註12〕 胡適《胡適文集》（2），北京大學出版社，1998 年，第 557～558 頁。

〔註13〕 胡適《北京大學國學季刊發刊宣言》，《胡適文集》（3），北京大學出版社，1998年，第 10 頁。

第二十卷第四號發表《一個最低限度的國學書目》，列出 181 種典籍，其中關於明清小說列有 13 種：《水滸傳》、《西遊記》、《三國演義》、《儒林外史》、《紅樓夢》、《水滸後傳》、《鏡花緣》、《今古奇觀》、《三俠五義》、《兒女英雄傳》、《九命奇冤》、《恨海》和《老殘遊記》。稍後在答《清華周刊》記者時，胡適又擬了一個《實在的最低限度的書目》列典籍 40 種，其中所列小說有《水滸傳》、《西遊記》、《儒林外史》、《紅樓夢》〔註 14〕。由此可見胡適在諸位國學家中是特別將小說列爲國學書目的；當然它們也應是整理國故的對象。

《胡適文選》於 1930 年 12 月由上海亞東圖書館出版，收入論文二十二篇，內容分爲思想方法、人生觀、中西文化、中國文學和整理國故問題，它們基本上可以反映胡適的思想與學術成就。在第五組關於整理國故問題共收入四篇論文《北京大學國學季刊發刊宣言》、《古史討論的讀後感》、《〈紅樓夢〉考證》、《治學的方法與材料》。《〈紅樓夢〉考證》是胡適小說考證的代表作品，它被列入整理國故的成就之內，足見小說考證是其整理國故的工作；而且他還認爲《〈紅樓夢〉考證》諸篇是其「考證方法的一個實例」。他很自信地向青年讀者說：「在這些文字裡，我要讀者學得一點科學精神，一點科學態度，一點科學方法。」〔註 15〕胡適提倡用科學方法整理國故，這最突出和最集中的貫徹在其小說考證中。新國學家和國粹學者研究國學在方法上存在明顯的區別，新國學家應用了新的科學方法，因方法的先進而取得了前所未有的成就。

中國經典的白話小說是新文學——白話文學的標準，而關於它們的考證則是國學運動中整理國故的一項內容，這樣新文學運動與國學運動之間就存在一種深層的聯繫。胡適在這兩個運動中的雙重身份使他對新文化運動的性質有很特殊的理解，所以他在晚年不僅將新文化運動認爲是中國的文藝復興運動，而且還將整理國故納入其中。他表示：「我曾說過『整理國故』——有系統和帶批判性的『整理國故』——是中國文藝復興運動中的一部份……我們這一文學革命運動，事實上是負責把大眾所酷好的小說，升高到它們在中國活文學上應有的地位。」〔註 16〕爲此他對優秀的白話小說以科學考證方法

〔註14〕 胡適《胡適文集》（3），北京大學出版社，1998 年，第 87～100 頁。
〔註15〕 胡適《介紹我自己的思想——〈胡適文選序〉》，《胡適文集》（5），北京大學出版社，1998 年，第 518 頁。
〔註16〕 胡適《胡適口述自傳》，《胡適文集》（1），北京大學出版社，1998 年，第 396～397 頁。

進行版本校勘，對作者和歷史背景作批判性的歷史探討。他還肯定小說考證與傳統的經學和史學研究的學術價值是相同的。

晚清時期，嚴復將英國近代哲學家穆勒、斯賓塞和赫胥黎的著作譯介入中國。這些哲學家屬於實證主義者，他們發展了培根以來的實證精神，將觀察、實驗、比較、歸納等自然科學方法引入社會科學，強調對客觀現象的研究，而且認為科學方法是社會科學研究的新的重要的方法。嚴復認為由對現象的觀察、實驗，經過歸納而尋求規律，再於實驗過程中檢驗，最後形成定理；這種實證方法促進了近代西方科學的繁榮昌盛。實證方法的引入給中國學術界帶來了新風氣，掀起了一股新的思潮。新文化運動以後，胡適又將二十世紀初西方實證主義的分支——美國杜威的實用主義哲學介紹到中國。他主張用科學方法整理國故，其科學方法即來源於實證主義和實用主義。1919年7月，胡適在《每周評論》第三十一號發表《實驗主義》，系統地介紹了實驗主義——實用主義在西方的興起與其基本的理論，以杜威為此派的集大成者。他將杜威的思想方法概括為五個步驟：感到疑難的存在，確定疑難之點，假設解決的種種方法，選擇一個假設，對假設的證實〔註17〕。胡適在吸收杜威的方法後，經過多次的改進與簡化，於1928年形成了一種簡便實用的科學方法，即「尊重事實，尊重證據」，於應用是「大膽的假設，小心的求證」；他以為這種科學方法與中國傳統的考據學是一致的：「中國這三百年的樸學也都是這種方法的結果。」〔註18〕清代乾嘉時期的學者戴震、江永、段玉裁、王念孫、王引之、錢大昕等治學以考據見長，表述樸實，被稱為考據學或樸學。他們在治學上主張：凡立一義，必憑證據；選擇證據，以古為尚；孤證不為定說；反對隱匿或曲解證據；羅列同類事項進行比較；專治一業，為窄而深的研究〔註19〕。顯然胡適已感到在解決中國文獻與歷史上若干狹小的學術問題時，西方實證主義僅具方法論的意義，而在具體研究過程中還必須採用中國傳統的考據方法，特別是對文字、訓詁、音韻、目錄、版本、校勘等工具和手段的使用。西方科學方法與中國考據學的結合構成了國學研究的基本方法——科學考證方法。此種方法在胡適的小說考證中的成功使用，為他

〔註17〕胡適《實驗主義》，《胡適文集》（2），北京大學出版社，1998年，第233頁。
〔註18〕胡適《治學的方法與材料》，《胡適文集》（4），北京大學出版社，1998年，第105頁。
〔註19〕梁啟超《清代學術概論》，商務印書館，1944年，第28～29頁。

整理國故作出範例，繼而爲國學運動作出重大貢獻。其方法在國學研究中發揮了良好的積極的影響，我們現在看來，它仍然具有方法論的意義，值得我們具體地考察。

三

1932 年，國民政府進行教育學制改革，北京大學研究院成立，將原來研究所國學門改名爲研究院文史所；從此「文史研究」這個新的概念出現，它是關於中國文獻與歷史的研究。1946 年，胡適談到文史學者的研究工作是「只尋求無數細小問題的細密解答」〔註 20〕。這補足了他關於國學的定義。國學可以理解爲是對中國文獻與歷史上若干狹小而困難的學術問題作細密的考證〔註 21〕。國學——文史研究雖然是解決一些狹小的學術問題，但所涉及的學術層面卻甚爲廣闊。國學研究因是採用科學考證方法，其工作是建立在事實和證據的基礎上，因而從浩如烟海的中國文獻典籍裡搜集材料或發現新材料是首要的條件。當胡適從事小說考證之初，中國學術界對小說研究尚處於起步階段，篳路藍縷，極爲艱難。蔣瑞藻的《小說考證》於 1920 年出版，它匯集的一些資料十分雜亂，尚非學術研究著作。魯迅的《中國小說史略》於 1923 年出版，初步構架了史的輪廓，個案的研究尚未深入；其《小說舊聞鈔》亦是資料匯編，僅是一般性的資料。胡適在考證時對許多材料的搜集是經過各種渠道、克服各種困難而獲得的；它們是零散的、偏僻的，並非常見典籍可尋得的。胡適於 1936 年致程靖宇書信裡說：「我對於一切年輕人的勸告，是有幾分證據，才說幾分話。有一分證據，只可以說一分話；有三分證據，只可以說三分的話。」〔註 22〕這也是胡適治學嚴守的原則。爲了作《紅樓夢》的考證，從 1921 年 5 月至 1922 年 4 月，他都在辛勤地搜集有關作者曹雪芹及其家世的史料，曾在天津公園裡圖書館從《楝亭全集》摘抄曹寅的資料，託張中孚抄寄楊鍾義《雪橋詩話》中關於曹雪芹事跡的資料，請單不廣送來《雪橋詩話》和《雪橋詩話續集》。此外還有，顧頡剛抄寄從《八旗氏族通譜》及《皇朝通志》獲得的曹氏家族資料，購得《八旗人詩鈔》摘出敦誠贈曹雪

〔註20〕 胡適《〈文史〉的引子》，《胡適文集》（10），北京大學出版社，1998 年，第784 頁。

〔註21〕 謝桃坊《國學辯證》，《學術界》2007 年第 6 期。

〔註22〕 耿雲志編《胡適書信集》（中），北京大學出版社，1996 年，第 687 頁。

芹詩四首，購得《八旗文經》獲得高鶚資料，購得《四松堂集》獲新的曹雪芹資料，顧頡剛抄寄錢泰古《甘泉鄉人稿》中曹寅的資料。顧頡剛爲胡適查獲許多重要的材料，他深有感慨地說：「我們處處把實際的材料做前導，雖是知道事實很不完備，但這些事實極確實的，別人打不掉的。我希望大家看著舊紅學的打倒，新紅學的成立，從此悟得一個研究學問的方法。」〔註23〕可見以實際材料作爲研究的前導和依據是具方法論意義的，而就紅學來說，它竟是新紅學與舊紅學的分野。胡適晚年以所獲關於《紅樓夢》的新材料爲例，說明它在科學考證中的重要性：

> 我所以舉《紅樓夢》的研究爲例，是説明如果沒有這些新材料，我們的考證就沒有成績。我們研究這部書，因爲所用的方法比較謹嚴，比較肯去上天下地，動手動腳找材料，所以找到一個最早的「脂硯齋抄本」——曹雪芹自己批的本子——和一個完全的八十回抄本，以及無疑的最早的印本——活字本——，再加上曹家幾代的傳記材料。因爲這些新材料，所以我的研究才有點成績。〔註24〕

某些重要的材料是可以作爲證據的，但對材料必須進行系列的辨僞工作。這是近代西方史學實證主義——歷史語言考證學派所特別注重的。英國史學家阿爾頓談到史料的辨僞說：「首先，他要問，他讀到的段落是否作者自己所寫的……其次，他要問，作者是從哪裡得到他的材料的……當事作者的性格，他的立場和先例，以及可能的動機，都必須加以考察。」〔註25〕胡適論及對證據的態度時，以爲一切史料都是證據，但要辨僞，他提出的辨僞五項原則，是完全發揮阿爾頓意見的：這種證據是什麼地方尋出的，什麼時候尋出的，什麼人尋出的，此人有做證人的資格嗎，他有作僞的可能嗎？〔註26〕他在小說考證時很注意材料的眞實性，例如關於《海上花列傳》和《官場現形記》作者材料的尋訪與鑒別。《海上花列傳》的作者自署「花也憐儂」，蔣瑞藻《小說考證》引《談瀛室筆記》以作者爲松江韓子雲，而其具體情形卻難以得知。

〔註23〕顧頡剛《〈紅樓夢辨〉序》，《胡適文集》（10），北京大學出版社，1998年，第93頁。

〔註24〕胡適《治學方法》，《胡適文集》（12），北京大學出版社，1998年，第162頁。

〔註25〕何兆武《歷史理論與史學理論——近現代西方史學著作選》，商務印書館，1999年，第353～354頁。

〔註26〕胡適《古史討論的讀後感》，《胡適文集》（3），北京大學出版社，1998年，第86頁。

胡適託友人陳陶遺訪問其松江同年韓子雲的歷史，陳氏介紹去找孫玉聲。這時恰好見到孫氏《退醒廬筆記》出版的消息，購得此書後即找到了韓子雲的材料。胡適迅即又與孫玉聲通信，請教一些問題，於是得知：韓邦慶，字子雲，別號太仙，又自署大一山人，作《海上花列傳》則署名「花也憐儂」。胡適根據新獲得的材料，於 1926 年完成《〈海上花列傳〉序》，對作者有新的考證並爲之辨誣〔註27〕。趙景深於 1945 年談到此事，引述魯迅《中國小說史略》後評述云：「《海上花列傳》作者的姓名，魯迅是時常耿耿於心的，所以他在《史略後記》上說：『即近時作者如韓子雲之名，亦緣他事相牽，未遑博訪。』但胡適在 1926 年爲《海上花列傳》作序已云韓子雲名邦慶，其書初刊於《海上奇書》，每半月印二回。魯迅《史略》修訂於 1930 年，即在胡適作序的四年後，似應據之改子雲爲邦慶，改七日爲半月。」〔註 28〕《官場現形記》的作者自稱「南亭亭長」，人們知道這是李伯元的別號，但其身世卻不清楚。胡適因友人蔣維喬的介紹，與李伯元的侄子李祖傑取得聯繫，不久得到李祖傑的一封長信，從而得以瞭解作者的生平大概。從這兩例可見胡適很注重材料的來源與其眞實性。

胡適提倡的科學方法，乃是對杜威實用主義方法在中國的移植。杜威於 1919 年 5 月至 1921 年 7 月在中國講學和考察。胡適認爲自中國與西方文化接觸以來給予中國學術界影響最大的是杜威，這主要是因爲杜威的新的治學方法。杜威的方法是「實驗主義」，胡適將它具體地分爲兩種，即「歷史的方法」和「實驗的方法」。歷史的方法實爲史學的研究方法，它將事件、人物、制度、學說、現象等視爲歷史過程中的一個中段，而它們並非孤立的現象，它們有產生的原因，也有所引起的效果。胡適將此種方法稱爲「祖孫的方法」，即向上瞭解其祖輩，向下瞭解其孫輩，將人物或事件置於歷史鎖鏈中考察。實驗的方法即實證的方法，它要求從具體事實與境況考察，以一切學說和知識都是有待證實的假設，都須用實行以驗證，以實驗檢驗眞理〔註 29〕。胡適的小說考證即具體地應用了這兩種方法。

自《紅樓夢》傳世之後，引起學者們關於小說中主要人物的種種猜測與附會，例如以它爲清世祖與董鄂妃而作；以爲書中女子多指漢人，男子多指

〔註27〕 胡適《胡適文集》（4），第 394～410 頁。
〔註28〕 趙景深《關於〈中國小說史略〉》，《中國小說叢考》，齊魯書社，1980 年，第 10～11 頁。
〔註29〕 胡適《杜威先生與中國》，《胡適文集》（2），第 279～280 頁。

滿人，具有政治寓意；以為所寫的是康熙時宰相明珠之子納蘭成德的故事。王國維於 1904 年感嘆說：「《紅樓夢》自足以為我國美術上之唯一大著述，則其作者之姓名，與其著書之年月，固當為唯一考證題目。而我國人之所聚訟者，乃不在此而在彼；此足以見吾國人之對此書之興味之所在，自在彼而不在此也。」〔註 30〕胡適關於《紅樓夢》寫了系列的論文，搜集了關於作者、時代、版本等大量新的材料，第一次解決了作者曹雪芹的家世問題，其中涉及作者是曹寅之子或其孫的問題，曹氏家族與清皇室的關係問題，作者的生平事跡問題，八十回本與百二十回本的關係問題，續書的作者問題。他用歷史的方法去研究，改變了舊紅學的附會的錯誤的研究途徑。1951 年胡適追憶說：

> 我三十年前指出的「作者自敘」……確定此論點之後，全靠歷史考證方法，必須先考得雪芹一家自曹璽、曹寅至曹顒、曹頫，祖孫四代四個人共做了五十八年的江南織造，必須考得康熙六次南巡，曹家當了「四次接駕之差」；必須考定曹家從極繁華富貴的地位，敗到樹倒猢猻散的情況——必須先作這種傳記的考證，然後可以確定，這個「作者自敘」的平凡而合理的說法。〔註31〕

這種考證是我們從文學角度研究《紅樓夢》之前必要的準備工作。關於《西遊記》，除作者吳承恩的生平事跡之外，其故事來源的考證同樣是很重要的。元代初年長春真人邱處機的《西遊記》與白話小說《西遊記》有無關係，小說中唐僧的故事與唐代高僧玄奘的關係，元人話本《大唐三藏取經詩話》與《西遊記》的關係，話本中猴王的來歷與印度佛教傳說的關係，唐三藏取經故事在元人雜劇裡的演變；這些都需作細密的考證。胡適自 1921 年至 1923 年，用三年時間才完成《〈西遊記〉考證》。這部小說長期以來被道士們認為是「金丹妙訣」，僧人們說是「禪門心法」，理學家又以為是講「正心誠意」的書。胡適的考證還原了《西遊記》的文學面目，他說：

> 這幾百年來，讀《西遊記》的人都太聰明了，都不肯領略那極淺極明白的滑稽意味和玩世精神，卻要妄想透過紙背去尋那「微言大義」，遂把一部《西遊記》罩上了儒、釋、道三教的袍子；因此，

〔註30〕王國維《〈紅樓夢〉評論》，《靜安文集》，《王國維遺書》第五冊，上海古籍出版社，1983 年，第 61〜62 頁。

〔註31〕胡適《致藏啓芳》，《胡適書信集》，北京大學出版社，1996 年，第 1121 頁。

> 我不能不用我的笨眼光，指出《西遊記》有了幾百年逐漸演化的歷
> 史，指出這部書起於民間傳說和神話，並無「微言大義」可說。
> 〔註32〕

此外，關於《三國演義》、《水滸傳》和《三俠五義》等故事來源的考證，胡適都採用了歷史的方法而取得成就。

關於小說《醒世姻緣》作者的考證，是胡適應用實證方法的典型例子。約在 1924 年上海亞東圖書館標點重印《醒世姻緣》而請胡適作序，因小說作者署名「西周生」，在未弄清作者的真實姓名與時代背景時，他不敢作序。他在七年之後獲得新的材料，並通過「大膽的假設，小心的求證」，解答了作者是誰的難題，才於 1931 年為之作序。胡適談到此例說：

> 這個難題的解答，經過了幾許的波折，其中有大膽的假設，有
> 耐心的搜求證據，終於得著我們認為滿意的證實。這一段故事，我
> 認為可以做思想方法的一個實例，所以我依這幾年逐漸解答這問題
> 的次序，詳細寫出來，給將來教授思想方法的人，添一個有趣味的
> 例子。〔註33〕

《醒世姻緣》是一部長篇白話小說，故事託始於明代中期，但小說談到楊梅瘡和《水滸傳》、《西遊記》中的事典，可見它應成書於明末清初。胡適對小說故事內容進行探究，發現它與蒲松齡《聊齋誌異》的《江城》一篇均寫兩世的惡姻緣，而且有驚人的相似之處。他於是作了一個大膽的假設：《醒世姻緣》的作者也許就是《聊齋誌異》的作者蒲松齡。這僅是猜測，若要證實則尚待搜集有力的證據。胡適先從兩種書中求內證，發現這兩書都著力寫悍婦，但一詳一略，這可能是定本與稿本的關係。1929 年胡適從鄧之誠《骨董瑣記》卷七「蒲留仙」（蒲松齡別號）條見到「留仙尚有《醒世姻緣》」小說。這是引清代藏書家鮑廷博的話，但出處不清楚。胡適託人去詢問鄧之誠，鄧氏言是聞之於繆荃孫，而繆氏的《雲自在龕筆記》稿本不可獲得。1930 年，胡適於北平見到孫楷第，請代為查尋。孫氏比較了小說和山東濟南地方志所記地理、災異、人物，但仍未得到確切的證據。繼而聊齋白話韻文的出現，胡適將它與《醒世姻緣》的用語——特別是土語作了比較，更堅定了自己的假設。

〔註32〕 胡適《〈西遊記〉考證》，《胡適文集》（3），北京大學出版社，1998 年，第 528
　　　 頁。

〔註33〕 胡適《〈醒世姻緣〉考證》，《胡適文集》（5），北京大學出版社，1998 年，第
　　　 269 頁。

在《〈醒世姻緣〉考證》完成的次年──1932 年 8 月，胡適的友人羅爾綱從廣西寄信，抄錄了楊復吉《夢蘭瑣筆》裡一則材料，其中確記：「鮑以文云，留仙尚有《醒世姻緣》小說，蓋實有所指。」這終於使胡適的假設得到完全的證實。

不過，我們從胡適的小說考證中也可以見到，因過份強調「大膽的假設」，以致在材料尚不充分的情形下，這種假設可能是不科學的，甚至導致判斷的錯誤。1920 年 7 月，胡適完成《〈水滸傳〉考證》，當時假設：「七十回本是明朝中葉的人重做的，也許是施耐庵做的」〔註34〕。1921 年 6 月，他繼續考證《水滸傳》的版本時說：「我假設的那個明朝中葉的七十回本究竟有沒有，這個問題卻不曾多得那些材料的幫助……我疑心這個本子雖然未必像金聖嘆本那樣高明，但原百回本與郭（武定）本之間，很像曾有一個七十回本。」〔註35〕胡適仍堅持原來的假設，但有一些懷疑。此後魯迅、李玄伯和俞平伯等都對胡適的意見予以批評修正。1929 年 6 月，再度考證《水滸傳》版本時胡適承認：「當時《水滸》版本的研究還在草創的時期，最重要的百回本和百二十回本，我都不曾見著，故我的結論不免有錯誤。最大的錯誤是我假定明朝中期有一部七十回本的《水滸傳》。但我舉出的理由終不能叫大家心服，而我這一假設卻影響到其餘的結論，使我對於《水滸傳》演變的歷史不能有徹底的瞭解。」〔註36〕此時因商務印書館排印涵芬樓所藏百二十回本《水滸傳》，可以證實七十回本是清初金聖嘆以百二十回本刪削七十回以下而成的。關於《鏡花緣》作者李汝珍事跡的考證，胡適同樣存在錯誤的假設。1923 年 5 月，他完成了《〈鏡花緣〉的引論》〔註37〕；1928 年 11 月，《秋野》第二卷第五期發表孫佳訊的《〈鏡花緣〉補考》。孫氏以新發現的材料為據，指出胡適關於李汝珍事跡和《鏡花緣》成書年代的判斷是錯誤的。胡適讀了此文與孫佳訊書云：「我很高興，又很感謝。高興是的你尋得許多海州學者的遺著，把這位有革新思想的李松石（汝珍）的歷史考的更詳細了；感謝的是你修正了我的許

〔註34〕 胡適《〈水滸傳〉考證》，《胡適文集》（2），北京大學出版社，1998 年，第 394 頁。

〔註35〕 胡適《〈水滸傳〉後考》，《胡適文集》（2），北京大學出版社，1998 年，第 424 頁。

〔註36〕 胡適《百二十回本〈忠義水滸傳〉序》，《胡適文集》（4），北京大學出版社，1998 年，第 341 頁。

〔註37〕 胡適《〈鏡花緣〉的引論》，《胡適文集》（3），北京大學出版社，1998 年，第 536～561 頁。

多錯誤。」〔註38〕他建議將孫氏的論文作爲《〈鏡花緣〉的引論》的附錄。以上兩例足以說明科學的考證的困難，而小說的考證因材料的難於獲得而尤爲困難。

中國在二十世紀之初發生的新文化運動，胡適以爲它是中國的文藝復興；它包含兩個重要內容，即新文學運動和整理國故運動。新文學運動實爲提倡白話文，這意味著中國學術思維向現代的轉換。胡適從中國文化中尋求到白話文的傳統，爲了推進白話文學，從白話小說中選擇了《水滸傳》、《西遊記》、《儒林外史》和《紅樓夢》作爲白話文學語言的範本。這些白話小說存在的學術問題受到胡適的重視，對它們的考證成爲他整理國故的主要工作。胡適既是新文學運動的發起者，又是國學運動新思潮的開啓者。他以新文化思想在學術界確立了新的國學觀念，而以整理國故來切實開展國學運動。他關於中國白話小說的系列考證，成爲聯繫新文學運動和整理國故的紐帶。他對國學運動的貢獻在於闡明國學研究的眞正價值，擴大國學的範圍和提出科學的考證方法。在白話小說考證中，他應用科學的考證方法取得了前所未有的成就。其考證有助於白話文學語言標準的建立，是整理國故工作的積極成果，亦是典型的國學論文。胡適因此確爲中國學術開闢了一個新方向，打開一條新道路；其意義超越了小說考證本身。我們從胡適的小說考證與其國學觀念的關係的考察，是可以從一個側面認識國學的性質與方法的。

〔註38〕 胡適《關於〈鏡花緣〉的通信》，《胡適文集》（4），北京大學出版社，1998年，第 478～484 頁。

古史辨派在國學運動中的意義

　　中國學術界往往將古史辨派納入史學的範圍，並以爲它是新史學中的一個學派；此派的中心人物顧頡剛亦因討論古史而成爲早享盛譽的史學家。《古史辨》第一冊於 1926 年由樸社出版，至 1941 年共出版七冊，其中顧頡剛主編第一、第二、第三、第五冊，羅根澤主編第四、第六冊，呂思勉和童書業主編第七冊，共匯集了三百餘篇論文。它們的作者如胡適、顧頡剛、錢玄同、丁文江、魏建功、容庚、傅斯年、馬衡、姚名達、周予同、馮友蘭、劉復、羅根澤、錢穆、梁啓超、余嘉錫、高亨、唐鉞、劉盼遂、呂思勉、童書業、唐蘭、郭沫若、楊向奎、楊寬等都是疑古的。他們之中有史學家、考古學家、經學家、哲學家、文學家、文獻學家、文字學家，皆以疑古的態度討論古史而形成一個陣容龐大的學派。如果我們縱觀他們討論的內容，則更多的是關於先秦古籍的辨僞，先秦諸子和秦漢學術史研究，並非屬於史學的對象；他們使用的方法基本上是中國傳統的考據學方法，並非屬於史學的方法。從古史辨派的研究對象與方法來看，以及從它與國學運動的關係來看，它是屬於國學運動的一個流派。自 1949 年以來，關於古史辨派評價的論文發表了數十篇，但它與國學運動的關係卻罕有論及。〔註 1〕茲試就此問題進行考察，以期認識古史辨派的學術性質及其在國學運動中的意義。

〔註 1〕 關於古史辨派與國學運動的關係僅杜蒸民在《胡適與古史辨派》中說：「胡適提倡並領導的『整理國故』運動，向古史辨學者提出辨僞書任務，並爲之提供了陣地，推動了古史辨派的產生和發展。」見陳其泰、張京華主編《古史辨派評價討論集》，京華出版社，2001 年，第 324 頁。

一

顧頡剛雖然被譽爲新史學家，但其學術事業卻與國學結下深厚的因緣。他之投入國學運動並開創古史辨學派是深受二十世紀之初中國新學術思潮的影響；因在北京大學從胡適受學而瞭解其研究方法，因胡適與錢玄同鼓勵編集辨僞材料而使討論古史快速地進行，因到北京大學研究所國學組服務而獲得大量材料，因蔡元培提倡學術新風氣而播下辯論古史的種子。1923 年冬，章太炎在北平共和黨本部主辦的國學會講學，顧頡剛聽太炎先生講論宗教與學術的衝突，反對提倡孔教，批評王闓運、廖平和康有爲等今文經學派；這使他開闊了學術視野，知道治學是有幾條途徑的。後來他漸漸發覺章太炎偏執於信古，固守宗派之見，僅是一個「經師改裝的學者」，他遂選擇了另外的學術道路。1915 年顧頡剛深感中國沒有一部學術史，遂立志編纂《國學志》；這是一個宏偉的計劃，包括著述考、學覽、學術文鈔、學人傳、群書學錄、學術名詞解詁和學術年表。他回憶說：「我的野心眞太高了，要整理國學，就想用我一個人的力量去整理清楚。」〔註2〕這個計劃雖然未能實現，卻表明他志於國學的興趣。1920 年胡適在養病期間常與顧頡剛通信以討論泛覽的古籍，詢問關於《古今僞書考》作者姚際恒的其它著述，計劃編輯《辨僞叢刊》，由顧頡剛任其事。顧頡剛又從胡適處讀到晚清辨僞疑古的大學者崔述的《東壁遺書》。1921 年春北京大學研究所下設國學門，顧頡剛應沈兼士和馬裕藻之邀請任助教兼《國學季刊》編輯。在研究所裡，他讀到羅振玉與王國維的著作，深受他們的影響。這兩位學者是清代乾嘉學派考據學的集大成者，郭沫若即認爲：「大抵目前欲論中國的古學，欲清算中國的古代社會，我們不能不以羅、王二家之業績爲出發點了。」〔註3〕顧頡剛考察羅振玉和王國維的治學，使他追求一種純正的謹嚴的考據方法，而且以王國維是他學術上眞正的導師。1923 年胡適發表《北京大學〈國學季刊〉發刊宣言》，表述了新的國學觀念，提出整理國故的計劃。顧頡剛迅即投入整理國故的工作，並以疑古的態度發起了關於中國古史的討論。在中國的典籍裡所記載的遠古歷史是可疑的，因而古史的討論涉及到文獻的辨僞，這卻是新派國學家們在當時最感興

〔註 2〕 顧頡剛《古史辨第一冊自序》，《古史辨》第一冊，上海古籍出版社，1982 年，第 33、43 頁。
〔註 3〕 郭沫若《中國古代社會研究・自序》，《郭沫若全集》歷史編第一卷，人民出版社，1982 年，第 8 頁。

趣的。他意識到只有通過疑古的辨僞才可以體現國學新思潮，由此提倡學術研究的科學態度與科學方法，爲中國學術開闢一條新的道路。錢玄同指出國學研究應注意吸收前人辨僞的成果，要敢於疑古，不可存「考信於六藝」之見。他對學術界疑古思潮的興起給予熱情的支持，以爲：「學術之有進步全由於學者之善疑，而『贋鼎』最多的國學界尤非用熾烈的懷疑精神去打掃一番不可。近來如梁啓超君疑《老子》，胡適君與陸侃如君疑屈賦、顧頡剛君疑古史，這都是國學界很好的現象。」〔註4〕這很清楚地說明辨僞工作在國學研究中的重要性，因此以疑古爲特點的古史辨派應是國學運動中的一個流派。

　　1905 年由國學保存會主辦的《國粹學報》在上海創刊，標誌國粹學派的興起，其宗旨是「研究國學，保存國粹」。這是在西學東漸加速和新學發展的文化背景下，一些民族文化保守主義者爲保衞傳統文化，抵制新文化而產生的一種學術思潮。在他們看來，中國傳統文化裡的精華是儒學，保存國粹即是保存儒家的政治倫理，因而賦予了國學以改變世道民心的重大社會使命。1923 年胡適從新文化觀念重新闡釋了國學新思潮的意義，他認爲：「國學的使命是要大家懂得過去的中國文化史；國學的方法是要用歷史的眼光來整理一切過去文化的歷史。國學的目的是要做成中國文化史。」〔註5〕顧頡剛發展了胡適的國學觀念，他於 1926 年發表《北京大學〈國學門周刊〉發刊詞》，全面闡述了國學的性質與價值，回答了當時學術界對國學運動的意義的種種質疑。國學是什麼？顧頡剛以爲：「是中國的歷史，是歷史科學中的中國的一部份。研究國學，就是研究歷史科學中的中國的一部份，也就是用科學方法研究中國歷史的材料。」〔註6〕這使國學概念的界定趨於確切，雖然還與史學有些糾纏不清，但其「科學方法」即科學的考證方法，其「中國的史料」是廣義的史料，即歷史文獻。他理解的國學實爲用科學考證方法去研究中國的歷史文獻；因此國學是一門學科，具有純學術的性質。他進而嚴厲地批判了國粹學派，指出他們所講的國學，是想將傳統的舊文化作爲現代人的價值標準，他們關注的是將「古聖遺言」作爲「國粹」而應用於現代，故他們談不上科

〔註4〕錢玄同《研究國學首先應該知道的事》，《古史辨》第一冊，上海古籍出版社，1982 年，第 103 頁。

〔註5〕胡適《北京大學〈國學季刊〉發刊宣言》，《胡適文集》(3)，北京大學出版社，1998 年，第 14 頁。

〔註6〕顧頡剛《北京大學〈國學門周刊〉發刊詞》，《中國新文學大系‧史料索引》，上海良友圖書印刷公司，1936 年，第 169 頁。

學，談不上研究，也非真正的國學。新的國學與國粹派的「國學」是截然不同的。顧頡剛堅持從純學術的性質來理解國學的價值，以爲關於社會政治和道德等問題僅是國學的研究對象而已，國學並不肩負改良社會的作用；這種高深的學術研究是沒有必要向民眾普及的。我們現在看來，顧頡剛關於國學性質的論述仍是存在一些缺憾的，將國學的對象理解得過於狹隘，然而他在繼胡適之後駁斥了來自社會和學術界對國學運動的種種攻擊的意見，大大推進了國學運動向真正的學術道路上的發展。他是在這種新的國學觀念的指導下進行整理國故的，而且是以古史討論爲突破點而推進國學運動的。當他在1926年1月寫完《北京大學〈國學門周刊〉發刊詞》後，即用兩個多月的時間完成了《古史辨第一冊自序》，它成爲古史辨派的宣言，標誌一個新學派的誕生。

二

　　古史辨派是因討論中國古史而興起的。這裡「古史」的概念是指殷商以前的歷史，或稱「上古史」。中國歷史觀念演進過程中逐漸形成了古史的世系，即在夏、商、周三代之前尚有「三皇」和「五帝」存在。「三皇」之稱始見於《周禮・春官・外史》，其名則見於西漢初年孔安國的《尚書序》，指伏羲、神農和黃帝。「五帝」爲黃帝、顓頊、帝嚳、堯、舜，見於漢代司馬遷《史記・五帝本紀》。這種擬構的古史世系自宋代以來即有許多學者表示懷疑，晚清學者崔述在《東壁遺書》裡系統而詳盡地作了考辨，開啓了學術界的疑古風氣。然而傳統的歷史觀念十分牢固，以致國粹派的國學大師章太炎仍堅持「經史非神話」的觀點，他根據《世本・帝系》和《山海經》等記載，排列出帝俊、高陽、少典、神農、虞舜、高辛、常羲、祝融等上古世系。〔註7〕二十世紀初年學術界從現代史學的視角將怎樣看待古史，這是一個非常重大的學術問題，亦是新文化運動以來未遑解決的一個學術難題。1923年顧頡剛發表《與錢玄同先生論古史書》，引發了一場持續的大規模的討論。中國古史世系中的「三皇」、「五帝」及「禹」是否屬於歷史真實，學術界分爲「信古」與「疑古」兩派意見。這個問題的討論涉及廣博的學術層面和眾多的古籍，極爲複雜而困難；它遠遠超出了史學的範圍，亦是史學方法不可

〔註7〕 章太炎《檢論・尊史》，《章太炎全集》（三），上海人民出版社，1984年，第313～314頁。

能解決的。顧頡剛首先提出了「層累地造成的中國古史」之說，以爲時代愈後所傳說的古史期愈長，時代愈後的傳說中的中心人物愈放愈大；雖然我們不能知道某一事件的眞實，但可知道它在傳說中的最早情形。這樣將「三皇」、「五帝」在古籍中出現的先後順序加以排列，遂可見「禹」出現在東周初年，「堯」、「舜」出現在東周末年，「堯」之前許多「古帝」則出現在戰國到西漢時期。關於古帝世系淵源的考察是用史學的方法，然而關於他們在典籍裡的記載，例如《詩經》中的《商頌·長發》、《大雅·文王有聲》、《魯頌·閟宮》關於「禹」，《論語》中談到的「堯」、「舜」，《說文》中關於「禹」、「堯」、「舜」、「夏」、「姬」、「姜」等字，皆需要作非常繁瑣的文獻訓詁與考釋，這卻非史學方法可以解決的。此外還得考察這些典籍的眞僞，如果辨明關於古帝的記載的典籍是後世僞造的，則「古帝」存在的基礎便崩潰了。怎樣辨僞呢？顧頡剛提出了三項原則：弄清每件事實的來源與變遷情況，比較每件事實的各種說法，找出造僞者的規律。〔註 8〕這樣因古史討論必然要進行古籍的辨僞，例如《尚書》、《世本》、《竹書紀年》、《墨子》、《周易》、《左傳》等成書的年代及眞僞問題。當進行了以上幾項工作之後，尚需從社會學的角度對傳說或歷史作出性質的判斷，例如禹是否有天神性，禹與夏有無關係，禹的來源，堯、舜、禹的關係的來源。經過辯論之後，疑古的古史辨派的意見居於優勢，即認爲西周時禹被視爲天神，東周時尊爲人王、戰國時以爲夏后並受舜禪。這樣，不僅黃帝、顓頊、帝嚳是屬於古代的神話傳說，堯、舜、禹也是神話傳說中的人物了；此一段「古史」僅僅是傳說而非歷史眞實。每個社會在發展過程中從原始社會進入文明社會的重要標誌是文字的出現並用以記載史事，這才是一個民族歷史的開端。1928 年郭沫若以歷史唯物主義的觀點研究中國古代社會，吸收了古史辨派的成果，對中國社會性質判斷說：「中國的歷史起於甚麼時候？《尚書》是開始於唐虞，《史記》是開始於黃帝，但這些都是靠不住的。商代才是中國歷史的眞正起頭。」〔註 9〕他是從當時出土的文物僅有商代的、商代已有文字和商代末年有畜牧業爲主的生產等情形作出判斷的。

〔註 8〕 顧頡剛《古史辨第一冊自序》，《古史辨》第一冊，上海古籍出版社，1982 年，第 33、43 頁。

〔註 9〕 郭沫若《中國古代社會研究》，《郭沫若全集》歷史編第一卷，人民出版社，1982 年，第 18～19 頁。

關於古史的討論，《古史辨》第一冊之後，僅於第七冊有一組論文。《古史辨》其餘的各冊所討論的是關於先秦典籍的辨偽，先秦諸子的考證和秦漢學術史問題。《詩經》自來作爲儒家經典似無可疑，古史辨派的學者們從疑古的態度出發，採用考據學方法證實孔子並未刪述「六經」，當然也未刪定《詩經》。他們進而否定了漢代經師的「美刺」說，辨證了《詩序》對作品本事的附會，考訂了《商頌》的年代，對《國風》若干篇作了重新的考釋，共發表了三十餘篇論文。

關於《老子》的作者與成書的時代，這涉及到系列的複雜的學術問題，它成爲古史辨派討論的一個重點。1922 年梁啓超於《晨報副刊》發表《論〈老子〉書作於戰國之末》而引發爭論，歷時十二年之久，參加討論者有張煦、張壽林、唐蘭、高亨、黃方剛、錢穆、馮友蘭、胡適、羅根澤、顧頡剛、馬敘倫、孫次舟、葉青、郭沫若等，在《古史辯》第三冊和第四冊內發表二十餘篇論文。漢代司馬遷在《史記》裡記述老子的事跡已混雜了道家和儒家之說，出現一些矛盾的和難以確信的事實。自北宋陳師道以來便有不少學者對《老子》及其作者產生懷疑，清代學者畢沅和崔述等作了初步的辨偽。古史辨派的學者們根據孔子之前無私人著書之事、《老子》非問答體，並從思想系統、文字、術語、文體等特點而作出假設，如以爲《老子》成書在《孟子》、《墨子》時代，作者爲詹何，或以《老子》爲關尹（環淵）所記老聃語錄，或以老子爲太史儋。學者們考證這些問題不僅引用先秦兩漢典籍，辨析有關材料，還參考注疏以及清人研究成果，以致達於非常繁瑣的境地。然而這些問題的討論並未得出一個公認的結論，卻由此引起了關於考據方法的質疑。胡適說：「我不反對把《老子》移後，也不反對其它懷疑《老子》之說。但我總覺得這些懷疑的學者都不曾舉出充分的證據。」〔註 10〕因此他表示在證據不足之時，暫緩作定論。

從上述古史辨派關於「三皇」、「五帝」的考辨，關於《詩經》性質的討論和關於《老子》的辨偽，這三個典型的個案可以說明它們不是史學研究的課題，也不是採用史學的研究方法，而實爲以科學考證方法研究中國文獻與歷史上的狹小的學術問題。由此表明「古史辨」並非史學討論，而是國學研究。這種研究的對象是很複雜、困難、繁瑣的學術問題，很不易得出一個確

〔註10〕胡適《評論近人考據老子年代的方法》，《古史辨》第六冊，上海古籍出版社，第 410 頁。

切的結論。曾有一位青年對顧頡剛說：「我看你找了無數材料，引了無數證據，預料定會有斷然的結論在後頭，但末了仍是漆黑一團。」〔註11〕顧頡剛此前便申明：「《古史辨》中提出的問題，多數是沒有結論的，這很足以致人煩悶。我希望大家知道《古史辨》是一部材料書，是蒐集一時代的人們的見解的。」〔註12〕學術討論在一個時期裡，有的問題可以形成定論，有的則會存在爭議的。古史辨派以疑古的態度進行辨偽工作，對傳統觀念予以破壞。辨偽在實質上是對國學運動中國粹觀念的顛覆，由此才可能提倡新的學術思想與科學方法以推進學術建設，所以它是國學運動的首要工作。國學研究的對象涉及中國的經學、史學、哲學、文學、地理學等的文獻與歷史上若干狹小的學術問題，它為各學科提供新的事實的依據；它所採用的是中國傳統的考據學與西方實證方法相結合的科學考證方法。〔註13〕國學研究的性質與方法在古史辨派中得到最突出的體現。

三

胡適於 1919 年 2 月提出「整理國故」，倡導「用科學的方法，作精確的考證」，於是開始在國學運動中出現新思潮。〔註14〕他所說的科學方法實為美國哲學家杜威的實用主義方法在中國的移植。1921 年胡適在《東方雜誌》第十八卷第十三號概略地介紹了杜威的方法，將它分為「歷史的方法」和「實驗的方法」。〔註15〕胡適倡導的這種科學方法影響了國學運動，並直接影響了古史辨派。顧頡剛於 1920 年秋讀到胡適的《〈水滸傳〉考證》，繼而於 1921 年至 1922 年間為胡適考證《紅樓夢》搜集曹氏家族的材料。胡適關於《水滸傳》和《紅樓夢》的考證是用歷史的方法，即將人物、事件、制度、學說、現象等視為某一歷史過程的中段，進而考察它們產生的原因和所引起的效果。這使顧頡剛發現它與中國戲劇故事的演變情況相類似，因而感悟到研究古史是可以采用研究小說和戲劇故事的方法來尋求故事的

〔註11〕引自《古史辨》第四冊，上海古籍出版社，1982 年，第 1 頁。
〔註12〕顧頡剛《古史辨第三冊自序》，《古史辨》第三冊，上海古籍出版社，第 39 頁。
〔註13〕謝桃坊《國學辨證》，《學術界》2007 年第 6 期。
〔註14〕胡適《新思潮的意義》，《胡適文集》（2），北京大學出版社，1998 年，第 557～558 頁。
〔註15〕胡適《杜威先生與中國》，《胡適文集》（2），北京大學出版社，1998 年，第 279～280 頁。

前因後果。顧頡剛稱此爲「歷史演進方法」，用它研究古史而形成「層累地造成的古史」的觀點。他說：「我深知我所用的方法必不足以解決全部的古史問題，但我亦深信我所用的方法自有其適當的領域，可以解決一部份的古史問題，這一部份的問題是不能用它種方法來解決的。」〔註16〕歷史演進方法的確在古史討論中起到了解決部份問題的作用，但解決古史中的問題還必須配合使用實證方法，特別是關於《詩經》與《老子》的討論主要使用的是實證方法。

清代初年顧炎武、閻若璩、黃宗羲等學者開創的考據學，亦稱樸學，在乾嘉時期發展爲一個學派。他們治學最重視搜集材料，尋求證據，進行窄而深的研究，表述方式樸實簡潔。考據學淵源自北宋的歐陽修和沈括，至南宋而形成一種風尚。胡適和傅斯年等都認爲清代的考據學與西方近代的實證方法的精神是一致的，是科學的方法。古史辨派的基本方法仍是傳統的考據學。顧頡剛承認古史辨派對考據學的承接關係，但又指出二者的區別。清代乾嘉學者是「信古」的，古史辨派是「疑古」的。顧頡剛說：「他們的校勘訓詁是第一級，我們的考證事實是第二級。」〔註17〕古史辨派是對傳統考據學的超越，以「考證方式發現事實」，在發現事實的過程中又常常採用西方的實證方法，即將散亂的材料進行分析、分類、比較、試驗、歸納、假設、求證。1940年顧頡剛在成都主持齊魯大學國學研究所時總結自己的研究方法，再將傳統考據學與西方科學方法比較，概括爲：「初由材料以發生問題，次由問題以尋求材料，而由此新得之材料以斷決問題，且再發生他問題，二者循環無端，交互激發，遂得鞭辟入裡，物無遁形……文史諸科，雖與自然科學異其對象，實當與自然科學同其道理。」〔註18〕顯然這是對胡適所說的科學方法「大膽的假設，小心的求證」的改造和發展，因而更符合科學的精神。古史辨派所採用的考據方法，曾遭到某些學者的批評與否定。他們指出考據僅僅是整理舊知識而無創新，所考據的是瑣碎之事而無關大體，僅對故實的爭論而不明義理，考據的結果造成對傳統文化的懷疑與破壞，因而考據是無用的。1933年錢穆回答批評者的責難時闡述了考據的學術意義，他以爲考據可以發前人所未發，非破無以立，義理乃自故實產生，懷疑非破信乃立信；因此關於歷

〔註16〕顧頡剛《古史辨第三冊自序》，《古史辨》第三冊，上海古籍出版社，第39頁。
〔註17〕顧頡剛《古史辨第四冊顧序》，《古文辨》第四冊，上海古籍出版社，第22頁。
〔註18〕顧頡剛《責善半月刊發刊詞》，《責善半月刊》創刊號，1940年3月16日。

史文化知識的考據是很有學術價值的。〔註 19〕錢穆的辯護不僅概括了國學研究方法的特點，還論述了國學在民族文化發展中的重要意義。

1941 年《古史辨》第七冊出版，標誌古史討論暫告結束。1944 年郭沫若在《古代研究的自我批判》裡關於古史辨派的辨偽工作發表了總結性的意見，他認為任何學術研究中對材料真偽的鑒別是基礎工作，但對材料的真偽和時代性未規定清楚便可能得出錯誤的結論，而這種結論會給學術造成危害的。因此，他說：「關於文獻上的辨偽工作，自前清的乾嘉學派，以至近時《古史辨》派做得雖然相當透，但也不能說已經做到了毫無問題的止境。」〔註 20〕古史討論中存在的某些問題，不僅是爭議而沒有結論，還暴露了考據方法在應用上的諸多弊端。方法固然是學術研究的工具，但不同的學者使用同一方法去研究同一對象，而所得的結論可能是不同的，這是學術研究的特殊性。同樣使用考據方法在古史或古文獻研究中，學者們皆難得出同一的結論。考據學是中國傳統方法，它符合科學精神，然而在應用上偶一不慎，便可能出現嚴重的失誤。這是學術研究中的正常現象。在古史討論之初魏建功感概說：「『國故』能教人鑽不出頭，我始終這樣想。雖然頡剛兄很有些不謂然，因為我們不能解決這個治『國學』的人們中間的問題：『何年何月可以掃除因襲和謬妄的大病』？」〔註 21〕我們現在回顧古史討論，其中疑古的古史辨派的學者的一些結論曾破壞了傳統文化觀念，同時開啓了尋求真知的科學精神；他們的意見至今仍有學術光輝。當然其中的許多學術問題仍存爭議性質，而且尚需繼續考證，因為舊的因襲與謬妄被掃除後又會滋生新的。國學研究的意義就在於以細密的考證澄清中國學術上的諸多因襲與謬妄的事實，體現我們中華民族追求真知的精神並不斷去逼近真理。

（原刊《學術界》2009 年第 4 期）

〔註 19〕 錢穆《古史辨第四冊錢序》，《古史辨》第四冊，上海古籍出版社，1982 年，第 4～5 頁。

〔註 20〕 郭沫若《十批判書》，《郭沫若全集》歷史編第二卷，人民出版社，1982 年，第 3～4 頁。

〔註 21〕 魏建功《新史料與舊心理》，《古史辨》第一冊，第 260 頁。